Beltz Taschenbuch 84

Über dieses Buch:
»Kindheit« ist einem ständigen Wandel unterworfen – analog zum Wandel der Gesellschaft. Veränderte Familienformen und Veränderungen in der Eltern-Kind-Beziehung, Massenkultur, Mediatisierung der Kindheit und die zunehmende Übergabe der Erziehung an professionelle Einrichtungen, Konsumverhalten und sich wandelnde Arbeitsbedingungen – alle diese Faktoren wirken sich auch auf den Kinderalltag aus und müssen – will man Kindern angemessen begegnen, ihnen helfen und sie unterstützen – mitbedacht werden. Dieses Buch bietet neben einer Analyse der wesentlichen Veränderungen Erklärungsmuster für den Wandel auf der Grundlage einer umfassenden, kultursoziologischen Sozialisationstheorie. Die Analyse führt die Autoren zum Bild eines neuen Sozialcharakters, der geprägt ist von der Durchsetzung der Massen- und Medienkultur, von einer Reduktion der Eigentätigkeit durch konsumierende Aneignung der materiellen Kultur. Aber die Autoren sehen auch Widersprüchlichkeiten und Gegenbewegungen. Ihr Fazit: Die Veränderungen des Kinderalltags und der Gesellschaft sind ambivalent und lassen sich nicht einseitig als Fortschritt oder Reduktion bestimmen – es kommt darauf an, was Erzieher, Erziehungspolitik und nicht zuletzt die Aufwachsenden selbst daraus machen.

Über die Autoren:
Prof. Dr. Hans Günter Rolff, Diplom-Soziologe, ist Professor für Schulpädagogik und Bildungsplanung an der Universität Dortmund und Leiter des Instituts für Schulentwicklungsforschung.
Dr. Peter Zimmermann, Diplom-Pädagoge, ist Akademischer Oberrat im Fachbereich Erziehungswissenschaften am Institut für Schulentwicklungsforschung der Universität Dortmund.

Hans-Günter Rolff
Peter Zimmermann

Kindheit im Wandel

Eine Einführung in die
Sozialisation im Kindesalter

Besuchen Sie uns im Internet:
www.beltz.de

Alle Rechte, insbesondere das Recht der Vervielfältigung und Verbreitung
sowie der Übersetzung, vorbehalten. Kein Teil des Werkes darf in irgendeiner Form
(durch Fotokopie, Mikrofilm oder ein anderes Verfahren) ohne schriftliche
Genehmigung des Verlages reproduziert oder unter Verwendung elektronischer
Systeme verarbeitet, vervielfältigt oder verbreitet werden.

Beltz Taschenbuch 84
Vollständig überarbeitete Neuausgabe
der 5. Auflage 1997

1 2 3 4 5   05 04 03 02 01

© 1985 Beltz Verlag, Weinheim und Basel
Umschlaggestaltung: Federico Luci, Köln
Umschlagabbildung: © The Stock Market, Düsseldorf
Satz: Satz- und Reprotechnik GmbH, Hemsbach
Druck und Bindung: Druckhaus Beltz, Hemsbach
Printed in Germany

ISBN 3 407 22084 7

Inhalt

Vorwort 7

Teil I
Sozialisation zwischen allseitiger Entfaltung und einseitiger Reduzierung 9

1.	**Worum es hier geht**	9
2.	**Veränderung der Eltern-Kind-Beziehung**	16
2.1	Neue oder alte Familienform?	17
2.2	Zum Wandel der Familie	19
2.3	Kinder als Projekt – neue Erziehungsideen und ihre Folgen	39
3.	**Mädchen und Jungen – Aspekte geschlechtsspezifischer Sozialisation**	42
4.	**Zur »Innenseite« der Kindheit – psychoanalytische Sozialisationstheorie**	45
5.	**Wie die »Innen-« und die »Außenseite« zusammenkommen – Umfassende Sozialisationstheorie**	62
5.1	Innere Kontrolle am Beispiel Sexualverhalten	63
5.2	»Kontrollloch« in der Nachkriegszeit	67
5.3	Sozialisation als individuelle Aneignung materieller und symbolischer Kultur	69

Teil II
Beschreibung und Analyse des Wandels 77

1.	**Wohnen und Straßensozialisation**	79
1.1	Neue Siedlungsformen	79
1.2	Kinderzimmer	82
1.3	Straßensozialisation	84
2.	**Kinder und Konsum**	90
3.	**Fernsehsozialisation: Das neue Curriculum**	95
3.1	Sehgewohnheiten von Kindern	96
3.2	Das neue Curriculum – virtuelle Wirklichkeiten	100
4.	**Kindermedien**	105
4.1	Kinderbücher	105

4.2	Comics	110
4.3	Kassette und CD	112
4.4	»Generation@« – Internet für Kinder	115
5.	**Spielen und Spielzeug**	**120**
5.1	Spielen in der Nachkriegszeit	121
5.2	Spielen heute	124
5.3	Spielwaren	127
5.4	Computerspiele	131
6.	**Betreuung im Elternhaus und in außerschulischen Einrichtungen – Expertisierung der Erziehung**	**136**
6.1	Wandel des elterlichen Erziehungsverhaltens	136
6.2	Kindergärten	138
6.3	Spielplätze	139
6.4	Wandel der Kontrolle	141
6.5	Kontrolle des Körpers – Versportung der Kindheit	145

Teil III
Konturen eines neuen Sozialcharakters – Fazit und Erklärungsversuche 147

1.	**Veränderte Rahmenbedingungen von Sozialisation**	**148**
1.1	Reduktion von Eigentätigkeit durch konsumierende Aneignung der materiellen Kultur	149
1.2	Erfahrung aus zweiter Hand durch mediatisierte Aneignung der symbolischen Kultur	153
1.3	Expertisierung der Erziehung	158
2.	**Verändertes Zeit- und Raumerleben**	**162**
2.1	Zeiterleben	162
2.2	Raumerleben	170
3.	**Veränderungen der gesellschaftlichen Arbeit – Kommodifizierung der Lebenswelt**	**176**
4.	**Sozialisation durch Massenkultur**	**186**
5.	**Gegentrend: Individualisierung der Kindheit**	**193**
6.	**Subjektive Verarbeitung der kommodifizierten Lebenswelt**	**198**
7.	**Widersprüchlichkeiten und Gegenbewegungen**	**206**
Anmerkungen		**213**
Literaturverzeichnis		**221**

Vorwort zur Taschenbuchausgabe

Als »Kindheit im Wandel« im Jahre 1985 zum ersten Mal als Buch erschien, gehörte es zu den ersten zu diesem Thema. Seitdem ist der Titel zum Allgemeinbegriff geworden und sind zahlreiche einschlägige Publikationen erschienen, mehr als man zu überblicken vermag.
Wir freuen uns, dass »Kindheit im Wandel« stark nachgefragt wurde und mehrmals Neuauflagen erschienen. Denn wir konnten sie zum Anlaß nehmen, den Text zu erweitern und das Zahlenwerk zu aktualisieren.
Diese Taschenbuchausgabe stellt die 6. Auflage dar, wiederum erweitert und aktualisiert. Neu hinzugekommen ist eine Einschätzung der Generation der Internet-Kinder.
Wir sind gespannt darauf, ob sich der Wandel von Kindheit so rapide wie in den letzten Jahren fortsetzt und eine erneute Überarbeitung dieses Buches notwendig wird.

Hans-Günter Rolff und Peter Zimmermann

Dortmund, Januar 2001

Teil I
Sozialisation zwischen allseitiger Entfaltung und einseitiger Reduzierung

1. Worum es hier geht

Seit Ariès und de Mause wissen wir, dass ein anscheinend selbstverständlicher Tatbestand wie die »Kindheit« als bewusst wahrgenommener und auch wahr gemachter prinzipieller Abstand zwischen Erwachsenen und Kindern sich erst langsam im Laufe des 16. Jahrhunderts entwickelte. Kinder gab es natürlich immer, jedoch im Mittelalter beispielsweise war die Lebenssphäre der Kinder von der der Erwachsenen weder räumlich noch kulturell in nennenswerter Weise getrennt. Im so genannten »Großen Haus« arbeiteten und spielten Kinder wie Erwachsene. Auch im Äußeren war die Unterschiedslosigkeit sichtbar. Sobald ein Kind den Windeln entwachsen war, wurde es in eine Kleidung gesteckt, die derjenigen der Erwachsenen seines Standes völlig glich. Ohne eine besondere Art pädagogischer Betreuung oder Beeinflussung lernten Kinder, was sie zu ihrem Leben brauchten. Durch Nachahmung und Gewöhnung eigneten sich die Heranwachsenden im Mittelalter die notwendigen Handgriffe und Kenntnisse an, um ein Handwerk auszuüben oder um den Boden zu bestellen u. v. m. Besondere pädagogische Institutionen für Kinder waren im Mittelalter unbekannt. Kinder wurden aufgezogen, aber sie genossen keine Erziehung, die gezielt und systematisch unter pädagogischen Gesichtspunkten vorgenommen wurde.

Ein für heutige Erwachsene nahezu selbstverständlicher Aspekt, dass Kinder ganz spezifische Probleme haben, war der mittelalterlichen Gesellschaft unbekannt. Ungefähr im siebten Lebensjahr nahmen die Kinder ihren Platz neben den Erwachsenen ein – ein besonderes Interesse an der Kindheit kannte man ganz einfach nicht und folglich gab es auch keinen besonderen Begriff von Kindheit.

Dies änderte sich allmählich im Laufe des 16. und vor allem im 17. Jahrhundert. Ariès macht es anschaulich anhand von Bildern deutlich. Die mittelalterliche Kunst stellte Kinder lediglich als verkleinerte Erwachsene dar. Muskulatur, Ausdruck und die übrigen Merkmale hatten nichts spezifisch Kindliches. Erst im 17. Jahrhundert wurden zum Beispiel Kinderporträts üblich. Auch wurden Kinder verstärkt zum Mittelpunkt der Komposition von Familienbildern. Kinder bekamen nun auch eine spezielle von den Erwachsenen verschiedene Kleidung, besonderes Spielzeug, was Ariès als Weg der Ausgrenzung der Kinder aus der Welt der Erwachsenen beschreibt (Ariès 1988).

Die »Entdeckung« der Kindheit war jedoch kein Produkt der Künstler oder Spielzeugmacher, sondern ein Ergebnis der vorherrschenden Anschauungen und sozialen Umstände. Genauer: Kindheit als ausgegrenzter Lebensbereich ist ein Produkt der bürgerlichen Gesellschaft. Die verstärkte Verlagerung der Produktionsarbeit aus dem »Großen Haus« heraus führte auch zu dessen allmählicher Auflösung. Das Ergebnis war im 15. und 16. Jahrhundert die Entstehung der modernen (Kern-)Familie, die auch eine neue Aufgabe übernahm. Sie war nicht nur die Institution, die Gut, Stand und Namen erhalten sollte, sondern zudem moralische Anstalt, hervorgerufen durch das neu geweckte Interesse der Moralisten, Pädagogen und Kirchenmänner an der Erziehung und einem Bewusstsein von pädagogischer Verantwortlichkeit. Kindheit galt nun als »grundständige« Zeit, die zur Formung des Menschen als notwendig angesehen wurde. Kinder wurden nicht mehr als für das Leben reif angesehen; sie bedurften nun einer Art »Sonderbehandlung«. Der soziale Ort hierfür wurden die private bürgerliche Kleinfamilie wie auch die Schule.

Was die Familie an Erziehung oder Ausbildung nicht leisten konnte, wurde zunehmend der Schule übertragen. Konsequenz war ein außergewöhnlicher Aufschwung der Schule während des 17. Jahrhunderts. Erziehung und Unterricht waren durch eine Vielfalt von Lehr- und Erziehungsmeinungen bestimmt. Alles, was die Diskussion der Moralisten, Pädagogen, Kirchenmänner, Philosophen und Aufklärer bewegte, fand sich in der Art des Unterrichts wieder. So gab es in einigen Schulen die Vermittlung naturwissenschaftlicher Erkenntnisse, neben lateinischem auch nationalsprachlichen Unterricht, an anderen Schulen wurden wiederum altphilosophische Unterrichtsstoffe vermittelt. Der Unterricht wurde nach scholastischen, aber auch nach moderneren Methoden gestaltet. Man sieht: Mit der »Entdeckung« der Kindheit beginnt auch gleichzeitig die Diskussion um die Art und Weise der »richtigen« Erziehung und Ausbildung.

Für Ariès begründet dieses die Anfänge einer Leidenszeit der Kinder. Mit Beginn der Moderne wurden sie aus der Ungezwungenheit des Aufwachsens im »Großen Haus«, d. h. aus einer ganzheitlichen Lebenswelt, herausgedrängt und ausgegrenzt und fanden sich in pädagogischen Anstalten und Veranstaltungen wieder.

Eine geradezu konträre These zur Geschichte der Kindheit ist bei Lloyd de Mause zu finden, mit Ariès der populärste Forscher zur Geschichte der Kindheit. Er geht von einer psychoanalytischen Interpretation der Qualität der Beziehung zwischen Kindern und Erwachsenen aus und kommt zu dem Ergebnis, dass die Geschichte der Kindheit als Fortschrittsgeschichte zu bewerten sei.

Nach den Beschreibungen von de Mause erging es den Kindern im Mittelalter und in der frühen Neuzeit gar nicht so gut, wie wir es von Ariès geschildert bekommen. Falsche Ernährung und fehlende Hygiene zogen eine hohe Kindersterblichkeit nach sich. In ärmeren Familien wurden »unnütze« Esser ausgesetzt oder man ließ sie verhungern. In besser gestellten Familien wurden Kinder häufig in auswärtige Pflege gegeben. Nicht wenige Kinder erstickten im Bett, in dem sie mit den Eltern oder mit anderen Erwachsenen schliefen. Viele Kinder wurden geschlagen, gequält und sexuell missbraucht.

Bis hinein ins 17. Jahrhundert fehlte nach de Mause den Eltern die »emotionale Reife«, um ihren Kindern Empathie und Unterstützung zukommen zu lassen. Die Evolution der Eltern-Kind-Beziehungen hat dazu geführt, dass heutige Kinder umsorgt, geliebt und beschützt aufwachsen können – ein Modernitätsglaube, der häufig kritisiert wurde. Andererseits legt de Mause viel Material für die Leidensgeschichte des Kindes in der vorbürgerlichen Zeit vor, sodass es einem schwer fallen kann, sich der Verfallsthese von

Ariès anzuschließen, Kindheitsgeschichte sei die Geschichte von zunehmender Gewalt, Ausgrenzung und Disziplinierung von Kindern.

Vermutlich sollten Pädagogen beide Ansätze beachten: Es ist die Kritik der Erziehung als Disziplinierung und Domestizierung ernst zu nehmen, aber zu warnen ist ebenfalls vor der Idyllisierung und Romantisierung der nicht pädagogisch reglementierten Kindheit des Mittelalters.

Unstrittig ist auf jeden Fall bei beiden Ansätzen, dass Kinder als gesonderte Gruppe und mit spezifischen Bedürfnissen ins Blickfeld des pädagogischen Interesses geschichtlich erst dann geraten, wenn sie aus der Welt der Erwachsenen ausgegliedert werden und als Sonderbereich gelten, aber dass sich dadurch die Erwachsenen auch Gedanken über die Entwicklungsmöglichkeiten in der Kindheit machen und Kinder vor allem als eigenständige Menschen anerkannt werden.

Viele, die zur heutigen Kindheit eine rein pessimistische Vorstellung vertreten, von einer Verarmung von Kindheit sprechen, laufen Gefahr, der Sehnsucht nach der Vergangenheit zu verfallen. So gibt es nicht wenige Pädagogen, die sich im Unterricht Schüler wünschen, wie sie angeblich selbst einmal waren: diszipliniert, fleißig, ruhig, lernwillig und mit Ordnungssinn versehen.

Wir teilen diese »Schwarz-Weiß-Malerei« nicht. Und wir teilen auch nicht die Sehnsucht nach disziplinierender Dressurpädagogik. Ein sehnsüchtiger Blick muss eher schon in die Zeit der Renaissance zurückgreifen, wo wir – wie es scheint – ein Idealbild finden: die vielseitig bis allseitig entwickelte Persönlichkeit. Der florentinische Kaufmann im 15. Jahrhundert z. B. war ein solch vielseitiger Mensch. Er war nicht nur Kaufmann und Staatsmann, sondern »... oft zugleich ein Gelehrter in beiden alten Sprachen; die berühmtesten Humanisten müssen ihm und seinen Söhnen des Aristoteles Politik und Ethik vortragen; auch die Töchter des Hauses erhalten eine Hohe Bildung ...«.[1]

Aber dieser Vielseitige ist noch gar nichts gegen den wahrhaft Allseitigen, von Jakob Burckhard am Beispiel Leon Battista Alberti illustriert:

»In allem, was Lob bringt, war Leon Battista von Kindheit an der Erste. Von seinen allseitigen Leibesübungen und Turnkünsten wird Unglaubliches berichtet, wie er mit geschlossenen Füßen den Leuten über die Schulter hinweg sprang, wie er im Dom ein Geldstück emporwarf, bis man es oben an den fernen Gewölben anklingen hörte, wie die wildesten Pferde unter ihm schauderten und zitterten – denn in drei Dingen wollte er den Menschen untadelhaft erscheinen: im Gehen, im Reiten und im Reden. Die Musik lernte er ohne Meister, und doch wurden seine Kompositionen von Leuten des Faches bewundert. Unter dem Drucke der Dürftigkeit studierte er beide Rechte, viele Jahre hindurch, bis zur schweren Krankheit durch Erschöpfung; und als er im 24. Jahre sein Wortgedächtnis geschwächt, seinen Sachensinn aber unversehrt fand, legte er sich auf Physik und Mathematik und lernte daneben alle Fertigkeiten der Welt, indem er Künstler, Gelehrte und Handwerker jeder Art bis auf die Schuster um ihre Geheimnisse und Erfahrungen befragte. Das Malen und Modellieren – namentlich äußerst kenntlicher Bildnisse, auch aus dem bloßen Gedächtnis – ging nebenein.
… Dazu kam eine schriftstellerische Tätigkeit zunächst über die Kunst selber, Marksteine und Hauptzeugnisse für die Renaissance der Form, zumal der Architektur. Dann lateinische Prosadichtungen, Novellen u. dgl., von welchen man Einzelnes für antik gehalten hat, auch scherzhafte Tischreden, Elegien und Eklogen; ferner ein italienisches Werk, vom Hauswesen in vier Büchern, ja eine Leichenrede auf seinen Hund
… Endlich aber wird auch die tiefste Quelle seines Wesens namhaft gemacht: ein fast nervös zu nennendes, höchst sympathisches Miterleben an und in allen Dingen … Es versteht sich von selbst, dass eine höchst intensive Willenskraft diese ganze Persönlichkeit durchdrang und zusammenhielt; wie die Größten der Renaissance sagte auch er: ›Die Menschen können von sich aus, sobald sie wollen.‹« [2]

Diese »Größen« der Renaissance konnten natürlich ihre Vielseitigkeit nur auf Kosten der großen Mehrheit ausbilden. Das zitierte Dokument soll auch nicht als Leitbild für die Persönlichkeitsentwicklung in unserer bestehenden oder einer gewünschten Gesellschaft gelten, sondern soll lediglich aufzeigen, was möglich sein kann.
Der Ausschnitt aus der Biographie von Leon Battista Alberti erweist uns sehr drastisch den Dienst für die u. E. wesentliche Pro-

blematik von Sozialisation. Er hilft uns, das Spannungsfeld des anstehenden Themas zu umreißen. Wir können zwei Pole abstecken, zwischen welchen sich Sozialisation bewegt, nämlich zwischen allseitiger Erfahrung und einseitiger Reduzierung. Was allseitige Entfaltung heißen könnte, davon geben uns die Universalmenschen der Renaissance eine nicht zu überbietende Vorstellung.

Genau im Spannungsfeld von Entfaltung und Reduktion müssen die Bedingungen und Möglichkeiten (die alle Mal gesellschaftliche sind) des Wandels von Kindheit aufgespürt und interpretiert werden.

Wir gehen nicht von vornherein von einer Verarmung der Kindheit aus, um in allen Artikulationsformen heutiger Heranwachsender eine reduzierte Persönlichkeit zu entdecken und um dieser die Sozialisation vorangegangener Generationen als einer »geglückten« gegenüberzustellen.

Wir sind aber auch nicht der Meinung, Kindheit heute sei reiner Fortschritt, da es den Kindern insgesamt »besser gehe«, auch wenn in der Schule nicht mehr geprügelt wird, Kinder kaum noch gezwungen sind zu arbeiten und die heutigen Erwachsenen fähig sind, »... auf die Stufen der kindlichen Bedürfnisse zurückzugehen und sie richtig einzuschätzen, ohne ihnen eigene Projektionen beizumessen« (de Mause 1977, S. 20f.).

Wir meinen, dass der Wandel von Kindheit von negativen und positiven Elementen, von Reduktion und Fortschritt zugleich angetrieben wird, aber nicht in einem Nebeneinander, sondern zusammengekettet in einem widersprüchlichen Verhältnis. So ist es wohl als fortschrittlich zu bezeichnen, dass Kinder nicht mehr (körperlich schwer) zu arbeiten brauchen, doch verlieren sie dadurch auch einen wesentlichen Erfahrungsraum. Und wenn es auch gut ist, dass die Erwachsenen sich um die kindlichen Bedürfnisse kümmern, führt dies oftmals zu einer Verunsicherung auf der Seite der Erwachsenen, ob nun wirklich die »richtigen« Bedürfnisse erkannt werden, und zu Hilferufen an Experten. In der Sache selbst – in der Kinderarbeit oder im elterlichen Erziehungsweg – sind so gesehen fortschrittliche und enteignende Elemente miteinander verbunden.

Wird der Wandel von Kindheit in diesem Widerspruchsverhältnis dargestellt – was uns gar nicht anders möglich erscheint, wenn nicht der Vorwurf der Einseitigkeit gelten soll – und die Gewichtung erkannt, ist auch die Versuchung gebannt, eine vorschnelle Wertung des Wandels zu formulieren.

2. Veränderung der Eltern-Kind-Beziehung

In jedem neueren Beitrag über den Wandel von Kindheit ist zu erfahren, dass einer der wichtigsten Gründe für ein verändertes Verhalten von Kindern in der Veränderung der Familie selbst liegen soll. Häufig werden Lehrerinnen und Lehrer zitiert, die Verweigerungen, Furcht vor Kontakten oder Ängsten der Schüler und Schülerinnen – vor allem in der Grundschule – mit einem Scherbenhaufen im Familienleben der Kinder verknüpfen. Schnell werden dann beispielsweise Scheidungskinder zu Problemkindern. Ähnlich wird mit Kindern von Alleinerziehenden oder auch mit den »typischen« isolierten Einzelkindern verfahren. Waren es bisher die neuen Medien, die zur Vereinsamung und kommunikativen Einschränkung führten, sind es jetzt die Angst vor Trennung, das Leben ohne Geschwister oder das Misstrauen, wenn Mutter oder Vater neue Beziehungen eingehen.

Wir streiten nicht ab, dass sich in den zeitgenössischen Eltern-Kind-Verhältnissen vieles verändert hat. Wir warnen jedoch vor einfachen Ursache-Wirkungs-Zuschreibungen, führen sie doch zu voreiligen Wertungen des Wandels von Kindheit. Bevor überhaupt Bewertungen vorgenommen werden können, muss die aktuelle Wirklichkeit einmal genauer analysiert werden.

Wir wollen deshalb im Folgenden versuchen, die Veränderung der Eltern-Kind-Verhältnisse in den unterschiedlichen Ausformungen darzustellen.

Unstrittig ist, dass die Familie die erste und sicherlich auch eine der einflussreichsten Sozialisationsinstanzen ist. Deshalb macht es auch Sinn, die Veränderungen von Familienformen zu erörtern. Wir beginnen wie im vorhergehenden Kapitel mit einem kurzen Blick zurück in die Geschichte.

2.1 Neue oder alte Familienform?

Noch vor zweihundert Jahren, d. h. in der vorbürgerlichen Zeit, war das heute dominierende Familienbild unbekannt. Die Familie war mit der Hausgemeinschaft identisch, jeder in diesem so genannten »ganzen Haus« war in dem gemeinsamen Leben und Arbeiten eingebunden (vgl. Sieder 1987, Shorter 1975). Die Blutsverwandtschaft spielte hierfür keine Rolle. Der untrennbare Zusammenhang von Leben und Arbeiten war beherrscht von der patriarchalischen Gewalt des »Hausvaters«.

Diese war je nach der ökonomischen Bedeutung des Haushalts mehr oder weniger stark. Bei der besitzlosen Bevölkerung, bei Taglöhnern u. Ä., bildeten sich nur ansatzweise diese Strukturen heraus. Ehe und Familie ergaben sich in den engen Zusammenhängen der Sozialstrukturen, geheiratet wurde nach Stand, Zunft und Besitz (Rosenbaum 1982). Die Heirat diente dem Erhalt oder der Vergrößerung des »ganzen Hauses«, und für persönliche Wünsche war kein Raum. Eine große Zahl der Erwachsenen konnte oder durfte überhaupt nicht heiraten. Ihnen fehlten Besitz, Erbe, Mitgift oder ein Beruf. Die Kirche und die weltlichen Obrigkeiten versuchten sogar Eheschließungen der ärmeren Bevölkerungsschichten zu verhindern, indem sie für eine Heiratserlaubnis verschiedene Auflagen vorsahen – meistens Besitz oder eine bestimmte Geldsumme.[3]

Wurden in dieser Zeit eine Ehe geschlossen und eine Familie gegründet, dann waren diese gekennzeichnet durch ein hohes Maß an Verlässlichkeit, Stabilität und Halt.[4] Das garantierten die starke soziale Kontrolle der Sippe oder des Familienbandes, die Auswahlprinzipien von Herkunft und Stand, aber auch das Interesse am gemeinsamen Erhalt der Familienwirtschaft.

In den Familien der Handwerker, Kaufleute und bedingt der Bauern waren die Grenzen zwischen Produktions- und Reproduktionsarbeit unscharf, während sich, vor allem im späten 18. und 19. Jahrhundert, im Bürgertum eine zeitliche und örtliche Trennung von Familienleben und Erwerbsarbeit herausdifferenzierte.

Dies hatte auch Folgen für die Definition der modernen Familie.

»Während der ›Hausstand‹ – das legale Konstrukt für die Sozialform des ›ganzen Hauses‹ – in der Folge nicht mehr als systematischer Rechtsbegriff verwendet wurde, rückte das Ehe- und Familienrecht in den Vordergrund. Mit der ›Entpolitisierung des Hausstandes‹ wurden die Individuen aus der hausherrlichen Gewalt entlassen. Das wurde durch die Aufhebung der Rechtswirksamkeit der Zünfte (Gewerbefreiheit), die Bauernbefreiung und neue Formen der Steuergesetzgebung unterstützt« (Sieder 1987, S. 128).

An die Stelle des »ganzen Hauses« trat jetzt der Familienvater mit seiner Erwerbsarbeit außer Haus, sei es in der Kanzlei, im Kontor, in der Lehrer- oder Predigerkanzel oder im Leitungsbüro einer Fabrik (vgl. Sieder 1987, S. 28ff.). Damit einher ging die Herausbildung eines intimen und privaten familialen Binnenraumes, Basis des »bürgerlichen Familienmodells«. Kennzeichen dieses Modells waren die »glückliche Familie«, die »liebevolle Frau« und die »gehorsamen Kinder«, eine Ideologie, die sich in der Realität mit widersprüchlichen Folgen zeitigte. Die Frau war beispielsweise nun nicht mehr Arbeitsgefährtin oder die Wirtschaftsleiterin des »ganzen Hauses«, sondern eben die »liebevolle Ehefrau«, was nicht nur Fortschritt, sondern auch eine weitgehende Einschränkung des weiblichen Lebenszusammenhangs bedeutete.

Mit dem 19. Jahrhundert bestimmte das »bürgerliche Familienideal« nicht nur das familiale Zusammenleben des Bürgertums, sondern durchdrang sämtliche gesellschaftlichen Schichten und Klassen.[5] Es wurde damit auch letztlich zum Vorläufer der »traditionellen Familie« des 20. Jahrhunderts.[6] Drei Aspekte dieser Entwicklung sind besonders zu erwähnen. Erstens: Mit dem Übergang vom »ganzen Haus« zur »privatisierten Familie« veränderte sich auch das Verhältnis der Ehepartner. Die Selbstverständlichkeit der Koppelung von nützlichen und vernünftigen Zwecken mit der Partnerwahl begann brüchig zu werden; es kam eher darauf an, dass Frau und Mann gefühlsmäßig zueinander passten, d. h. sich liebten. Zweitens: Es entwickelte sich so etwas wie eine patriarchalische Binnenstruktur der Familie, der Mann wird zum Ernährer und Besitzer der Autorität über Frau und Kinder. Diese Entwicklung wurde begleitet von einer »sentimentalen Auffüllung des innerfamiliären Bereichs« (Weber-Kellermann 1976, S. 107). Die im 19. Jahrhundert nach bürgerlichem Vorbild sich etablierende Familienform war in den 60er-Jahren des 20. Jahrhunderts für viele Anlass, neue Formen des Zusammenlebens zu suchen und zu erproben. Drittens: Die gesellschaftlich durchgesetzte Norm des bürgerlichen Familienideals ermöglichte es nahezu allen Erwachsenen, eine Ehe einzugehen und eine Familie zu gründen. Die endgültige Befreiung von haus- und standesrechtlichen Beschränkungen fand für die moderne Familie in den 60er-Jahren ihren Abschluss wie auch Höhepunkt (Sieder 1987, S. 280). Heutige Kinder haben wiederum mit einer neuen Entwicklung zu tun, die erst begonnen hat: Die normative Kraft von Ehe und Familie schwindet dahin, doch überzeugende Alternativen sind nicht in Sicht.

2.2 Zum Wandel der Familie

Das Wort »Familie« geht allen leicht von den Lippen, doch was versteht man eigentlich präzise darunter? Derzeit gibt es keine allgemein anerkannte Definition von Familie, weder in der Alltags- noch in der Wissenschaftssprache. Eine für uns plausible Charakterisierung der Familie bietet die Soziologin Nave-Herz in Anlehnung an eine Definition von Neidhardt, die sie um mehrere Aspekte erweitert. Für sie ist eine Familie eine Verbindung, in der Eltern oder ein Elternteil mit ihren bzw. seinen Kindern zusammenleben, zumeist in einer Haushaltsgemeinschaft. Nave-Herz unterscheidet Drei-Generationen-Familie (Großeltern, Eltern, Kinder), Eltern-Familie und Ein-Eltern-Familie, hier wiederum die Mutter- und die Vater-Familie.[7] Erwähnenswert sind dabei auch die Entstehungszusammenhänge. Ein-Eltern-Familien können z. B. durch Trennung, Scheidung oder über die Geburt eines Kindes bei einer bewusst allein lebenden Frau entstehen. Auch Wechsel von einer Familienform in die andere sind auf der Tagesordnung.

Die Familie, bestehend aus einem erwerbstätigen Vater, einer Mutter als Hausfrau und zwei oder mehr Kindern im schulpflichtigen Alter, war 1955 in den USA der Kern für 60% aller Haushalte. Vergleichszahlen für die BRD liegen uns nicht vor. Für ganz Europa gilt, dass 90% aller, die zwischen 1930 und 1945 geboren wurden, heirateten und zum überwiegenden Teil auch Kinder bekamen (Sieder 1987, S. 256).

Heute wissen wir, dass damit der Höhepunkt einer »Familialisierung« erreicht war. Seit den 60er-Jahren zeigen die familienstatistischen Trends in eine andere Richtung: Die Eheschließungszahlen sinken, die Scheidungsrate nimmt zu, die Anzahl kinderloser Ehen ebenfalls, eine statistische Zunahme der unverheiratet zusammenlebenden Paargemeinschaften ist zu verzeichnen, die Anzahl allein erziehender Eltern wächst, und heutige Kinder wachsen vermehrt ohne Geschwister auf. Zu den demographischen Entwicklungen gehört zudem auch, dass immer mehr Kinder berufstätige Mütter haben. Insgesamt lässt sich von einer Vielfalt von Familienkonstellationen ausgehen.

Zu einigen von diesen Trends wollen wir im Folgenden Daten präsentieren und anschließend fragen, ob sich aus den daraus ersichtlichen Veränderungen tatsächlich negative Auswirkungen auf die Sozialisation heutiger Heranwachsender begründen lassen, wie das in vielen Veröffentlichungen herausgestellt wird.

Neben dem Wandel familialer Strukturen und Rollenverteilung ist noch ein weiterer Aspekt erwähnenswert: Das Eltern-Kind-Verhältnis hat sich grundlegend verändert. Kinder dienen nicht mehr lediglich der Versorgung der Eltern im Alter, der Fortführung der Familientradition und der Weitergabe des Familiennamens; sie sollen dem Leben der Eltern einen Sinn geben. Genau das bleibt nicht ohne entscheidende Auswirkungen auf die kindliche Sozialisation. Eltern denken heute über richtige oder falsche Erziehungsmethoden intensiv nach, lesen Ratgeber oder suchen Hilfe bei Erziehungsexperten, verfolgen Fernsehsendungen über Erziehung und kindliche Entwicklungen. Wir werden diesen Trend im Kapitel 2.3 am Beispiel der Idee der »perfekten Sozialisation« problematisieren.

2.2.1 Demographische Trends

Zentrale Bedeutung für die Diskussion veränderter Sozialisation durch den Wandel der Familienformen hat eine Veränderung der

Rollenverteilung in der Familie selbst, und zwar durch die Erwerbstätigkeit der Mutter. Von ungefähr 15 Millionen erwerbstätigen Frauen sind derzeit immerhin 7 Millionen Mütter, die über Bildung und Beruf mehr Unabhängigkeit (auch von ihren Männern) gewinnen und vermehrt nach Selbstverwirklichung im Beruf suchen, aber teilweise auch aus ökonomischen Zwängen arbeiten müssen. Auf die Kinder bezogen zeigt sich, dass 1999 von 15.742.000 Kindern im Alter von unter 18 Jahren 55% erwerbstätige Mütter hatten. Aus Tabelle 1 wird weiterhin deutlich, dass selbst im Alter von unter 6 Jahren jedes zweite Kind (45,8%) eine erwerbstätige Mutter hat. Mit diesen Daten ergibt sich für 50% aller Kinder im Vorschul- und Schulalter ein Aufwachsen in Familien, in denen die Eltern lange Zeit täglich außer Haus sind.

Tabelle 1: Kinder und Jugendliche unter 18 Jahren von erwerbstätigen Eltern (in 1000)

Kinder und Jugendliche im Alter von ...	in Familien mit erwerbstätigen Eltern bzw. Elternteilen				
	erwerbstätige Mütter		erwerbstätige allein erziehende Mütter		
	abs.	%	abs.	%	Insgesamt
... unter 18 Jahren	8671	55	1456	9,2	15742
... unter 15 Jahren	6875	53	1152	8,9	12978
... unter 6 Jahren	2176	45,8	316	6,6	4756

Quelle: Mikrozensus 1999, Statistisches Bundesamt, Stat. Jahrbuch 2000, S. 58 u. 108

Tabelle 2: Erwerbstätige Frauen mit Kindern und Jugendlichen unter 18 Jahren nach ihrer wöchentlichen Arbeitszeit

... mit Kindern und Jugendlichen im Alter von ...	Normalerweise geleistete Wochenarbeitszeit von erwerbstätigen Müttern ...(Prozentwerte gerundet)			
	bis einschl. 20 Std.	21 bis 39 Stunden	36 und mehr Std.	insgesamt
unter 18 Jahren	37,4%	21,3%	41,4%	100%
unter 15 Jahren	39,1%	20,9%	40,1%	100%
unter 6 Jahren	41,5%	16,2%	42,3%	100%

Quelle: Mikrozensus 1998, Statistisches Bundesamt 1998, S.188

Immerhin weitaus mehr als die Hälfte (63%) der erwerbstätigen Mütter mit Kindern im Alter unter 18 Jahren gehen zu mehr als 20

Wochenstunden einer Erwerbstätigkeit nach (siehe Tabelle 2). Dies bedeutet zugleich, dass etwa jedes zweite Kind außer Mutter und Vater noch bestimmte Zeiten mit zusätzlichen Betreuungspersonen verbringt, vorausgesetzt, die Eltern wollen ihre Kinder nicht allein lassen.

Die Beteiligung von Müttern am Erwerbsleben ist stark abhängig vom Alter der Kinder und von der Kinderanzahl. Je jünger die Kinder sind, desto weniger wird von der Möglichkeit Gebrauch gemacht, erwerbstätig zu sein. Allein erziehende Mütter weichen hierbei ab; aus wirtschaftlichen Erwägungen sind sie ja zumeist gezwungen, arbeiten zu gehen, obwohl sie vermutlich lieber bei ihrem Kleinkind bleiben würden. Die Erwerbstätigkeit fällt offenbar umso leichter, je weniger Kinder da sind. Frauen mit nur einem Kind sind häufiger erwerbstätig als Frauen mit zwei und mehr Kindern (siehe Tabelle 3).

Tabelle 3: Erwerbstätige Frauen nach Anzahl der Kinder (in 1000)						
Erwerbstätige Frauen ...	Insgesamt		Verheiratet zusammenlebend		Alleinstehend	
	Abs.	%	Abs.	%	Abs.	%
Mit einem Kind	3648	49,8	2719	45,8	929	66,6
Mit zwei Kindern	2931	40,0	2549	43,0	383	27,4
Mit drei Kindern	623	8,5	555	9,4	69	4,9
Mit vier und mehr Kindern	127	1,7	112	1,9	13	0,9
Quelle: Statistisches Bundesamt, Stat. Jahrbuch 2000, S.108						

Vielleicht liegt in der Möglichkeit, bei einem Kind eher erwerbstätig bleiben zu können, auch eine der Ursachen für die große Anzahl von Ein-Kind-Familien. Von den 15.742.000 Kindern unter 18 Jahren in der BRD 1999 waren fast 5 Millionen Einzelkinder, d.h., jedes dritte Kind wächst ohne Geschwister auf (Mikrozensus 1999). Der Trend zur Ein-Kind-Familie könnte sich fortsetzen, verstärkt durch die zunehmende Zahl von Alleinerziehenden. Weit über die Hälfte der allein stehenden Mütter und allein stehenden Väter haben derzeit nur ein Kind (vgl. Tabelle 4).[8]

Tabelle 4: Familie mit Kindern unter 18 Jahren

Anzahl der Kinder in der Familie	insgesamt		Ehepaare		Allein stehende Frauen*		Allein stehende Männer*	
	In 1000	%	In 1000	%	In 1000	%	In 1000	%
1 Kind	6530	50,5	4529	45,3	1622	67,2	379	74,0
2 Kinder	4801	37,1	4073	40,8	616	25,5	112	22,0
3 Kinder	1223	9,5	1070	10,7	136	5,6	16	3,2
4 u. mehr Kinder	360	2,8	316	3,2	40	1,7	–	–
insgesamt	12913	100	9987	100	2414	100	512	100

*als Alleinstehende zählen auch Väter und Mütter mit volljährigen Kindern
Quelle: Mikrozensus 1999, Statistische Bundesamt, Stat. Jahrbuch 2000, S.64

Auffallend ist aber auch der große Anteil von Ehepaaren, die nur mit einem Kind leben. Das sind 45,3% aller Verheirateten mit Kindern. Welche Beweggründe haben Ehepaare, nur ein Kind haben zu wollen? Ein weit verbreitetes Argument lautet, dass die Ein-Kind-Familie die beste Vermittlung bei der Entscheidung zwischen traditioneller Familienbildung und »moderner« Orientierung verheißt. Huinink[9] spricht in einer empirischen Untersuchung zum Entscheidungsverhalten von Ehepaaren mit Kindern in diesem Zusammenhang von »halbtraditionell orientierten Familien«. Einmal, weil sie sich der traditionellen gesellschaftlichen Verpflichtung zur Reproduktion verpflichtet fühlen, zum anderen aber, weil sie »modern« orientiert sind. »Modern« bedeutet in diesem Zusammenhang, dass die Ehepartner in der Ein-Kind-Familie nicht auf individuelle, autonome Lebensplanung verzichten wollen. Insbesondere die Berufsorientierung der Frau hat eine gewichtige Bedeutung bei der Entscheidung für nur ein Kind. Mit einer wachsenden Kinderzahl verringert sich zumeist vornehmlich der Freiraum der Frau, um eigene Wünsche und Bedürfnisse zu realisieren.

Die Interpretation der vorliegenden Daten muss noch ergänzt werden: Es ist darauf hinzuweisen, dass es sich um eine Momentaufnahme, nämlich aus dem Jahre 1999, handelt. In den Mikrozensusdaten sind die Kinder erfasst, die in diesem Jahr in einer Familie leben. So wird die Zahl der Einzelkinder oft überhöht angegeben, weil die zugrunde liegenden Berechnungen meist auch jene Kinder als Einzelkinder zählten, die bereits erwachsene Geschwister haben oder später noch jüngere Geschwister erhalten könnten. Gesagt werden kann nur: Derzeit wächst ein Drittel aller Kinder – zumeist zeitweise – als Einzelkind auf. Über den genauen Trend für die Zukunft kann nichts ausgesagt werden, da ja in den jüngeren Familien noch weitere Kinder geboren werden. Es kann also sein, dass damit auch die Zahl der Zwei-Kind-Familien zunimmt.[10]

Gerade für die Diskussion um Müttererwerbstätigkeit, Einzelkinder und außerfamiliale Betreuung ist es interessant zu wissen, für wie viele Kinder überhaupt Plätze im Kindergarten vorhanden sind. Der Versorgungsgrad mit Kindergartenplätzen hat sich von 1970 bis 1978 in relativ kurzer Zeit verdoppelt, wie aus den offiziellen Daten[11] ersichtlich wird. Seit Ende der Siebzigerjahre stehen demnach für rund vier Fünftel aller Kinder im Alter von drei bis sechs Jahren Kindergartenplätze zur Verfügung, wobei allerdings die einzelnen Bundesländer sehr unterschiedlich hohe Versorgungsgrade aufweisen[12].

Tabelle 5: Kindergartenbesuchsquoten nach Kindern verschiedener Altersgruppen in Familien (in %)

Familienform	Besuchsquote der Kinder im Alter von ... bis ... Jahren				
	unter 3	3–4	4–5	5–6	6 u. älter
insgesamt	7,4	50,7	82,7	87,3	3,4
Bei verheiratet zusammenlebenden Eltern	6,4	48,9	85,3	87,6	3,5
Darunter: bei erwerbst. Mutter	19,3	73,3	92,0	88,9	2,9
Bei alleinstehendem Elternteil	13,2	61,1	82,8	84,8	3
Darunter: bei erwerbst. Mutter	14,4	63,6	90,0	91,7	2,8
Quelle: Mikrozensus 1998, Statistische Bundesamt 1998, S.166					

Die tatsächliche Inanspruchnahme der Kindergartenplätze liegt bei Fünf- bis Sechsjährigen und den Kindern ab 6 Jahre, die noch nicht die Schule besuchen, mit rund 87% am höchsten, während nur rund 51% der Kinder zwischen drei und vier Jahren einen Kindergarten besuchen (vgl. Tab. 5). Diese Quoten wären bei einem höheren Versorgungsgrad mit Kindergartenplätzen vermutlich noch deutlich höher. Bei Kindern von Alleinerziehenden liegt die Besucherquote der Drei- bis Vierjährigen mit 60% deutlich höher, bei Kindern ab 4 Jahre dagegen liegt sie bemerkenswerterweise unter der von Kindern verheiratet zusammenlebender Eltern. Geht die Mutter einer Erwerbstätigkeit nach, so zeigt sich eine spürbare Erhöhung der Besuchsquoten in allen Altersgruppen: In Familien von verheiratet zusammenlebenden Eltern sind damit über drei Viertel der Kinder im Kindergartenalter trotz der Erwerbstätigkeit der Mütter zumindest teilweise versorgt; bei allein stehenden Elternteilen liegt die Besuchsquote am höchsten, selbst unter den Drei- bis Vierjährigen sind hier weit über die Hälfte im Kindergarten. Allerdings dürften die üblichen Öffnungszeiten (von 8 bis 12 Uhr) die meisten Elternteile – in der Regel die Frauen und Mütter – selbst an der Aufnahme einer Halbtagsbeschäftigung eher hindern. Klemm u. a.[13] referieren, dass nur rund jeder neunte Kindergartenplatz eine Ganztagsbetreuung sicherstellt.

Die schon angesprochenen Einzelkinder sind typisch für die Familienform der so genannten Ein-Eltern-Familie. Aus Tabelle 4 wird deutlich, dass in der Bundesrepublik fast 2,9 Millionen Ein-Eltern-Familien (2.926.000) leben. In zwei Dritteln dieser Familienform lebte zum Zeitpunkt der Erhebung nur ein Kind. Alleinerziehende sind in der Regel Frauen: Von den 2.926.000 Ein-Eltern-Familien sind 2,4 Millionen Mutter-Familien, dies sind 81,5%.

Die Statistik zeigt allerdings nur die formellen Kategorien familiärer Strukturen, nicht dagegen die durchaus verbreiteten und etablierten Zwischenformen: Paar lebt unverheiratet mit nichtehelichem Kind; verwitwete, getrennt lebende oder geschiedenes Elternteil lebt mit Freund/Freundin; getrennt lebendes oder geschiedenes Paar erzieht auch nach der Trennung sein Kind gemeinsam; Elternteil mit Kind lebt in einer Wohngemeinschaft. Freilich kann damit auch ein Zusammenleben mit weiteren Kindern verbunden sein. Die Palette dieser Möglichkeiten verdeutlicht nicht nur, dass die Statistik vermutlich ein eher oberflächliches und trügerisches Abbild familialer Realität und einen unvollständigen Überblick über die verschiedenen Familienformen liefert. Auch die häufig anzutreffende Annahme, das Zusammenleben mit nur einem Elternteil und das Fehlen von Geschwistern bedeute gleichzeitig eine Reduktion auch der außerfamilialen Sozialkontakte, wird hierdurch zumindest unsicher. Jedenfalls sind genauere statistische Erhebungen und qualitative Forschungen angezeigt.

Relativ dünn ist auch der Forschungsstand zu einer weiteren für uns interessanten Familienform, der Stieffamilie. Mit Stieffamilie wird ein Typ von Familie bezeichnet, in der ein erwachsenes Paar mit mindestens einem Kind lebt und mindestens ein Erwachsener nicht leiblicher Elternteil ist. Eingeschlossen ist darin die große Zahl möglicher und praktizierter Varianten, die reichen können von der zuvor ledigen Mutter mit Kind, die einen Mann geheiratet hat oder auch ohne Heirat mit ihm zusammenlebt, bis zu einem »binuklearen« Familiensystem, bei dem beide leiblichen Elternteile neue (Ehe-)Beziehungen eingegangen sind und wiederum Kinder bekommen haben.

Stieffamilien sind – anders als es das wissenschaftliche und öffentliche Interesse in den letzten Jahren glauben macht – kein historisch neues Phänomen im westlichen Kulturkreis. So waren im England des 16. Jahrhunderts bei einem Drittel der Eheschließungen Personen beteiligt, die bereits einmal verheiratet gewesen waren. Im 17. Jahrhundert war dies noch bei etwa 25%, im 19. Jahrhundert noch bei 19% der Eheschließungen der Fall. Der abnehmende Anteil dürfte im Rückgang der Sterblichkeit mit begründet sein, denn der Tod des Ehepartners war in der Vergangenheit der häufigste Grund für Wiederheirat und erneute Familiengründung. Im 20. Jahrhundert hingegen bildeten sich Stieffamilien überwiegend nach vorausgegangener Trennung und Scheidung. Die abnehmende Akzeptanz kirchlicher Normierung von Ehe und Familie und damit einhergehend die gewachsene persönliche Freiheit, die eigene Ehe zu lösen, einerseits, und andererseits Verschiebungen in der Familienbasis von der Existenzsicherung zum Gefühl sowie gewachsene individuelle Ansprüche an die Qualität von Ehe- und Familienbeziehungen ließen Scheidungs- aber auch Wiederverheiratungsraten in den letzten Jahrzehnten stark ansteigen. Mit zunehmender Verbreitung wurden die so genannten Fortsetzungsehen zu einem durchaus normalen und sozial akzeptierten, wenngleich nicht zum bevorzugten Muster der Familiengründung.

Zur Häufigkeit des Vorkommens von Stieffamilien und Stiefkindern in der Bundesrepublik existieren – Indiz für die bisherige Vernachlässigung des Themas – nur Schätzungen, das Datenmaterial ist ungenau und veraltet.

Für 1981/82 wurde die Zahl der bundesdeutschen Stieffamilien mit verheirateten Partnern auf etwa 660 000, die mit unverheiratet zusammenlebenden Partnern auf ungefähr 125 000 geschätzt. Insgesamt waren rd. 10% aller Familien mit Kindern zu diesem Zeitpunkt Stieffamilien. Die Zahl der in diesen Familien lebenden minderjährigen Stiefkinder dürfte bei über 1,1 Mio. gelegen haben, dies wären knapp 9% aller unter 18-jährigen Kinder in der BRD (vgl. zusammenf.: Deutsches Jugendinstitut 1988, S. 45, S. 79). Für 1995 wird angegeben, dass 14% aller Kinder unter 18 Jahren nicht mit beiden Elternteilen zusammenleben, also als so genannte Stiefkinder gelten.[14]

Genauere Zahlen gibt es zu Ehescheidungen und Scheidungskindern. Die Zahl von Scheidungen hat in den letzten Jahren enorm zugenommen. 1960 erfolgten 14% aller Ehelösungen durch Scheidung, 1997 waren es bereits 35%. 1997 wurden rund 163 000 minderjährige Kinder von Scheidungen ihrer Eltern betroffen.[15] Unter Beachtung der heutigen Scheidungshäufigkeit, der durchschnittlichen Kinderzahl der Ehen und der durchschnittlichen Kinderzahl geschiedener Eltern wird geschätzt, dass ca. 12–15% der Kinder von Ehepaaren vor Erreichen der Volljährigkeit mit der elterlichen Scheidung zu tun haben werden.[16] Da die Scheidungshäufigkeit zunimmt, kann davon ausgegangen werden, dass auch die Anzahl der Scheidungskinder in Zukunft steigen wird.

Fassen wir zusammen: Kinder wachsen heute vermehrt mit berufstätigen Müttern in Ein-Eltern-Familien, als Einzelkinder und als Scheidungskinder auf. Was dies für ihre Persönlichkeitsentwicklung bedeuten könnte, soll im Folgenden diskutiert werden.

2.2.2 Erwerbstätigkeit von Müttern und kindliche Entwicklung

Lange Zeit war die Erwerbstätigkeit der Mutter ein beliebtes, allzu oft ein kurzschlüssiges Argument, um Störungen in der Persönlichkeitsentwicklung von Kindern zu begründen. Kurzschlüssig ist dieses Argument, wenn die Zeitdauer, die eine Mutter mit dem Kind verbringt, bei einer Erwerbstätigkeit als zu kurz angesehen wird und damit der Zeitdauer eine besonders bedeutsame Sozialisationswirkung zugesprochen wird. In ihrer Arbeit über mütterliche Berufstätigkeit schlussfolgert Lehr[17], dass für die Erziehung von Kindern nicht die mit ihnen verbrachte Zeit, sondern die Einstellung und die Persönlichkeit der Eltern der allerwichtigste Faktor sei. Mütter, die den ganzen Tag mit ihrem Kind verbringen, können belastender auf die Entwicklung der Kinder wirken als Mütter, die sich lediglich einige Stunden um ihr Kind kümmern, dafür aber umso aufmerksamer und geduldiger. Aber auch diese Feststellung ist nicht ohne weiteres verallgemeinerbar. Es kommt hierbei darauf an, ob die betreffende Mutter freiwillig oder unfreiwillig zu Hause bleibt und ob sie tatsächlich den Wunsch hat, arbeiten zu gehen, oder lieber bei ihrem Kind bleiben würde. Im einen Fall kann es zu unausgesprochenen Vorwurfshaltungen gegenüber dem Kind kommen, im anderen Fall könnte die Mutter-Kind-Beziehung mit Schuldgefühlen belastet werden. Die zunehmende Erwerbstätigkeit von Müttern hat in der Tat zwei Seiten: Zum einen verwirklichen Frauen auch neben der Kindererziehung ihren Wunsch, im Beruf zu bleiben, zum anderen arbeiten viele Frauen aus finanziellen Gründen gezwungenermaßen.

Ob sich die Erwerbstätigkeit von Müttern (oder auch von allein erziehenden Vätern) nun negativ oder positiv auf die Sozialisation der Kinder auswirkt, kann auch mit Forschungsergebnissen nicht eindeutig und endgültig beantwortet werden. Vor allem kinderpsychologische Studien untersuchen den Zusammenhang von mütterlicher Erwerbstätigkeit, der damit zumeist verknüpften außerfamilialen Betreuung und der kindlichen Sozialisation.

Fthenakis analysiert in einem Sammelreferat auch die Rahmenbedingungen, unter denen eine außerfamiliale Betreuung organisiert wird. Weitgehende Übereinstimmung findet er bei der Beobachtung, dass die Pflegebedingungen stabil sein sollten. Es wurde bei den Studien, die Fthenakis analysiert, auch betont, dass es auf die Qualität der Betreuung ankommt. Bei gut ausgebildeten Betreuungspersonen und entsprechend gut ausgestatteten Betreuungsstätten kann von einer Förderung der intellektuellen und sozialen Entwicklung ausgegangen werden. Die Bedeutung des Einflusses einer qualifizierten Betreuung gerade im Vorschulalter wird auch von einer der wenigen neueren deutschen Studien herausgestellt. Als Rahmenbedingungen einer erfolgreichen außerfamilialen Betreuung wird in einem Berliner Forschungsprojekt unter anderem auf die Erarbeitung von praxisfähigen Konzepten zur Gestaltung der Eingewöhnungssituation hingewiesen. Die Daten des Projektes lassen darauf schließen, dass über Eingewöhnungsphasen Risiken der Fremdbetreuung verringert werden.[18]

Günstige Rahmenbedingungen vorausgesetzt, lassen sich für die soziale und intellektuelle Entwicklung von Kindern in außerfamilialer Betreuung reichlich positive Effekte aufführen. Kinder erwerbstätiger Mütter entwickeln beispielsweise stärker partnerschaftliches Denken und ein positiveres Bild der weiblichen Geschlechtsrolle. Fremdbetreute Kinder unterscheiden sich vor allem in zwei sozialen Dimensionen von Kindern, die zu Hause aufgewachsen sind: Einmal zeigen sie positivere Beziehungen zu Gleichaltrigen, zum anderen wurden Unterschiede in der Häufigkeit positiver Interaktionen, in der Komplexität des Spiels, im sozialen Vertrauen, im Interesse an Gleichaltrigen und in der Beliebtheit bei Gleichaltrigen festgestellt.[19]

Ähnlich positive Ergebnisse erbrachte die viel diskutierte Untersuchung zur Tagesfremdbetreuung des Modellprojekts »Tagesmütter«.[20] Die in dem Projekt beobachteten Kinder zeigten hinsichtlich sozialemotionaler Entwicklung und in der Intelligenzentwicklung keine Nachteile gegenüber Kindern, die von der eigenen Mutter betreut wurden. Aber auch in dieser Untersuchung wird auf eine Rahmenbedingung hingewiesen: »Die Zufriedenheit der Mutter mit ihrer Situation als Frau, ihre Sicherheit, mit der sie ihre eigenen Interessen, Berufstätigkeit und Mutterrolle balanciert, beeinflusst die Entwicklung des Kindes und die Mutter-

Kind-Beziehung langfristig stärker als die Umstände der Betreuungsform.«[21]

Da Kinder in außerfamilialer Betreuung regelmäßig Trennungen von ihren Eltern erfahren, wurden in der kinderpsychologischen Forschung auch besonders emotionale Aspekte bedacht. Ändert sich durch die Betreuung die Eltern-Kind-Beziehung? Zu dieser Frage hat sich eine starke Kontroverse entfacht: Auf der einen Seite argumentieren jene, die behaupten, dass vor allem im Kleinkindalter eine Fremdbetreuung zur Beeinträchtigung der Mutter-Kind-Bindung führen kann; auf der anderen Seite finden Kinderforscher keine empirische Evidenz für einen solchen Zusammenhang. Letztere zitieren Studien wie die des englischen Psychiaters Rutter, die von Field et. al. und Weinraub et. al.[22] oder auch das schon erwähnte Modellprojekt »Tagesmütter«, um damit zu belegen, dass bezüglich der Mutter-Kind-Beziehung keine Unterschiede zwischen familial und außerfamilial betreuten Kindern vorzufinden sind. Zu den Kritikern dieser positiven Einschätzung gehört Belsky, der in einem Sammelreferat zu dem Schluss kommt, dass ein früher Besuch einer Tagesbetreuungsstätte in der Entwicklung von Kindern einen Risikofaktor darstellen kann.[23]

Allen Untersuchungen ist u. E. gemeinsam, dass sie zu vorschnellen Schlussfolgerungen verführen. Gerade bei Forschungsfragen zu emotionalen Aspekten sind die Studien mit Vorsicht zu genießen; fast immer wird beispielsweise versucht, eine Einschätzung der Mutter-Kind-Beziehung in testartigen Prozeduren oder über Befragungen der Mütter zu gewinnen. Das ist schon problematisch genug. Zudem konnte bislang niemand etwas über langfristige, vor allem innerpsychische Auswirkungen einer außerfamilialen Betreuung von Kindern nachweisen, weder im positiven noch im negativen Sinne (vgl. auch Nave-Herz 1994, S. 37ff.).

Verstärkt wird in der letzten Zeit auch eine Neuorientierung der empirischen Vorgehensweisen eingeklagt. Bisher werden zu wenig Faktoren neben der Tagesbetreuung beachtet: Als kleines Beispiel sei auf die Zeitstrukturierung und Standardisierung der Zeit von Kindern erwerbstätiger Mütter hingewiesen. Anders ausgedrückt: Kinder müssen in ihrer gesamten Erfahrungswelt beobachtet werden, was eine ökologische Ausrichtung der Kinderforschung implizieren würde. In der Sozialisationsforschung sind hier aber weitgehend Leerstellen vorzufinden.

2.2.3 Aufwachsen als Einzelkind

Kurzschlüssige Argumente dominieren auch, wenn die sozialisatorischen Auswirkungen des Aufwachsens als Einzelkind diskutiert werden. Nach den vorliegenden Daten kann behauptet werden, dass das Aufwachsen als Einzelkind eine durchaus typische Form von Kindheit geworden ist. In der Öffentlichkeit ist dieses Einzelkind immer noch mit starken Vorurteilen im defizitären Sinn belastet. Sie seien altklug, eigensinnig, schwierig und nicht in der Lage zu teilen, usw. Eine vermeintliche Sondersituation – nämlich das Aufwachsen ohne Geschwister – stempelte sie flugs zu Sonderlingen ab. Diese Meinung wird durch psychologische Betrachtungen weiter gestärkt. Vor allem in amerikanischen Zeitschriftenaufsätzen werden Untersuchungen zitiert, die Einzelkinder als öfter depressiv und kontaktscheu beschreiben: Einzelkinder würden häufiger zu Schizophrenien, Drogen- und Alkoholkonsum neigen, sie seien ehrgeizig, launisch und ichbezogen.[24]

Die Berichte aus amerikanischen psychotherapeutischen Praxen sind keinesfalls repräsentative Aussagen über die Persönlichkeitsentwicklung von Einzelkindern, sondern können eher als Spielmaterial für Stigmatisierungen gelten. Sie werden schnell entkräftet, wenn sie mit den zahlreichen positiven Bildern von Einzelkindern verglichen werden. Dann erscheinen Einzelkinder als kooperativer, selbstbewusster, unabhängiger, weniger ängstlich und zurückhaltend.

Ernst und Angst[25] haben Einzelkinder und Kinder mit unterschiedlicher Geschwisterzahl und Stellung (Erstgeborenes, mittleres Kind usw.) Persönlichkeitstests unterzogen und verglichen. Wenn Kinder aus dem gleichen sozialen Milieu kommen, dann unterscheiden sich Einzelkinder bezüglich Selbstbewusstsein, Kooperationsfähigkeit, Verantwortungsbereitschaft, Schulleistung und Anfälligkeit für psychische Krankheiten in keinem Punkt von Geschwisterkindern.

Kürthy[26] hat in einer Studie 818 Studenten befragt und die Antworten von Einzelkindern mit denen von Geschwisterkindern (insbesondere von Mittel-Kindern) verglichen. Einzelkinder erschienen insgesamt selbstständiger, idealistischer, aufgeschlossener, ernsthafter, selbstsicherer, zärtlicher – aber auch streitsüchtiger und egoistischer.

Blake[27] hat in einer Studie von der University of California 150 000 Kinder und Erwachsene befragt. Die Ergebnisse zeichnen ein positives Bild von Einzelkindern. Sie haben mehr Zeit für die Ausbildung als Kinder mit Geschwistern, beweisen bessere sprachliche Ausdrucksfähigkeit, haben mehr Anregungen durch Reisen, nehmen öfter Führungspositionen ein und werden von KollegInnen als geselliger als Geschwisterkinder beschrieben.

Mit solchen Ergebnissen wird das eingangs beschriebene Meinungsbild über die Defizite zwar relativiert, doch überzeugende Untersuchungen fehlen immer noch. Eines kann jedoch festgehalten werden: Pauschale Antworten zur Sozialisation von Einzelkindern sind unangebracht (vgl. Nave-Herz 1994, S. 65ff.); man kann nicht sagen, dass ihre Situation besser oder schlechter ist; sie ist zunächst nur anders. Dies wollen wir an zwei Punkten verdeutlichen.

Eine Besonderheit des Aufwachsens als Einzelkind liegt in der Art der Sozialkontakte. Vor dem Kindergartenalter gibt es verschiedene Möglichkeiten: Einmal kann das Einzelkind allein aufwachsen und muss mit keinem anderen Kind teilen oder sich streiten und sich durchsetzen; oder es hält sich tagsüber in einer Kinderkrippe oder Tagespflegestelle auf und ist dann in der Regel mit gleichaltrigen Kindern zusammen. Hier erlebt das Einzelkind schon sehr früh das Problem von Konkurrenz und Rivalität. Das Geschwisterkind hingegen ist üblicherweise mit einem älteren oder jüngeren Kind zusammen, wobei Rivalitäten sicherlich nicht ausgeschlossen werden können, doch besteht eher die Chance, Hilfe zu bekommen oder zu geben und Verantwortung füreinander zu übernehmen, d. h. auch Solidarität zu üben.

Einzelkinder im Kindergartenalter sind ebenfalls zumeist mit Kindern gleichen Alters zusammen. Die weiter vorn präsentierten Daten zeigen, dass der größte Teil aller Kinder einen Kindergarten durchläuft. Einzelkinder haben demnach durchweg Kontakte zu anderen Kindern. Doch sind diese Sozialkontakte nicht mit Geschwisterkontakten vergleichbar, denn sie sind ständig unter Kontrolle der Erwachsenen. Kinder können sich zu Hause zurückziehen oder nach draußen gehen, wenn sie sich vom Erwachsenen abschotten wollen. Kindergartenkinder haben diese Möglichkeiten des Unkontrolliertseins nicht. Zudem bleiben die Sozialkontakte im Kindergarten immer an die Gesamtgruppe gebunden. Nach der Kindergartenzeit sind Einzelkinder auf die Schule angewiesen, wenn sie Freundschaften suchen. Die Schule wird angesichts abnehmender Straßensozialisation und zahlreicher Einzelkinder der zentrale Ort der Freundschaftsbildung und der Aufnahme von Kontakten.

Die wachsende Anzahl von Einzelkindern kann zukünftig (für Kinder wie auch gesamtgesellschaftlich) ein Zurückgehen von Verwandtschaft bedeuten. Hiermit ist gemeint, dass die sozusagen gratis erhaltenen Sozialkontakte über Tanten, Onkel, Kusinen oder Neffen der den Einzelkindern nachfolgenden Generationen fehlen werden. Als Folge dieser Entwicklung wird noch stärker erlebte unmittelbare soziale Verpflichtung den Eltern gegenüber erwartet. Problematisch wird es sodann, wenn als Sozialkontakt eine enge Beziehung lediglich zwischen Kind und Mutter übrig bleibt, häufig als Problem der Übermütterung oder Übererziehung oder auch als Mutter-Kind-Symbiose thematisiert bzw. kritisiert. Problematisch wird es auch, wenn es stimmt, was im Januar 1990 in dem Wochenmagazin »Stern« zu lesen war, nämlich dass Einzelkinder extreme Konsumkinder seien. In einer von dem Magazin beauftragten Untersuchung wurden Kinder und Jugendliche nach ihren Wünschen gefragt. Es kam heraus, dass Einzelkinder sich besonders stark an den Konsumgewohnheiten ihrer Eltern, als Erwachsener, orientieren und jegliche »kindtypischen« Wünsche und Einkäufe vermissen lassen.

In der letzten Zeit wird häufig die Einzelkindproblematik mit Schwierigkeiten in der Schule, vor allem in der Grundschule in Verbindung gebracht. Vermutet wird, dass die Klagen der Grundschullehrerinnen und -lehrer über Anpassungsschwierigkeiten der Kinder und Störungen des Unterrichts mit Diskrepanzerlebnissen von Einzelkindern zusammenhängen können, die in der Schule plötzlich in größeren Gruppen zurechtkommen müssen. Doch wie angedeutet sind dies bloße Vermutungen, und es muss aufgrund der aufgeführten Einzelkindstudien vor vorschnellem Konstruieren von Kausalzusammenhängen gewarnt werden.

2.2.4 Aufwachsen in Ein-Eltern-Familien

Ebenso vorsichtig sind die Sozialisationsbedingungen von Kindern in so genannten Ein-Eltern-Familien einzuschätzen. Negative Auswirkungen für Kinder treten – so berichten frühere Untersuchungen – weniger beim Tod eines Elternteils auf als durch Nichtehelichkeit oder Scheidung, wobei die möglichen Gründe im Mitgefühl der Umwelt bei Verwaisung, in den anderen Fällen hingegen in den Vorurteilen der Umwelt liegen. Der Verlust eines Elternteils ist dabei für ein Kind offenbar umso schwieriger zu verkraften, je kürzer er zurückliegt, je enger die Beziehung war und je länger es dauert, bis eine neue Bezugsperson Ersatz bieten kann.[28]

Unvollständige Familien und unkonventionelle Familienkonstellationen werden hinsichtlich ihrer angenommenen Sozialisationswirkungen seit eh und je vornehmlich unter Defizitaspekten untersucht, als Störungen und Brüche in den Familienbeziehungen. So berichten zahlreiche Untersuchungen in der Bundesrepublik, England und den USA über Zusammenhänge zwischen Verhaltensstörungen der Kinder einerseits und Scheidung, häufigem Streiten der Eltern oder dem Fehlen eines Elternteils andererseits, wobei es im wesentlichen Phänomene sind, die als »aggressive« oder »delinquente« Verhaltensformen eingestuft wurden. Auf die Problematik der normativen Bewertung dessen, was als Verhaltensstörung anzusehen ist, wird jedoch in diesen Studien offenbar ebenso wenig eingegangen wie auf den sozialen Handlungskontext der beobachteten Phänomene, nämlich ihre interaktionsspezifischen Definitions- und Aushandlungsprozesse. So kommentiert beispielsweise Havers eher zurückhaltend, dass »sich durch gestörte Familienverhältnisse oder Fehlen eines Elterteils das Risiko für das Auftreten von Verhaltensstörungen erhöht«.[29]

Was die subjektive Verarbeitung der familiären Situation anbetrifft, so finden sich auch bei Napp-Peters[30] Hinweise auf gesundheitliche und psychische Störungen und Auffälligkeiten, welche aber lediglich über die Eltern erhoben wurden. Gleichwohl erscheint es zumindest fragwürdig, von beobachteten Verhaltensweisen unmittelbar auf ein vorab als problematisch definiertes Familienleben (in diesem Fall das Aufwachsen mit nur einem Elternteil) zu schließen.

Napp-Peters hat allerdings ermittelt, dass fast 40% der allein erziehenden Elternteile angeben, ihr Kind habe nur wenige oder keine Freunde. Ein Viertel der Kinder konnte pro Tag nur ein bis zwei Stunden mit Vater oder Mutter verbringen; in der sonstigen Zeit befinden sich die Kinder bei anderen Betreuungspersonen oder in betreuenden Einrichtungen (z. B. in Kinderhorten) oder sind allein zu Hause, was insbesondere bei Schulkindern auftritt: 30% der Kinder zwischen 6 und 16 Jahren sind während der – zumeist berufsbedingten – Abwesenheit des Elternteils allein zu Hause. Rund 15% aller Kinder der untersuchten Ein-Eltern-Familien sind zwischen zwei und fünf Stunden unbeaufsichtigt allein zu hause.[31]

Wie Wagner-Winterhager[32] feststellt, stimmen bisherige Studien darin überein, dass die Versorgung und Betreuung der Kinder für die erwerbstätigen Alleinerziehenden das größte Problem darstellten, insbesondere bei ganztägiger Abwesenheit von der Wohnung von rund neun bis zehn Stunden. Mit der Problematik der Versorgung und Betreuung geht einher, dass der Alltag der betreffenden Kinder in hohem Maße von standardisierten und normierten Zeitstrukturen bestimmt wird. Kindliches Zeiterleben wird zwangsläufig eingebettet in Zeitrhythmen der Berufstätigkeit, der Betreuungsinstitutionen und der privaten Lebensführung des allein erziehenden Elternteils. Inwieweit diese für Kinder recht frühen Anpassungen an die Zeitstrukturen der Erwachsenen Einfluss nehmen auf die leiblich-sinnlichen Erfahrungen von Welt, bedarf noch einer genaueren Klärung. Einige Studien weisen darauf hin, dass allein erziehende Mütter tendenziell mehr bestrafen und insgesamt das Ausmaß der Kontrolle im Vergleich zu Müttern in so genannten Kernfamilien durch erheblich erhöhen (vgl. Wilk in Herlth u. a. 2000, S. 31ff.)

Jenseits vermuteter Erziehungsprobleme und -defizite zeigt sich jedoch ein anderer die Lebenslage von Kindern in Ein-Eltern-Familien kennzeichnender Aspekt: Die bisherigen empirischen Befunde deuten darauf hin, dass für Ein-Eltern-Familien insbesondere die ökonomische Situation dem Familienleben erhebliche Restriktionen im Hinblick auf Lebensstandard und Zeitbudgets – also »materielle und zeitliche Mangellagen« – auferlegt (vgl. Nave-Herz 1994, S. 97). So weist eine Studie des BMJFFG nach, dass ein Drittel (32,5%) aller allein stehenden Mütter mit ihrem Einkommen unter der Sozialhilfeschwelle liegt, bei den allein stehenden Vätern ist es ein Siebtel (13,9%); bei ledigen Müttern liegt diese Armutsquote sogar bei 46,5%. Allein erziehende Mütter mit minderjährigen Kindern leben zu 11,5% von Sozialhilfe als überwiegendem Lebensunterhalt. Etwa die Hälfte aller allein erziehenden Mütter bestreitet den Lebensunterhalt mit einem Nettoeinkommen von DM 1200–1400; bei allein erziehenden Vätern liegt dies bei durchschnittlich DM 1600–2000.

Napp-Peters[33] weist in ihrer Untersuchung darauf hin, dass für Alleinerziehende die aufgrund der restriktiven ökonomischen Lage und der Zeiten der Erwerbstätigkeit entstehenden Alltagsprobleme für die Betreuung und Versorgung der Kinder wiederum Konsequenzen für den Umfang und die Intensität sozioemotionaler Kontakte zwischen Elternteilen und Kindern hat. Vor diesem Hintergrund wäre es sinnvoller, Fragen nach besserer Vereinbarkeit von Erwerbstätigkeit und Kinderaufzucht und nach verbesserten außerfamilialen Kinderbetreuungen und ökonomischer Absicherung von Alleinstehenden mit Kindern in den Vordergrund zu stellen, anstatt mit voreiligen Bewertungen der Sozialisation der betreffenden Kinder zu operieren.

2.2.5 Aufwachsen als Scheidungskind

Seit langem werden Kinder in Scheidungsfamilien mit Stigmatisierungen bedacht. Vonseiten der klinischen Forschung wird eher in eine negative Richtung gewiesen. Die Sozialforschung liefert hingegen Ergebnisse, die geeignet sind zu entdramatisieren.

Schattner/Schumann zitieren im Zusammenhang mit Scheidungskindern, die eine Wiederverheiratung erleben, aus einer der wenigen repräsentativen Studien: »Die Mehrzahl der Kinder schien zufrieden stellende Familienbeziehungen zu haben, ähnlichen schulischen Erfolg zu erzielen wie Kinder in anderen Situationen und für ihre eigene Zukunft gleiche positive Erwartungen zu haben ... Für die Mehrzahl der Kinder gab es keinen klar erkennbaren nachteiligen Effekt, und es unterschied sie nur wenig von ihren Altersgenossen, die mit beiden leiblichen Eltern zusammenlebten. Dennoch gab es genügend Hinweise auf Unglück und Entwicklungsschwierigkeiten bei einer Minderheit von Stiefkindern, die darauf schließen lassen, dass Wiederverheiratung nicht als sofortiges Allheilmittel für die vielen Probleme der Ein-Eltern-Familie gesehen werden darf, insbesondere nicht, wenn die Probleme aus der Sicht der Kinder gesehen werden.«[34] Es kann zum Beispiel für Kinder auch eine sehr schmerzvolle Erfahrung sein, wenn mit einer neuen Familie eine neue Umgebung und die Aufgabe von Freundschaften verknüpft sind.

Stiefkinder haben anscheinend auch eine bestimmte Meinung zum »Familienkonzept«. Furstenberg hat in einer Untersuchung festgestellt, dass jedes dritte Kind bei der Frage nach den Familienmitgliedern den Stiefelter überging, den außerhalb lebenden leiblichen Elter jedoch mit einbezog.[35] Diese Kinder dachten demnach noch streng in Verwandtschaftsbezügen und nicht an die tatsächlich gelebte Haushaltsform. Ferner ist es eine oft gemachte Beobachtung, dass die Kinder den Erziehungsstil des Stiefvaters an dem des leiblichen Vaters messen, was nicht selten bei zu heftigem Eingreifen des Stiefvaters zur Intervention der Mutter führt und dadurch auch noch Partnerschaftsprobleme aufwirft.

Wallerstein/Blakeslee haben von 1971 bis 1986 in den USA 131 Scheidungskinder in 60 Familien beobachtet und betreut. Über die psychischen Auswirkungen einer Scheidung liegt ein ausführlicher Bericht vor.[36] Die Erkenntnisse der Studie, so interessant und wichtig sie sein mögen, sind aber nicht auf alle Familien übertragbar; sie gelten »für Familien der Mittelschicht in der postindustriellen Welt« (ebenda, S. 355). Welche Erfahrungen Familien anderer Sozialschichten machen, wird aus dieser Forschung nicht ersichtlich. 48% der 131 Kinder waren Jungen, 52% Mädchen. Zum Zeitpunkt der Trennung war ein wenig mehr als die Hälfte 8 Jahre alt oder jünger, und 47% waren zwischen 9 und 18 Jahren alt.

Die Ergebnisse der Studie von Wallerstein und Blakeslee stimmen aus der Sicht der Kinder eher bedenklich. Für die Eltern mag eine Scheidung so etwas wie eine Befreiung aus einer untragbaren Situation darstellen, für die Kinder aber nicht. Auch wenn Scheidungskinder nach Jahren die Entscheidung der Eltern gutheißen, so berichten sie dennoch von Gefühlen des Leidens und vom Fehlen der Geborgenheit. Fast alle Kinder der Scheidungsfamilien behaupten, dass ihre Kindheit und ihre Pubertät von der Scheidung überschattet waren. Eine große Anzahl der von den beiden Wissenschaftlerinnen begleiteten Kinder berichten, dass sie sich als Teenager psychisch und emotional im Stich gelassen gefühlt haben. Gerade in der Pubertät wurden diese Heranwachsenden »von inneren Zweifeln und von Zukunftsängsten gequält«.[37]

Ein Punkt sollte unter sozialisatorischen Gesichtspunkten besonders hervorgehoben werden: Ein Scheitern der elterlichen Ehe dominiert noch nach 15 Jahren die eigenen Beziehungen der Kinder. Die Scheidungskinder spürten als junge Erwachsene, dass ihnen ein Modell einer liebevollen und dauerhaften Partnerschaft fehlte, obwohl es gerade ihr Ziel war, mit allen Kräften eine dauerhafte Liebesbeziehung einzugehen. Viele kämpfen noch immer mit Angst- und Schuldgefühlen. Die Hälfte der Untersuchungsgruppe ist nach eigenen Berichten jetzt im Erwachsenenalter deprimiert, häufig aggressiv, einige verachten sich selbst.

Es gab aber auch etliche Kinder, die gut zurechtkamen. Einige, weil sie sich bewusst vom Beispiel ihrer Eltern abgegrenzt haben, andere, weil die geschiedenen Eltern in der Lage waren, bei Erziehungsfragen zu kooperieren. Wieder andere Kinder erlebten mit, wie die geschiedenen Eltern ihr Leben wieder erfolgreich aufbauen konnten. Auch hilfreiche Beziehungen zu einem oder beiden Elternteilen, zu Stiefeltern, Geschwistern oder Großeltern sind ein Faktor, der eine erfolgreiche Verarbeitung einer Scheidung gewährleisten kann.

Es ist anzunehmen – und dies kann vermutlich, auch vor dem Hintergrund familientherapeutischer Erkenntnisse, verallgemeinert werden –, dass eine rücksichtsvoll und pragmatisch durchgeführte Scheidung den Kindern weniger schadet als eine aufrechterhaltene Ehe, in der sich die Partner terrorisieren oder physische Gewalt ausüben. Kinder können dann sogar eher miterleben, dass Lebensprobleme auch über konstruktive Trennungsprozesse gemeistert werden können. Am besten verkraften offenbar Kinder eine Scheidung, wenn sie entweder noch unter 15 Monate oder über 15 Jahre alt sind.[38]

2.3 Kinder als Projekt – neue Erziehungsideen und ihre Folgen

In der heutigen Eltern-Kind-Beziehung hat sich vieles verändert. Die Entscheidung für ein Kind wird nicht mehr aus Versorgungsgründen im Alter oder für die Weitergabe des Familiennamens getroffen, sondern als Sinnerfüllung des eigenen Lebens gesehen. Seit die Schwangerschaft planbar geworden ist, kommen die Kinder nicht mehr qua Naturereignis zur Welt. Kinder sind heute oft Wunschkinder. Dies hat Auswirkungen: Sie werden umhegt und gepflegt, Eltern sind bemüht, auf die Gefühle ihrer Kinder einzugehen. Der Kindheitsforscher Lloyd de Mause hat in diesem Zusammenhang mit seiner Einschätzung der Kindheitsgeschichte Recht, Erwachsene verfügen heute über mehr Empathie als vergleichsweise vor 100 Jahren.

Dieser positiv einzuschätzende Aspekt des Wandels von Kindheit hat aber auch eine problematische Seite: Etliche moderne Eltern verschreiben sich einer Idee von perfekter Sozialisation.

In diesen Familien werden Kinder immer weniger so hingenommen, wie sie sind, mit ihren geistigen und körperlichen Eigenheiten. Kinder werden in fortgeschrittenen Industriegesellschaften zunehmend zum Zielpunkt ebenso ehrgeiziger wie planvoller Bemühungen: Möglichst alle Mängel sollen korrigiert werden und möglichst alle Anlagen sollen gestärkt werden. So absolvieren Kinder heute zahlreiche Trainings, Kurse, Förderprogramme. So genannte Spielpädagogen oder Animateure bringen ihnen sogar bei, wie sie ihre Freizeit verbringen sollen, die eigentlich ja selbstbestimmt sein sollte.

Das Ziel der Familienerziehung ist dann immer weniger das wohlgeratene und zufriedene Kind, sondern das *perfekte* Kind,[39] das gleichsam zur Visitenkarte der Familie wird. Manche Eltern mögen ihre Handlungsweisen dann rechtfertigen, indem sie wieder zu der Metapher von dem »grenzenlos formbaren« Kind zurückkehren. Kindererziehung wird auf diese Weise zum wissenschaftlichen Projekt. Im Extrem zum Projekt »Boris, der Tennisstar« oder »Marvin, der Experte für künstliche Intelligenz«.

Dies betrifft sicherlich in erster Linie Kinder von meist gut verdienenden Eltern. Solche Kinder haben alles, was zur modernen Kindheit gehört: pädagogisch wertvolles Spielzeug, Computer-Lernsysteme, aber auch eine schicke Garderobe. In den internationalen, unverschämt teuren »Learning-Centers« werden vierjährige »Genies« am Flügel oder an der Geige ausgebildet. Es gibt Eltern, die wollen schon ihren acht Monate alten Säuglingen mit Lernkarten das Zählen beibringen. »Head start« heißt das Zauberwort. Im Kleinkindalter werden heutige Kinder zum Karrierevorsprung angetrieben, und Erziehung verkommt dann zum Wettrennen um die ersten Plätze in unserer Gesellschaftshierarchie.

Viele Eltern bemerkten nicht, dass ihre Kinder dabei auf der Strecke bleiben. Kindliche Bedürfnisse und solcherart Anspruchshaltung der Eltern sind selten vereinbar, Kinder steigen innerlich aus. Es ist dann nicht verwunderlich, dass in der Grundschule chronische Leistungsverweigerer beobachtet werden oder Kinder mit typischen Symptomen von Stress in die Schule kommen. Sie sind nervös, unruhig, klagen über Schlafstörungen und Magenbeschwerden. Die Sozialforscher Engel und Hurrelmann haben in einer Untersuchung festgestellt, dass schätzungsweise rund 40% heutiger Kinder unter Stresssymptomen leiden.[40]

Die Gründe, die hinter den Erziehungsideen dieser ehrgeizigen Eltern stehen, sind evident. Fortgeschrittene Industriegesellschaften, in denen theoretisches Wissen mehr zählt als alles andere Wissen, sind Leistungsgesellschaften, in denen Leistung durch Examina und Zertifikate ausgedrückt wird. Ohne diese Zertifikate ist die Sicherung des Sozialstatus kaum möglich, geschweige denn sozialer Aufstieg.

Deshalb steht die Familie unter einem Erziehungsdruck, der historisch ohne Vorbild ist. Und das zu einem Zeitpunkt, zu dem traditionelle Familienerziehung problematisiert wird, aber eine Alternative zur Familienerziehung sich noch nicht etabliert hat. Übererziehung und völlige Vernachlässigung von Erziehung sind die widersprüchlichen Folgen.

Das stellt die Schule vor Erziehungsaufgaben, denen sie bisher nicht gewachsen ist. Die Wiedergewinnung des Erzieherischen ist eine Zukunftsaufgabe der Schule, deren Lösung auf der anderen Seite ohne Unterstützung aus dem schulischen Umfeld überhaupt nicht möglich ist, also ohne Unterstützung aus der Nachbarschaft, den sozialen Einrichtungen, den Kirchen usw.

3. Mädchen und Jungen – Aspekte geschlechtsspezifischer Sozialisation

Kein anderes menschliches Merkmal hat so grundsätzliche Auswirkungen auf die Sozialisation wie die Geschlechtszugehörigkeit. In allen Gesellschaften werden die Neugeborenen der einen oder der anderen Geschlechtsgruppe zugeordnet, sicherlich durch die biologische Gestalt, aber auch über die Verleihung eines an das Geschlecht gebundenen spezifischen Etiketts: Junge – Mädchen, männlich – weiblich, er – sie. Fundamental ist die Geschlechtszugehörigkeit auch deshalb, weil sie ähnlich wie die Hautfarbe lebenslang festgelegt ist. Dennoch ist das typische Verhalten – mädchenhaft, jungenhaft – nicht biologischer Ursache, diese Feststellung ist in der Sozialisationsforschung unbestritten. In der aktuellen Diskussion über unterschiedliche Verhaltensweisen der Geschlechter besteht Konsens darüber, dass physiologische Unterschiede in soziale Arrangements eingehen, in denen sie dann bedeutend gemacht werden. Anders ausgedrückt: Es gibt auf der einen Seite ein biologisch zugeschriebenes Geschlecht und auf der anderen Seite das sozial zugeschriebene und kulturell definierte Geschlecht, oftmals als »gender« formuliert (z. B. bei Goffman, 1994), das sich in bestimmten, eben geschlechtsspezifischen Verhaltensweisen zeigt.

Seit langem beschäftigt sich die Forschung – größtenteils aus der Nähe der Psychologie – mit der Frage, wie Kinder zu diesen Verhaltensweisen kommen. Zentral sind hier drei Erklärungsansätze zu benennen, die Psychoanalyse, die Lerntheorie und die Kognitionspsychologie. Wir werden diese drei Ansätze ganz kurz referieren.[41]

In der psychoanalytischen Modellvorstellung ist der Aufbau der Geschlechtsidentität vor allem gekoppelt mit einer Entwicklungsphase, in der Kinder ca. 3–5 Jahre alt sind. In dieser Zeit entwickeln sie Wünsche und kindlich-sexuelle Phantasien die sich auf den andersgeschlechtlichen Elternteil beziehen. Die soziale Wirklichkeit lässt aber die Realisierung solcher Phantasien der Jungen und Mädchen (Ich heirate später einmal meine Mutter oder ich heirate meinen Vater) nicht zu. In dieser sozio-psychischen Dynamik entwickelt sich in psychoanalytischer Sicht eine klare Geschlechtsdifferenzierung und -identität.

In *lerntheoretischen* Vorstellungen entwickelt sich die Geschlechtsidentität über die kindliche Orientierung an geschlechtsspezifischen Erziehungspraktiken und an entsprechenden Modellen (seien es Vater, Mutter, FilmschauspielerInnen, SportlerInnen usw.). Jungen wählen männliche und Mädchen weibliche Modelle zur Nachahmung aus; für diese Wahl werden sie auch entsprechend belohnt, d. h. bestärkt.

In der *kognitionspsychologischen* Erklärung zur Entwicklung der Geschlechtsidentität wird davon ausgegangen, dass es sich um ein Segment eines rationalen Vorgangs – zwischen dem fünften und siebten Lebensjahr – handelt. Der Erwerb der Kenntnis der eigenen Geschlechtszugehörigkeit geht einher mit der Entwicklung des kindlichen Denkens. Wenn ein Kind in der Lage ist, die Realität zu beurteilen, dann kann es auch erkennen, dass es zu einem bestimmten Geschlecht gehört. Dieser Prozess wird in der Kognitionspsychologie als Selbstkategorisierung bezeichnet, Jungen und Mädchen betreiben so gesehen ihre eigene Sozialisation.

Alle drei Erklärungsansätze haben neben ihrem wertvollen Erkenntniswert auch etliche Mängel. Es wird vor allem die institutionelle und gesellschaftlich-strukturelle Seite der Sozialisation ausgeblendet. Eine kritische Zusammenfassung von Erklärungen zur Geschlechtersozialisation ist bei Bilden (1991) zu finden.

Diese Kritik aufgreifend werden in den letzten Jahren zunehmend sozialkonstruktivistische Ansätze der Geschlechtersozialisation herangezogen. Diesen Ansätzen liegt der Gedanke zugrunde, dass es keine naturhaft vorgeschriebene Zweigeschlechtlichkeit gibt, sondern verschiedene, vom sozialen Kontext abhängige kulturelle Konstruktionen von Geschlecht. In diesem Zusammenhang geht ein Verständnis von geschlechtsspezifischer Sozialisation eher von einem Aneignungsprozess aus. In unserer Gesellschaft herrschen bestimmte Bilder und Vorstellungen vom »Mädchensein«, bzw. »Jungesein« vor, die sich die Kinder aneignen und subjektiv verorten, und zwar als *Kultur der Zweigeschlechtlichkeit*.

»Jungesein« und »Mädchensein« bilden ein symbolisches System, das den Alltag – gleichsam als Alltagstheorie – durchwirkt. Es sind Deutungsmuster, Zuschreibungen und Erwartungen, die für das einzelne Kind die Darstellung der Geschlechtszugehörigkeit ermöglichen. Die Kinder benutzen dieses System sehr früh, um sich ihrer Identität gewiss zu sein, denn man ist nicht nur Mädchen oder Junge, sondern muss als solches oder solcher auch von den anderen erkannt werden. Es ist immer wieder zu beobachten, wie sich schon Drei- oder Vierjährige aufregen, wenn sie tatsächlich einmal verkannt werden.

Das Prinzip der Zweigeschlechtlichkeit ist nicht erst wirksam, wenn Kinder kognitiv ihre Geschlechtszugehörigkeit erkannt haben. Hier folgern die Vertreter der *kognitiven Sozialisation* in naiver Parallelität. Kinder erwerben ihre Geschlechtsidentität eben nicht in gleicher Weise, wie sie das Prinzip physikalischer Konstanz begreifen, also nach der Kognitionstheorie etwa im sechsten oder siebten Lebensjahr. Geschlechtsspezifische Sozialisation beginnt mit der Geburt, wenn nicht sogar schon eher; über Sprache und über den Körper wird der »heimliche Code dieses Regelsystems« der Zweigeschlechtlichkeit Kindern nach dem ersten Erblicken des Tageslichts vermittelt. Mit der Zeit eignen sich die heranwachsenden Kinder immer mehr Kompetenz im Umgang mit den Symbolen von »Jungesein« und »Mädchensein« an. Jedes Kind ist auch auf diesen Code angewiesen – um sich selbst zu verstehen, um sich intersubjektiv zu verständigen und um sich mitteilbar zu machen. Kinder sind in ihrer Sozialisation sozusagen lebensnotwendig abhängig von dem Angebot von Symbolen, die eine Kultur zur Verfügung stellen kann. *Niemand kann daran vorbei.* Jedes Kind hängt wie mit unsichtbaren Fäden an dem erreichbaren Angebot der symbolischen Deutungsmuster vom gesellschaftlich definierten Jungen- und Mädchenverhalten.

Wie solche und andere symbolische Deutungsmuster insgesamt subjektiv aufgenommen und verarbeitet werden, kann die Psychoanalyse recht plausibel nachweisen. Im Folgenden werden wir deshalb vorab psychoanalytische Sozialisationsvorstellungen darstellen, um dann anschließend unseren Ansatz einer umfassenden Sozialisationstheorie zu referieren.

4. Zur »Innenseite« der Kindheit – psychoanalytische Sozialisationstheorie

Im Medienzeitalter werden nicht erst Jugendliche, sondern bereits kleine Kinder über unsere Gesellschaft »aufgeklärt«. Kinder sind zunehmend gut über Umweltbedrohungen, über BSE und Aids informiert und erleben und verarbeiten sie als »Innenweltbedrohung«, ohne dass sie ihre Gedanken, Ängste und Phantasien mit ihren Eltern besprechen. Der Psychologe Horst Petri hat hier vor einigen Jahren schon von »vergifteten Beziehungen« zwischen den Generationen gesprochen. Kinder werden in der Familie mit ihren Ängsten ganz einfach allein gelassen und »verlieren das Vertrauen in eine Schutz bietende und die Gefahren gemeinsam tragende Elterngeneration« (Petri, FR vom 04.11.89).

Mit diesem Aspekt des Wandels der Eltern-Kind-Beziehung wird ein Bereich von Sozialisationsforschung angesprochen, der sich mit der »inneren Natur« der Heranwachsenden befasst. Dieser Bereich ist für die Analyse von veränderter Sozialisation so wichtig, dass wir im Folgenden darauf ausführlich eingehen wollen. Vorweg müssen wir einige Grundbegriffe klären und theoretische Konzepte erläutern.

Sozialisation ist ein sozialwissenschaftlicher Grundbegriff, der nicht mit Erziehung identisch gesetzt werden darf. Sozialisation hebt auf die Vergesellschaftung des Subjekts ab – eine anthropologische Notwendigkeit. Sozialisation ist vom Resultat her indirekte, »funktionale« Erziehung.

Mit Erziehung im gebräuchlichen Sinn ist aber die absichtlich gewollte, geplante, systematische Erziehung gemeint, in der Pädagogik »intentionale« genannt. Sozialisation bezieht sich demgegenüber auf gesellschaftlich bedingte Prozesse, die nicht unbedingt intentional sein müssen.

Der Begriff »Sozialisation« wurde bereits um die Jahrhundertwende von Émile Durkheim, einem französischen Soziologen, benutzt und vom Erziehungsbegriff klar abgegrenzt. »Erziehung ist die Einwirkung der Erwachsenengeneration auf diejenigen, die noch nicht reif sind für das Leben in der Gesellschaft. Sie zielt darauf ab, beim Kinde eine Reihe physischer, geistiger und sittlicher Kräfte zu wecken und zu fördern, die die politische Gesellschaft ... und das jeweilige Milieu ... von ihm fordern ... Erziehung ist methodische Sozialisation« (Durkheim 1973, S. 50; vgl. auch Hurrelmann/Ulrich 1991, S. 198 ff.)

Doch vollzieht sich Sozialisation nicht nach dem Modell eines Schwamms, d. h. der »Sozialisierte« ist nicht bloß die Summe der Milieueinflüsse, die er aufsaugt. Er ist anders und mehr. Er ist Ergebnis der *individuellen Verarbeitung und Auseinandersetzung mit innerer und äußerer Natur.* Damit ist auch ein dialektisches Paradox angesprochen: Gelungene Vergesellschaftung setzt nämlich ein Stück Distanz zur Gesellschaft voraus. Ohne diese Distanz wäre eine eigenständige Verarbeitung gesellschaftlicher Ansinnen und Anforderungen nicht möglich, wäre der Heranwachsende doch verführt, wie ein Schwamm alle Umwelteinflüsse nur aufzusaugen.

Die äußere Natur taucht in den Sozialisationstheorien als Milieu oder Umwelt auf, insbesondere in den sozialökologischen Erklärungsansätzen. Die Analyse der inneren Natur im Sozialisationsprozess ist vor allem Gegenstand der *psychoanalytischen Sozialisationstheorie*. In diesem ersten Kapitel wollen wir uns vor allem um die innere Natur kümmern, in dem folgenden um die äußere.

Die für die Untersuchung der inneren Natur unverzichtbare Psychoanalyse orientiert sich hinsichtlich der Sozialisation an zwei Schwerpunkten, die hier zwangsläufig stark verkürzt und damit nur vergröbert dargestellt werden können (vgl. dazu Freud, Bd. V. Wir zitieren jeweils die Fischer-Studienausgabe, Frankfurt/M.):

- an einem *Strukturmodell*, d. h. an der Theorie der psychischen Struktur als Aufbau von Ich und Überich;
- und an einem *Entwicklungsmodell*, d. h. an der Genese der Reifungsprozesse der Sexualität.

Die psychische Struktur bildet sich aus drei Schichten: Es, Ich und Überich. Das Es, ein »Kessel voll brodelnder Erregungen« (Freud), bildet den Triebpol, die Energie der Persönlichkeit. Seine Inhalte sind psychischer Ausdruck der Triebe, teils erblich und angeboren, teils verdrängt und erworben (vgl. Laplanche/Pontalis 1975, S. 147ff.). Dass die Inhalte des Es angeboren sind, ist leicht verständlich, sind sie doch von der Natur der Triebe bestimmt. Dass sie aber auch erworben sein können, ist schon schwerer einsehbar. Hier ist zu bemerken, dass der psychische Ausdruck des Trieblebens auch von der Außenwelt beeinflusst wird. Der Sexualtrieb ist von den jeweiligen gesellschaftlichen Bedingungen zum Teil so geprägt, dass diese Bedingungen sich in der Natur des Trieblebens niederschlagen. Das Es strebt zunächst einmal energievoll zur schrankenlosen Befriedigung des Triebs. Ungehemmte Triebe lassen aber kaum ein Zusammenleben zu. Hemmungslose, unkontrollierte Triebbefriedigung führt im Extrem zum Chaos, zu Zerstörung bis hin zum Tod. Deshalb muss eine Regel- und Kontrollinstanz die Persönlichkeit lenken. Diese Instanz ist eine zweite, eine psychische Schicht der Persönlichkeitsstruktur, das Ich.

Das Ich vermittelt zwischen dem Energieandrang des Triebpols, den Freud auch *Lustprinzip* (die Libido) nennt, und den Anforderungen der Außenwelt, die auf Überleben und Zusammenleben ausgerichtet sind. Diese Anforderungen nennt Freud das *Realitätsprinzip. Das Ich vermittelt also zwischen Lustprinzip und Realitätsprinzip.* Freud beschreibt das so:

»Als Grenzwesen will das Ich zwischen der Welt und dem Es vermitteln, das Es der Welt gefügig machen und die Welt mittels seiner Muskelaktionen dem Es-Wunsch gerecht machen« (Freud, Bd. III, S. 322).

Die Anforderungen der Außenwelt, das Realitätsprinzip, kommen auf den Menschen zuerst im Kindheitsalter zu, und zwar als Verbote und Gebote der Eltern. Nun sind wir aber triebhafte Wesen, die sich nur ungern Verboten unterwerfen, und durch Zwänge wird das Selbstwertgefühl gekränkt. Andererseits können wir uns diesen Geboten, Verboten und Regelungen nicht entziehen. In dieser widersprüchlichen Situation taucht als Hilfe eine dritte Schicht der Persönlichkeitsstruktur auf: das Überich. Es bildet sich durch die Verinnerlichung der elterlichen Gebote, Forderungen und Verbote. Die Funktion des Überichs ist sozusagen als Gewissen, als Selbstbeobachtung zu verstehen. Diese psychische Instanz übt in uns die Fähigkeit, die Triebe zu kontrollieren, und hierbei insbesondere das Aufschieben von Befriedigung.

Die Fähigkeit zur rationalen Triebkontrolle war ein entscheidendes Merkmal des Sozialcharakters, der noch vor 20 Jahren dominierte und den wir der Einfachheit halber an dieser Stelle als »alten Sozialcharakter« kennzeichnen wollen. Der Begriff Sozialcharakter entstammt der Tradition der Psychoanalyse, allerdings der gesellschaftskritischen Seite. Fromm hat ihn geprägt, aber vor allem hat er sich in der amerikanischen Soziologie eingebürgert. Riesman (1958) definiert den Begriff wie folgt:

»Was meinen wir nun, wenn wir von ›sozialem Charakter‹ sprechen, nicht von ›Persönlichkeit‹, einem Terminus, wie er in der modernen Sozialpsychologie zur Bezeichnung des ganzen Selbst mit seinen ererbten Temperamenten und Anlagen, seinen biologischen und seelischen Komponenten, seinen flüchtigen und auch seinen mehr oder weniger permanenten Eigenschaften benutzt wird. Wir meinen auch nicht Charakter an sich, wie der Begriff gegenwärtig vielfach gebraucht wird, als einen Teil der Persönlichkeit, geformt durch Erfahrungen und nicht durch Vererbung (womit nicht gesagt sein soll, dass es leicht wäre, eine Grenze zwischen diesen beiden zu ziehen). Charakter in diesem Sinne ist die mehr oder weniger sozial und historisch bedingte Struktur der individuellen Triebe und Befriedigung: die Verfassung, in der der Mensch der Welt und seinen Mitmenschen gegenübertritt.
›Sozialer Charakter‹ dagegen ist der Teil des ›Charakters‹, wie er bestimmten Gruppen gemeinsam ist und der, wie er von den meisten zeitgenössischen Sozialwissenschaftlern definiert wird, das Projekt der Erfahrungen dieser Gruppe darstellt. Der so verstandene Begriff des sozialen Charakters erlaubt uns, wie es in diesem Buch durchgehend geschieht, von dem Charakter von Klassen, Gruppen, Völkern und Nationen zu reden« (Riesman 1958, S. 20).r

Triebkontrolle und Triebaufschub drückten sich beim »alten Sozialcharakter« darin aus, dass er fleißig war, lernen und später »mal was werden« wollte. Das heißt, seine psychische Struktur war so angelegt, dass er in der Lage war, Befriedigung in die Zukunft zu verlagern, z. B. Lebensstandard, Luxus erst dann erwartete, wenn er auch dafür etwas *geleistet* hatte.

In dieses Verhalten wirkt eine Instanz unterstützend ein, die in der Psychoanalyse als Ich-Ideal bezeichnet wird. Das Ich-Ideal, eine Abspaltung aus dem Überich, stellt ein Vorbild dar, an das wir uns anzugleichen versuchen. Es ist die Idealisierung von Qualitäten, z. B. ein erfolgreicher Arzt zu werden, ein außergewöhnlicher Sportler zu sein usw., die man selbst gerne hätte, die man anstrebt und nach denen man sich deshalb in seinem Verhalten ausrichtet.

Leistung und hohe Bildungsabschlüsse sind also auch Idealisierungen, die vom Ich-Ideal ausgehen und sich als Charakteristikum der psychischen Struktur des »alten Sozialcharakters« erklären lassen.

Um nun diese stabile psychische Struktur zu erhalten, d. h., um als volles Mitglied in die Gesellschaft aufgenommen werden zu können, muss der alte, von Fromm und Adorno auch »autoritär« genannte Sozialcharakter mehrere Entwicklungsphasen durchlaufen. Freud hat die verschiedenen Phasen in »Drei Abhandlungen zur Sexualtheorie« (Freud, Bd. V) ausführlich erörtert.

Durch die biologische Determination hat jede Phase eine animalische Grundnatur, die den jeweiligen Anforderungen der Gesellschaft angepasst werden muss. Die erste Anpassungsphase der menschlichen Sexual- und Sozialentwicklung bezeichnet Freud als *orale Phase*. Er beobachtete, dass der erste Kontakt des Säuglings mit anderen Menschen, zumeist der Mutter, durch die Nahrungsaufnahme geschah. Kontaktfeld ist hierbei der Mund, den Freud als erogene Zone fasst. Mit dem Mund erkundet der Säugling, welche Dinge orale Befriedigung versprechen, er steckt sich erst einmal alles in den Mund. Die Außenwelt nimmt der Säugling unkonturiert wahr, die Mutter bleibt diffus, einzig ein Objekt, das zu einem »ozeanischen« Gefühl führt.

»Die Sexualität ist hier von der Nahrungsaufnahme noch nicht gesondert, Gegensätze innerhalb derselben nicht differenziert. Das Objekt der einen Tätigkeit ist auch das der anderen, das Sexualziel besteht in der Einverleibung dessen, was späterhin als Identifizierung eine so bedeutende psychische Rolle spielen wird« (Freud V, S. 103).

Wenn sich das Muskelsystem entwickelt und das Kind seine analen und uretalen Schließmuskeln beherrscht, verliert die orale Zone an Bedeutung, und die *anale Phase* beginnt. Mit ihr beginnt auch die Reinlichkeitserziehung der Eltern, und Freud behauptet, dass das Kind in dieser Phase ein Interesse der Eltern an seinem Darminhalt erkennen würde und mit der Darmentleerung ein Gefühl von Schenken und Wert verbinden würde (vgl. Freud, Bd. X, S. 402–410).

Im dritten oder vierten Lebensjahr wechselt laut Freud der Schwerpunkt der Empfindsamkeit von der analen auf die genitalen Zonen. Dies ist der Beginn der *infantil-genitalen Phase*, in der das Kind die Geschlechter erkennt.

In der infantil-genitalen Phase treten nun Schwierigkeiten besonderer Art auf. Das Kind erkennt seine Geschlechtlichkeit und die seiner Familienmitglieder. Und es passiert noch etwas: Mutter und Sohn schmusen gern. In dieser Phase der psychosexuellen Entwicklung fühlt sich der Sohn besonders an die Mutter gebunden, während er dem Vater Eifersucht entgegenbringt. Dieses Problem nennt Freud den *Ödipuskonflikt*. Er schreibt hierzu:

»Die Vateridentifizierung nimmt nun eine feindselige Tönung an, sie wendet sich zum Wunsch, den Vater zu beseitigen, um ihn bei der Mutter zu ersetzen. Von da an ist das Verhältnis zum Vater ambivalent; es scheint, als ob die in der Identifizierung von Anfang an enthaltene Ambivalenz manifest geworden wäre. Die ambivalente Einstellung zum Vater und die nur zärtliche Objektstrebung nach der Mutter beschreiben für den Knaben den Inhalt des einfachen positiven Ödipuskomplexes« (Freud, Bd. III, S. 299).

»Ödipus« ist von Freud dem Stoff der Tragödie von Sophokles »Ödipus Rex« entnommen. Diese Tragödie wiederum beruht auf einer griechischen Sage. Ödipus war der König von Theben, und ein Orakelspruch sagte voraus, dass er seinen Vater töten und seine Mutter heiraten werde. Damit dies nicht eintreten konnte, wurde Ödipus ausgesetzt, aber dann doch gerettet und von dem König von Korinth aufgenommen. Nach vielen Jahren kam Ödipus wieder einmal nach Theben, und in einem Streit tötete er tatsächlich, ohne es zu ahnen, seinen Vater. Weiter ist zu erfahren, dass er danach Theben von der Sphinx befreite und als Lohn den Thron von Theben und die Königin, mit der er später mehrere Kinder hatte, erhielt. Diese Königin war nun aber seine Mutter, und als Ödipus von einem Seher die Wahrheit erfuhr, stach er sich beide Augen aus. Blind und leidend irrte er von seiner Tochter Antigone begleitet in der Fremde umher.

In der Psychoanalyse liest es sich nun so: Der Sohn liebt die Mutter und sieht den Vater als Rivalen an. Doch trotz aller Rivalität entsteht für das Kind ein Konflikt zwischen Liebe und Hass, denn es braucht und liebt beide, Vater und Mutter. Um aber eine »gesunde« Entwicklung durchzumachen, d. h., um die nächste psychosexuelle Phase zu erreichen, muss das Kind die traumatische Erfahrung machen, dass es seine Liebe, im Falle des Sohnes zur Mutter, beschränken muss. Der Grund dafür, dass der Sohn die Beschränkung vollzieht, liegt nach Freud in der *Kastrationsangst*, in der Angst vor der Rache des väterlichen Rivalen:

> »Wenn die Liebesbefriedigung auf dem Boden des Ödipuskomplexes den Penis kosten soll, so muss es zum Konflikt zwischen dem narzisstischen Interesse an diesem Körperteil und die libidinöse der elterlichen Objekte kommen. In diesem Konflikt siegt normalerweise die erstere Macht; das Ich des Knaben wendet sich vom Ödipuskomplex ab« (Freud, Bd. V, S. 248).

Der Sohn identifiziert sich mit den Verboten, mit der Stärke des Vaters – der *Vater als Sieger*. Dadurch besinnt sich der Sohn verstärkt auf sein eigenes Geschlechtsbild, nämlich auf das männliche Bild, wie es auch der starke Vater zeigt. Damit ist für den Sohn die ödipale Konfliktsituation gelöst, ein stabiles Überich ist die Folge.

Die entsprechende Entwicklung beim Mädchen ist in der »klassischen« Psychoanalyse nicht sehr überzeugend dargestellt und ist Anlass zu vielen Kritiken, auf die wir noch zurückkommen werden.

Sei es nun wie beim Jungen mit einem stabilen Überich oder beim Mädchen mit einem abgeschwächten Überich, mit der Geschlechtsrollenidentifikation steht der phasengerechten Weiterentwicklung nichts mehr im Weg. Mit dem Untergang des Ödipus ist in der infantil-genitalen Phase die primäre Sozialisation abgeschlossen, und mit der vierten Phase, der *Latenzphase,* beginnt die sekundäre Sozialisation.

»... der Ödipuskomplex muss fallen, weil die Zeit für seine Auflösung gekommen ist, wie die Milchzähne ausfallen, wenn die definitiven nachrücken« (Freud, Bd. V, S. 245).

Mit der Latenzperiode endet aus der Sicht der Psychoanalyse die Kindheit. Es bilden sich die sekundären Geschlechtsmerkmale heraus, die geschlechtliche Reife ist erreicht.

»Ein höchst komplizierter Apparat ist so fertig geworden, der seiner Inanspruchnahme harrt« (Freud, Bd. V, S. 113).

In dieser Phase wird das Kind auf die vermehrte Triebzufuhr der Pubertät vorbereitet, d. h., es wächst die Kontrolle, die das Ich und das Überich auf das Triebleben ausüben.

Die Latenzphase eröffnet hiermit den Zugang zur letzten Stufe der gesamten psychosexuellen Entwicklung, zur Phase der *Adoleszenz,* die mit der Pubertät gekoppelt ist. Pubertät beschreibt die körperliche Manifestation der sexuellen Reifung, während der Begriff Adoleszenz die psychischen Anpassungsversuche in der Persönlichkeitsentwicklung meint. Von einem »erfolgreichen« Abschluss der Adoleszenz wird in der Psychoanalyse dann gesprochen, wenn die Trieborganisation und die Ich-Entwicklung harmonisch und phasengerecht verlaufen sind und als Bestandteile der Persönlichkeit integriert sind.

In »klassischer Weise« ist mit dem Untergang des Ödipuskonflikts die frühkindliche psychosexuelle Entwicklung abgeschlossen, d. h., es hat sich ein stabiles Überich und es hat sich eine stabile Identifikation mit dem gleichgeschlechtlichen Elternteil geformt. Der Vater spielt hierbei eine wesentliche Rolle, denn seine Stärke und Strenge bilden den Anlass, dass das ödipale Agieren aufgegeben wird.

Die Väter heutiger Kinder sind nun gar nicht mehr so »stark«, sie eignen sich deshalb nicht mehr als Identifikationsobjekt. Dafür gewinnt die Mutter geradezu schicksalhaft an Bedeutung. Natürlich ist sie auch verunsichert, ist auch sie »schwach« in den sich so schnell entwickelnden gesellschaftlichen und technologischen Verhältnissen. Aber an der Macht der Mutter in den ersten Lebensjahren der Kinder haben diese Entwicklungen noch nicht einschneidend gerührt. Aus der Dominanz heraus haben sie sogar noch eine Art »psychisches Interesse« der Mutter verstärkt, die ihr Kind mehr für sich braucht als je zuvor, und zwar aus folgenden Gründen:

– Die räumliche Trennung wird durch kleine Wohnungen immer unmöglicher, Mutter und Kind sehen sich also viele Male täglich.
– Die reine Hausfrauentätigkeit befriedigt kaum; dadurch gerät die Erziehung des Kindes schnell zum Profilierungsfeld. Eine etwaige Berufstätigkeit der Mutter bringt auch keine Selbstentfaltung, sondern ist eigentlich nur Zubrot.

Diese Gründe können dazu führen, dass die Mutter das Kind immer stärker als unmittelbares Befriedigungsobjekt einnimmt. Ein »schwacher« Vater und eine »schwache« Mutter, die sich wegen ihrer »Schwäche« verstärkt ihrem Kind zuwendet, weisen auf eine *Mutterdominanz* hin.

»Mutterschwäche« als Mutterdominanz ist die Basis, gilt als Prädisposition für eine ausgeprägte *Mutter-Kind-Symbiose*.

Das Wort Symbiose bezeichnet in der Biologie eine enge funktionale Verbindung zweier Organismen zu beiderseitigem Nutzen. In der Psychoanalyse beschreibt es ein enges Verhältnis zwischen Mutter und Kind (vgl. dazu Mahler 1972)

Die Seite der Mutter haben wir schon geklärt: Es ist die Stabilisierung und Kompensation der eigenen Persönlichkeit (»Mein Kind, das kann ich gar nicht genug lieben!«), quasi eine affektive Funktionalisierung des Kindes.

Durch diese Überliebe und Übermutterung (overprotection) wird dem Kind die Möglichkeit genommen, sich der symbiotischen Verbindung zu »entwöhnen«, was dazu führt, dass der Ödipuskonflikt vom Kind aus unabgeschlossen und offen bleibt.

Der narzisstische Sohn gibt zwar das ödipale Agieren auf, d. h., die sexuelle Beziehung zur Mutter, aber nicht wegen eines starken Vaters und Kastrationsangst, sondern er vermeidet von vornherein die Auseinandersetzung, um einer Kränkung, einer Niederlage, aus dem Wege zu gehen. Der »schwache« Vater ruft auch keinen Penisneid mehr bei der Tochter hervor. Schutz, Wärme und Stärke werden eher von der Mutter repräsentiert. Das Offenbleiben des Ödipuskonflikts hat zur Folge, dass die im primären Narzissmus angelegte Mutterbindung bestehen bleibt (mit Mutterbindung ist nicht die Bindung an das aktuelle Mutterobjekt gemeint, sondern an das grandiose, allmächtige präödipale Objekt). Das eine Ziel des Ödipuskonflikts, die Aufgabe der inzestuösen Strebungen (Inzest: Blutschande) ist zwar erreicht (durch Vermeidung), aber eine stabile Geschlechtsrollenidentifikation ist nicht vorhanden, denn Sohn und Tochter beharren unbewusst auf der Mutterbindung.

Auch das Überich ist nicht so, wie es sein sollte. Die hemmende, kontrollierende und leitende Funktion des Überich ist abgeschwächt. Sexuelle und aggressive Triebe halten sich deshalb immer weniger an Regeln. Das stabile Überich des alten, autoritären Sozialcharakters ist nicht mehr aufzufinden.

Mit dem Untergang des Ödipuskomplexes und der damit verbundenen Schwäche des Überichs beschreibt die Psychoanalyse in plausibler Weise wichtige Aspekte der »Innenseite« der neuen Kindheit. Kritisch ist dazu allerdings anzumerken, dass dieser Ansatz zu pauschal argumentiert. Jedes Kind scheint davon betroffen zu sein, ob nun in einer erfolgreichen oder in einer »offenen« Lösung. Als Urkonflikt manifestiert sich der Ödipuskonflikt in jeder einzelnen Biographie. Die jeweils historisch-gesellschaftliche Situation spielt hierbei kaum eine Rolle. Um den Ödipuskonflikt als universelle Grundsituation zu begründen, geht Freud von einer höchst spekulativen Theorie der *Urhorde* aus (Freud, Bd. IX).

In dieser Urhorde gab es einen Urvater. Er hatte eine Schar Söhne und viele Frauen, die er für sich allein beanspruchte und von denen er die Söhne mit Gewalt abhielt. Freud nimmt nun an, dass die Söhne den Vater deshalb erschlagen haben. Anschließend wurde er von ihnen verzehrt.

Doch danach trat etwas ein, was laut Freud psychisch nun bei jedem Kind vorliegt: Schuldbewusstsein. Bei den Ursöhnen traten die zärtlichen Regungen zum Vater hervor, als der Hass befriedigt war. So entstand Schuldbewusstsein, und der Tote wurde nun stärker dominant, als der lebende Vater es war. Die Söhne widerriefen ihre Tat und verzichteten auf die Früchte, indem sie sich den frei gewordenen Frauen versagten. Was früher der Vater den Söhnen in seiner leiblichen Existenz verboten hatte, das verboten sich die Söhne jetzt selbst.

Freud hält seine Annahme der archaischen Erbschaft des Urhordenschuldbewusstseins selbst für eine »unvermeidliche Kühnheit«. Wir wollen und können an dieser Stelle nicht die Frage verfolgen, ob die Menschen immer gewusst haben, dass sie einen Urvater besessen und erschlagen haben. Skepsis sei hier angebracht.

Hilfreicher ist hingegen, die Urhorde und den Ödipuskonflikt als *Metapher* zu fassen. Das Auffressen des Vaters ist dann nichts anderes als die richtiggehende Einverleibung der äußeren Gebote, Verbote und Verhaltensregeln. Verinnerlichung ist also das »Auffressen« des Realitätsprinzips, eine recht bildhafte, aber plausibel erscheinende Vorstellung der »Innenseite« des Menschen.

Urhorde und Ödipus als Metapher der Internalisierung nehmen wir als Erklärungshilfe der Psychoanalyse auf. Die Annahme Freuds, dass sich der Ödipuskonflikt, entstanden in der Urhorde, beim Menschen wie das Instinktleben bei Tieren entwickelt habe, lehnen wir hingegen ab.

Aber noch weitaus kritischer muss die Psychoanalyse eingeschätzt werden, wenn es um die *Mädchensozialisation* geht. Hiermit wird ein regelrecht reaktionärer Zug freudscher Annahmen sichtbar. Er beschreibt die Ödipussituation für Mädchen wie folgt:

> »Auch das weibliche Geschlecht entwickelt einen Ödipuskomplex, ein Überich und eine Latenzzeit. Kann man ihm auch phallische Organisation und einen Kastrationskomplex zusprechen? Die Antwort lautet bejahend, aber es kann nicht dasselbe sein wie beim Knaben. Die feministische Forderung nach Gleichberechtigung der Geschlechter trägt hier nicht weit, der morphologische Unterschied muss sich in Verschiedenheiten der psychischen Entwicklung äußern. Die Anatomie ist das Schicksal, um ein Wort Napoleons zu variieren. Die Klitoris des Mäd-

chen benimmt sich zunächst ganz wie ein Penis, aber das Kind nimmt durch die Vergleichung mit einem männlichen Gespielen wahr, dass es zu kurz gekommen ist, und empfindet diese Tatsache als Benachteiligung und Grund zur Minderwertigkeit. Es tröstet sich noch eine Weile mit der Erwartung, später, wenn es heranwächst, ein ebenso großes Anhängsel wie ein Bub zu bekommen. Hier zweigt dann der Männlichkeitskomplex des Weibes ab. Seinen aktuellen Mangel versteht das weibliche Kind aber nicht als Geschlechtscharakter, sondern erklärt ihn durch die Annahme, dass es früher einmal ein ebenso großes Glied besessen und dann durch Kastration verloren hat. Es scheint diesen Schluss nicht von sich auf andere, erwachsene Frauen auszudehnen, sondern diesen, ganz im Sinne der phallischen Phase, ein großes und vollständiges, also männliches Genitale zuzumuten. Es ergibt sich also der wesentliche Unterschied, dass das Mädchen die Kastration als vollzogene Tatsache akzeptiert, während sich der Knabe vor der Möglichkeit ihrer Vollziehung fürchtet« (Bd. V, S. 249f.).

In einem anderen Kapitel heißt es dazu weiter:

»Beim Mädchen entfällt das Motiv für die Zertrümmerung des Ödipuskomplexes. Die Kastration hat ihre Wirkung bereits früher getan, und diese besteht darin, das Kind in die Situation des Ödipuskomplexes zu drängen. Dieser entgeht darum dem Schicksal, das ihm beim Knaben bereitet wird, er kann langsam verlassen, durch Verdrängung erledigt werden, seine Wirkungen weit in das für das Weib normale Seelenleben verschieben. Man zögert es auszusprechen, kann sich aber doch der Idee nicht erwehren, dass das Niveau des sittlichen Normalen für das Weib ein anderes wird. Das Überich wird niemals so unerbittlich, so unpersönlich, so unabhängig von seinen affektiven Ursprüngen, wie wir es vom Manne fordern, Charakterzüge, die die Kritik seit jeher dem Weibe vorgehalten hat, dass es weniger Rechtsgefühl zeigt als der Mann, weniger Neigung zur Unterwerfung unter die großen Notwendigkeiten des Lebens, sich öfter in seinen Entscheidungen von zärtlichen und feindseligen Gefühlen leiten lässt, fänden in der oben abgeleiteten Modifikation der Überich-Bildung eine ausreichende Begründung. Durch den Widerspruch der Feministen, die uns eine völlige Gleichstellung und Gleichschätzung der Geschlechter aufdrängen wollen, wird man sich in solchen Urteilen nicht beirren lassen ...« (Freud, Bd. V, S. 265ff.).

Was Freud in diesen Ausführungen vermutet, ist, dass der anatomische Geschlechtsunterschied auch psychische Unterschiede mit sich bringt, die aber für Freud nicht aus der Unterdrückung der Frauen entstehen können, sondern als Schicksal im ödipalen Urkonflikt angelegt sind.[42]

Die Konzeption des Ödipuskonflikts als Urkonflikt sollte also nicht unhinterfragt zur Beschreibung von Vergesellschaftungsprozessen übernommen werden, denn dann erstarrt die *Psychoanalyse* zum *Dogma*.

Ein zweiter zentraler Kritikpunkt liegt in dem Mutterbild. Durch vielerlei Umstände verunsichert soll ja gerade die Mutter als »Gluckenmutter« ihr Kind vereinnahmen – sie benutzt das Kind als Kompensations- und Stabilisierungsvehikel. Und beide, Mutter und Kind, spezialisieren sich und gehen ein Symbioseverhältnis ein. Mit der Formulierung einer Mutter-Kind-Symbiose wird unterstellt, dass es sich hier um ein geschlossenes System handelt.

Nun sind wir zwar auch der Meinung, dass persönliche, soziale Kontakte und Zuwendung für die Entwicklung des Kindes notwendig sind – und dass die Geburt eines Kindes ein durch die Mutter biophysisch notwendiger Vorgang ist. Aber wir sind nicht der Meinung, dass in der Interaktion nach der Geburt die Mutter zwangsläufig dominieren *muss,* dass also die innige Mutter-Kind-Beziehung sozusagen auch biophysisch notwendig erscheint.

Bei erwerbstätigen Müttern sieht es nämlich schon anders aus. Sie haben gar nicht so viel Zeit und Interesse, sich um die Kinder zu kümmern. Es gibt eine große Anzahl von Kindern, deren Mütter kaum Zeit haben, sich so erdrückend um sie zu kümmern, dass daraus ein exklusives Symbioseverhältnis aufrechterhalten wird. Etliche Grundschüler wachsen mit Eltern auf, die beide berufstätig sind, demnach in einer symbiotisch gefährdeten Zeit ohne »Übermutterung« oder ohne »overprotection«, wie es die angloamerikanische Sozialisationsforschung nennt.

Fraglos gibt es etliche Eltern, die ihre Kinder »ausbeuten«, um sich psychisch zu stabilisieren, aber es fehlt der Nachweis der Verallgemeinerbarkeit.

Schauen wir uns noch einmal die typischen Bedingungen an, mit der eine Mutterdominanz begründet wird: Der Vater arbeitet, die Mutter ist Hausfrau, man wohnt isoliert in der Vorstadtsiedlung. Werden hiermit nicht Züge von typischen »geordneten« Mittelschichtverhältnissen beschrieben? Wir bestreiten nicht, dass die viel zitierten Verhaltensphänomene wie Vermeidungsängste, Selbstbespiegelung, die so genannte Coolheit usw., bei den heutigen Heranwachsenden anzutreffen sind, aber sie lassen sich nicht als ein Bild der Jugend zusammenfassen.

Gibt es überhaupt ein einheitliches Bild der Jugend oder der Kinder? Wir meinen nicht. Es gibt unzählige Unterschiede. Es gibt Kinder in einer bestimmten Wohngegend mit ganz bestimmten Eltern und mit ganz bestimmten Konfliktverarbeitungen. Es gibt Kinder und Jugendliche in ganz verschiedenen sozialen Verflechtungen und mit ganz bestimmten Problemen. Kurz: Kinder und Jugendliche wachsen in einem bestimmten soziokulturellen Lebenszusammenhang auf. Werden die unterschiedlichen Lebenszusammenhänge unterschlagen, werden Kinder und Jugendliche aus dem Klassensystem und der Schichtenzugehörigkeit herausgehoben.

Hingegen sollte eine Sozialisationstheorie die »Sozialisierten« in ihrer besonderen Beziehung zu der jeweiligen sozialen Schicht und zum Geschlecht erfassen. Darauf verweisen insbesondere die immer noch aktuellen Untersuchungen der Jugendkulturforscher aus Birmingham im Umkreis des CCCS (Centre für Contemporary Cultural Studies). Sie zeigen auf, dass die Art und Weise, wie Jugendliche miteinander umgehen, wie sie ihre Freizeit einrichten, wie sie sich wehren oder anpassen, klassen- bzw. schichtenspezifisch und geschlechtsspezifisch zu begreifen sind. Die Aneignung von Wirklichkeit nimmt viele unterschiedliche Formen an. Gerade diese Unterschiedlichkeit und Vielfältigkeit der jugendlichen Verhaltensweisen beschreiben neuere deutsche Jugendstudien. Gerade wegen dieser Vielfältigkeit der Verhaltensweisen heutiger Kinder und Jugendlicher ist es wichtig, zur Klärung von veränderten Sozialisationsprozessen die Schichtenspezifik und damit auch die unterschiedlichen Lebensweisen, Wertorientierungen, Gesellschaftsbilder und Subkulturen, herauszustellen. Dieses ist nur mittels systematisch-empirischer Forschungen möglich.

Vor allem ein Aspekt ist produktiv für unser Thema »Kindheit im Wandel« zu nutzen: Die Theorie der Internalisierung bzw. der Gewissensbildung. In diesem Zusammenhang ist die Psychoanalyse wichtig, denn sie untersucht die innere Natur des Menschen. Verhaltensregeln und Moralvorstellungen werden nicht nur wegen äußerer Gewalt und Kontrolle akzeptiert und übernommen, sondern mit der inneren Verarbeitung des so genannten Realitätsprinzips. Freud macht es, wie schon dargestellt, mit der psychischen Struktur von Es, Ich und Überich deutlich. Mit der Überich-Bildung konzipiert Freud den Weg der individuellen Vergesellschaftung, also der Sozialisation. Mit dem Überich nimmt das Kind im Laufe seiner Entwicklung auch Einflüsse von Erziehern, Lehrern, idealen Vorbildern usw. auf, kurz: Das Überich ist der Träger kultureller Tradition.

Die Entwicklung des Überichs darf aber nicht unabhängig von der gesamten psychischen Struktur beschrieben werden, weil sonst wesentliche »innere« Bestimmungen wegfallen würden. Lassen wir die Es-Funktionen weg, so übersehen wir die Leidenschaft, das Gemüt, das »Herz« möchte man fast sagen. Also all die emotionalen, affektiven Seiten eines Menschen, die nicht so leicht kalkulierbar sind. Aber gerade dies sind die Störfaktoren, die uns nicht gänzlich automatenmäßig reagieren und das Ich, die Vernunft, nicht widerspruchslos triumphieren lassen, sondern mit spontanen und gefühlvollen Elementen mischen.

Aber mit diesem im Grunde vernünftigen und besonnenen, aber vom Es emotional beladenen Ich im Menschen bewegt sich noch eine dritte innere Instanz, die das individuelle menschliche Verhalten ausrichtet: eine Instanz »über dem Ich« stehend, nämlich das Überich, welches das Ich noch mit unbewussten Elementen steuert. Das »arme Ich« (Freud) muss also gleichzeitig dem Es und dem Überich dienen. Mit der gleichzeitigen Wirkung der drei psychischen Instanzen ist eine Dialektik angelegt, d. h., dass das »Innenleben« von Kindheit in der Konfliktdynamik zwischen Es, Ich und Überich zu sehen ist. Für Sozialisationsprozesse ist der Überich-Bildung besondere Bedeutung zuzumessen, lässt es doch die Verinnerlichung von kulturellen Elementen zu einem wichtigen Teil der Persönlichkeitsstruktur selbst werden.

In wesentlichen Aspekten zählt das Überich zu den unbewussten

Anteilen des Ichs. Sie entstehen aus äußeren Autoritäten, die Angst hervorrufen, weil sie eigene Bedürfnisse bestrafen könnten. Das Besondere des Überichs ist nun, dass durch Verinnerlichung die vorher äußeren Autoritäten zu »inneren« Autoritäten werden. Zur Vermeidung von Angst verbietet sich das Kind die eigenen Bedürfnisse jetzt quasi selbst: Dabei kommt das Gewissen zustande, eine Art »innere Stimme«, welche immer wieder auf die »innere« Kontrolle hinweist. Wenn dennoch eigentlich verbotene Wünsche und Bedürfnisse nicht verborgen werden können, entstehen als emotionale Reaktion des Ichs Schuldgefühle.

Verinnerlichung, innere Kontrolle und Schuldgefühle werden wir im nächsten Abschnitt »mit Leben füllen«, d. h. an einem Beispiel konkretisieren, und zwar an der Veränderung des Sexualverhaltens in den 50er- und 60er-Jahren. Wir meinen, dass sich mit den Kategorien der Psychoanalyse die Veränderung der »inneren« Kontrolle beschreiben und erklären lässt. Damit kann eine Seite des Sozialisationsprozesses, das »Innenleben« von Kindheit, auch in ihrem Wandel genauer gefasst werden. Mit anderen Worten: Wir deuten den Wandel von Kindheit auch als einen Strukturwandel der Psyche.

Wenn wir den Wandel der »inneren« Kontrolle beschreiben, wird auch deutlich, welche Relevanz die psychosexuelle Entwicklung für die Sozialisation einnimmt. Ein Hauptpfeiler hierbei ist die Feststellung, dass das Sexualleben nicht erst mit der Pubertät beginnt, sondern schon bald nach der Geburt einsetzt. Die Antriebsform kennzeichnet Freud als die »Libido«, eine psychische Energie. Frühkindliche Sozialisation verläuft dann durch die Unterdrückung der phasenunterschiedlichen sexuellen Partialtriebe. Freud stellt nun einen Zusammenhang zwischen zielgehemmter Sexualität und Kulturbildung fest. Das heißt, die sexuellen Triebkräfte werden auf neue Ziele, nämlich auf vorherrschende Verhaltensweisen, Normen, soziale Gefüge usw., also auf die herrschende Kultur, umgelenkt. Das nächste Kapitel wird es besonders deutlich machen.

Wir folgen Freud aber nicht so weit, dass wir die Entstehung von Kultur überhaupt als Resultat der Sexualhemmung ansehen. Sonst müssten wir auch die psychoanalytische Sozialisationstheorie als den gültigen, universellen Erklärungsansatz für die individuelle Vergesellschaftung übernehmen.

Sozialisation im Zusammenhang zielgehemmter Sexualtriebe zu begreifen ist richtig und wichtig, ist aber nicht als allgemein gültiger, umfassender Schritt anzusehen. Denn Sozialisation und Kulturentwicklung sind durch viele Faktoren bedingt, die aber mit dem psychoanalytischen Sozialisationsverständnis nicht allein erklärt werden können.

5. Wie die »Innen-« und die »Außenseite« zusammenkommen – umfassende Sozialisationstheorie

Verinnerlichung und Gewissensbildung sind elementare Bedingungen für die Persönlichkeitsentwicklung. Die Psychoanalyse thematisiert sie einmal in der Darstellung des Reifungsprozesses der Sexualität, zum anderen bei der Beschreibung der Herausbildung der psychischen »Dreiecks«-Struktur (wie sie von uns in Kapitel 4 erörtert wurde).

Ganz besonders bedeutsam sind hierbei die Lösungsversuche des Ödipuskonflikts. Das Kind verinnerlicht die Kontrolle des autoritären Vaters und internalisiert die vorherrschenden Normen. Die Gebote und Verbote, die Verhaltensregeln der äußeren Realität sind beim Kind damit innerpsychisch repräsentiert. Die zuständige psychische Instanz beschreibt Freud als Überich, dessen Funktionen er im Gewissen, in der Moral, in der Selbstbeobachtung und in der Idealbildung erkennt.

In psychoanalytischen Interpretationen von Sozialisation spielt der Vater, einmal als Autorität, zum anderen als »schwacher« Vater eine wesentliche Rolle. Das führt aber allzu leicht zu einer Vernachlässigung der äußeren Realität und der ganz verschiedenen und gesellschaftlich vermittelten Auseinandersetzung mit ihr. Kontrolle und Moralvorstellungen setzen sich nun nicht nur in der Abhängigkeit der je historischen Vaterrolle durch. Kulturelle Deutungen wirken in der Alltagspraxis noch auf vielerlei andere Weise auf die psychische Struktur von Heranwachsenden, was von der Psychoanalyse nicht erfasst wird.

Wir wollen diesen Aspekt am Beispiel der Veränderung des Sexualverhaltens in den 50er-Jahren des letzten Jahrhunderts bis heute illustrieren.

Unsere Leitfragen sind hierbei: *Wie ist der Umbau der Persönlichkeit zu erklären? Wie ist die generationsspezifische Sozialisation zu erklären?*

5.1 Innere Kontrolle am Beispiel Sexualverhalten

Hat man die Gelegenheit, einen Einblick in Tagebücher (vor allem von Mädchen) zu erhalten, die vor ca. 40 Jahren geschrieben wurden, so ist oftmals zu erfahren, dass Geschlechtlichkeit gleich Schlechtigkeit war – Resultat einer Internalisierung, dass Kinder keine körperlich-sexuellen Interessen zu haben hätten. Wurde einmal das Wort Onanie in den Mund genommen, was einige Überwindung gekostet haben mag, dann war aber auch sofort der moralische Zeigefinger im Hintergrund oder sogar die Charakterisierung, dass Onanie gesundheitsschädlich sei. Angst und Schuldgefühle machten sich breit und kontrollierten so das Sexualverhalten: »Das tut man nicht« hieß der knappe Satz, der die Lust in die »richtige« Bahn lenkte. Sexualität war für Jugendliche in den 50er-Jahren immer mit Verboten verknüpft: eine zentrale moralische Erfahrung der Nachkriegsgeneration. Wurden tatsächlich einmal Flecken im Bett entdeckt, so wurden sie totgeschwiegen.

Dieses von Scham- und Schuldgefühlen gezeichnete Verhalten, diese verinnerlichte Kontrolle, war begleitet von einer Art sozialer Kontrolle: Geschwister und Nachbarskinder, immer Sanktionen vor Augen, verboten sich unausgesprochen gegenseitig selbst jedes lustvolle Verlangen. Natürlich wachten auch die Eltern streng und strafandrohend, dass Sexualität kein Thema wurde. Ihre eigene war für die Kinder sowieso tabu. Welches Kind in den 50er-Jahren hat schon die Eltern nackt gesehen?

Selbst in den Medien war Sexualität den herrschenden Moralvorstellungen angepasst. Geradezu skandalös war ja wohl die züchtige Nacktheit der Hildegard Knef in einem Kinofilm. Sie hatte dann auch lange Zeit das Etikett einer »unmoralischen Frau« zu tragen, obwohl die Szene selbst nur wenige Sekunden dauerte und die Kamera sehr distanziert war.

Soweit es um die Thematisierung des »inneren Weges« von Verhaltensweisen geht, sind die psychoanalytischen Kategorien wie Verinnerlichung und Internalisierung sehr hilfreich, diesen Weg zu beschreiben. Wie anders wäre es auch zu erklären, dass Sexualität in den 50er-Jahren beinahe »sprachlos« bei jedem in der vorgeschriebenen Form registriert werden konnte.

Wir wollen aber jetzt zeigen, dass das Sexualverhalten in der Adenauer-Zeit noch von weiteren Dimensionen geprägt wurde, Dimensionen, die von der psychoanalytischen Sozialisationstheorie nicht aufgegriffen werden. So waren gerade in dieser Zeit sexuelle Interaktionen stark eingeschränkt. Die Kenntnis von Verhütungsmitteln war gering und der Zugang zu ihnen dornenreich. Automaten für Präservative z. B. waren erst in den 60er-Jahren gesetzlich zugelassen. So blieb der Gang in die Apotheke, und der war peinlich, für Jugendliche fast unmöglich. »Sturmfreie Buden« waren Mangelware, und wer besaß denn schon ein Auto, auf dessen Rücksitz man sich näher kommen konnte.

Kurz gesagt: Es fehlten ganz einfach die Möglichkeiten für Jugendliche, sexuelle Beziehungen zu probieren.

Weiterhin müssen Moralvorstellungen und Sexualverhalten vor dem Hintergrund der ökonomischen Entwicklung untersucht werden – ein Arbeitsschritt, der mit der Psychoanalyse allein nicht angegangen werden kann: Die Wiederaufbauphase im Nachkriegsdeutschland verlangte einen ganz bestimmten Sozialcharakter: Triebunterdrückung, Verschiebung der Bedürfnisbefriedigung und Sparsamkeit wurden von den Nachkriegsdeutschen gefordert. Der Wiederaufbau schob die berufliche Karriere, soziale Anerkennung und Anschaffung von Möbeln in den Vordergrund. Dafür wurde ein Großteil der psychischen Energie gebraucht, sexuelle Wünsche wirkten hierbei eher störend. Wenn diese einmal ausgelebt werden sollten, dann aber bitteschön in geordneten Verhältnissen, nämlich in der Ehe.

Zusammengefasst: Ökonomisch und politisch betrachtet war der eben beschriebene leistungsfähige und fleißige Sozialcharakter geradezu notwendig, die Restauration und den Wiederaufbau der Republik zu sichern.

Mit dem Beginn der 60er-Jahre und mit einer neuen ökonomischen Phase endet der so genannte Wiederaufbau. In dieser akkumulativen Phase der jungen Republik zeigen sich im Sozialisationsgeschehen neue Wirkungen. Wir verdeutlichen dies weiterhin mit einem Blick auf das Sexualverhalten.

Das Sexualverhalten wurde Ende der 50er-Jahre, vor allem in

den 60er-Jahren, enorm liberalisiert, in einem Ausmaß, das Shorter (1977) veranlasst, von einer »zweiten sexuellen Revolution« zu sprechen, – die erste fand am Umbruch von der traditionellen zur industriellen Gesellschaft statt. In der Tat hat sich wohl in den letzten Jahrzehnten im Bereich der Sexualität mehr verändert als in den davor liegenden 100 Jahren insgesamt.

Der Umstand, dass die *Antibabypille* in der Bundesrepublik 1961 in den Handel kam und sich bereits Mitte der 60er-Jahre zum meistverbreiteten Verhütungsmittel entwickelt hatte, mag ein Grund für die Veränderungen sein, zumal Verhütungsmittel davor nicht nur unter widrigen Umständen zu erstehen, sondern auch unzuverlässig waren.

Ein weiterer Grund liegt vermutlich darin, dass die Vergesellschaftung in ein neues Stadium trat, in der Überproduktion und Konsumdruck zu herrschen begannen, was zu aggressiven Werbestrategien führte, deren Botschaft ist: Nimm, was du begehrst, befriedige deine Bedürfnisse hier und jetzt. Mehr Freizeit, mehr Geld, mehr Konsum – das war die Richtung des Lebens in den 60er-Jahren. Alles war möglich und wurde ermöglicht – das konnte sich nicht nur auf Essen, Luxus, Reisen beschränken, sondern veränderte Lebensweisen und moralische Normen. Sexualität wurde ein offenes Thema:

In der Werbung, in den Medien, z. B. mit Oswald-Kolle-Filmen, mit Pornoliteratur, Präservativautomaten in Gaststätten und Beate-Uhse-Sexartikeln.

Mit ihnen wandelte sich auch das Sexualverhalten. Abgeworfen wurden die Schuldgefühle der 50er-Jahre; Sexualität war scheinbar keine Tabuzone mehr.

Vor allem für die Frau war dies eine bedeutsame Entwicklung. Shorter hat empirische Studien zur Veränderung des Sexualverhaltens gesichtet und wie folgt resümiert:

»So vermitteln uns verschiedene Arten von Daten ein vorläufiges Bild vom sexuellen Verhalten der jungen Leute in den ersten fünf Dekaden des zwanzigsten Jahrhunderts. Sie zeigen eine ziemlich hohe Teilnahme am vorehelichen Geschlechtsverkehr schon zu Beginn des Jahrhunderts, sowie für Frauen eine langsame Zunahme der Koituserfahrung. Aber erst die Sechzigerjahre sahen dann größere Veränderungen im erotischen Leben der durchschnittlichen unverheirateten Frau« (Shorter 1977, S. 134 f.).

Vor der Ehe hatten in Frankreich in den Jahren bis 1959 lediglich 33% der Frauen Koituserfahrung, in den 60er-Jahren hatten ca. 60% mehr Studentinnen sexuelle Erfahrungen als in den Jahren davor. *Schuldgefühle*, die in den 50er-Jahren noch die dominierende Assoziation zu sexuellen Themen waren, verflüchtigten sich:

»Überall taten es die Studenten jetzt häufiger, hatten mehr Vergnügen daran und hatten danach weniger Schuldgefühle« (ebenda, S. 137f).

Das zärtliche Gefühl füreinander verschwand hinter den Orgasmusfrequenzen. Eine neue Kultur der Sexualität breitete sich aus, ein Schlachtruf ertönte: Wer zweimal mit derselben pennt, gehört schon zum Establishment!

Schuldgefühle verschwanden zwar, wie auch Shorter feststellt, aber an deren Stelle trat zunehmend Angst vor (sexuellem) Leistungsversagen.

Leistung, Befriedigung hier und jetzt und die Angst vor Versagen sind wesentliche gesellschaftlich produzierte Momente, welche die »innere Natur«, die psychische Energien der Menschen in den 60er-Jahren lenkten und den Bruch mit den kulturellen Deutungsmustern der 50er-Jahre forderten. Die »soziokulturelle Freisetzung aus kultureller Tradition«, wie es Ziehe/Stubenrausch (1982) nennen, weist auf eine veränderte Qualität der inneren Kontrolle (denn nur dadurch setzen sich Brüche innerpsychisch durch).

Am Beispiel Sexualverhalten haben wir den Wandel illustriert, was mit folgender These zusammengefasst werden kann: *Kontrolle mittels verinnerlichter Schuldgefühle wird zunehmend ersetzt durch Leistungswettbewerb.* Kontrollierten in den 50er-Jahren noch die Schuldgefühle jegliches sexuelle Verhalten, übernahm nun die Angst vor (sexuellem) Leistungsversagen diese Rolle. Der gesellschaftliche Wandel bewirkte einen Wandel der Kontrollformen.

Stichwort generationsspezifische Sozialisation:

Jugendliche, die in den 60er-Jahren aufwuchsen, lebten in neuen Weiten. Der ökonomische Wandel im Konsumalltag lässt vermutlich einen neuen Sozialcharakter entstehen. Kinder wachsen tendenziell ohne materielle Einschränkungen auf, sie erleben Sexualität »liberalisiert« und angstbefreit, seit den 70er-Jahren mit neuer Zärtlichkeit und Sinnlichkeit. Aber sie wachsen auch auf im Leistungswettbewerb. Diese widersprüchlichen Sozialisationsbedingungen werden wir später konkretisieren und das »Neue« analysieren und werten.

Das psychische Resultat des Wandels, nämlich die veränderte »innere Natur« ist mit der psychoanalytischen Vorstellung von Internalisierung und Verinnerlichung treffend zu beschreiben, denn auch die Angst vor Leistungsversagen wird nicht nur bewusst reflektiert widergespiegelt, sondern ist meist verinnerlicht wirksam.

Doch *begründet* werden kann der Wandel als Sozialisationsbedingung nur mit der Untersuchung soziokultureller Veränderungen. Persönlichkeitsentwicklung ist nur im Zusammenhang bestimmter sozialer Erfahrungen, gegenständlicher Umwelt und Interaktion mit anderen begreifbar.

Es fehlt bisher ein Verständnis oder besser: eine Theorie von Sozialisation, die die Seite der soziokulturellen Dimensionen in ihrer Bedeutung für die Persönlichkeitsentwicklung mit erfasst.

Eine solche Theorie werden wir in Ansätzen als eine kultursoziologische Aneignungstheorie im Kapitel 5.3 formulieren.

5.2 »Kontrollloch« in der Nachkriegszeit

Die Veränderung von Kontrollformen hat auch Auswirkungen auf die generationsspezifische Sozialisation. Für jede Generation ist gerade die Gemeinsamkeit bestimmter Erfahrungen konstitutiv. Mit der Darstellung der Veränderung des Sexualverhaltens haben wir einen Erfahrungsbereich exemplarisch analysiert. Die Psychoanalyse half, die Qualität der inneren Kontrolle zu beschreiben. Die Darstellung der kulturellen und ökonomischen Veränderungen verdeutlicht hingegen die eher »äußeren« Bedingungen für die generationsspezifische Sozialisation.

Wir können jetzt allgemein ergänzen: Die generationsspezifische Sozialisation wird bestimmt durch die Art und Weise der individuellen Aneignung von symbolischer und materieller Kultur. Anhand der Beschreibung der äußeren Kontrolle in der Nachkriegszeit soll noch einmal die gemeinsame generationsbildende Erfahrung als Sozialisationsbedingung kurz verdeutlicht werden. Die um 1940 geborenen Kinder wuchsen in einer materiellen Trümmerlandschaft auf. Erzählungen und Erinnerungen damaliger Kinder malen ein Bild eines täglichen Abenteuers: Die Trümmerlandschaft war immer neue Entdeckungslandschaft. Aber noch wichtiger: Sie war ein Kontrollloch abseits des elterlichen und nachbarlichen Zugriffs.

Nachkriegskinder aus Dortmund und Berlin erinnern sich:

»Ja, und ich hab ja mitten in Dortmund gewohnt und Dortmund war zu 90% zerstört. Da bestand Dortmund tatsächlich aus Trümmern ... Klar, das war mein Revier.«

»Da waren Berge von Felsen und Dschungel, und die wuchsen ja nach und nach zu. Viele Grundstücke wurden ja erst Anfang der Fünfzigerjahre entschuttet. Und da haben wir hauptsächlich Indianer gespielt und Räuber und Gendarm und solche Sachen ...«

»Es war ein herrliches Gebiet, wo man sich verstecken konnte, wo man Indianer spielen konnte, wo man sich der Beobachtung der Eltern, der Erwachsenen entzog, wo man sich aus diesen Trümmern wieder ein eigenes Reich aufbauen konnte. Hütten aus Stein usw. ...«

Der Freiraum von elterlicher Kontrolle war aber noch durch weitere Umstände gegeben. So war die Hauptperson personaler Autorität, nämlich der Vater, durch Kriegstod oder durch Gefangenschaft »entfallen«. Aber auch die Mutter, die jetzt die dominierende Person in der Familie war, hatte wenig Zeit zur Kinderbetreuung. Sie musste ja den Erhalt der Familie sichern und übernahm alle Aufgaben, die sonst die Männer erfüllt hatten.

Die Mutterrolle war also »expressiv« und »instrumentell« zugleich, um die Begriffe amerikanischer Familiensoziologen zu benutzen. Expressiv meint spontan, personenorientiert und emotional. Instrumentell meint die steuernden, technisierten und eher sachlichen Aspekte. Der Erstere wird konventionell eher den Müttern, der Zweite den Vätern zugeschrieben. Die »Anreicherung« der Mutterrolle sowie die relativ große Freiheit der Kinder in der unmittelbaren Nachkriegszeit gehen somit nicht so sehr auf eine Lockerung im Erziehungsdenken oder der Lebensformen zurück, sondern auf den Umstand, dass viele Väter noch nicht zurückgekehrt waren und fast alle Erwachsenen für die unmittelbare Lebenssicherung alle Hände voll zu tun hatten. Es handelte sich also um eine erzwungene Emanzipation oder anders ausgedrückt: um ein zeitgeschichtlich bedingtes Kontrollloch.

Doch trotz Kontrollloch gab es dennoch eine Form von Kontrolle für die Nachkriegskinder. So mussten auch sie für den familialen Lebensunterhalt sorgen, zumeist mit den Geschwistern oder anderen Kindern zusammen. Es ergab sich mit Holzsammeln und Schwarzmarkt eine Form von Kontrolle durch die Zusammenarbeit. Es war aber nicht die Qualität der »Inneren«, wie wir sie beim Sexualverhalten beschrieben haben. Verinnerlichungen von Verhaltensnormen und anderen Außentatbeständen vollzogen sich vielmehr mit der Tatsache, dass die Kinder mit sich allein fertig werden mussten und sich allein erziehen mussten. Es war also auch eine Art von »Selbstorganisation«, und zwar durch Eigensteuerung. Kinder mussten eine Menge Kompetenz entwickeln, und das führte wohl auch zu einem gewissen Selbstvertrauen.

5.3 Sozialisation als individuelle Aneignung materieller und symbolischer Kultur

Nach der »klassischen« Bestimmung von Durkheim bringt der Mensch von Geburt aus zunächst seine Physis und in Bezug auf alle späteren Eigenschaften nur unbestimmte und plastische Dispositionen mit. Der Säugling, dessen Persönlichkeit sich erst in der sozialen Umwelt entwickeln muss, sei nahezu eine Tabula rasa. Er müsse auf das gesellschaftliche Leben erst vorbereitet, vergesellschaftet, d. h. sozialisiert werden.

Hier wird ein wesentlicher Zug der Thematik von Sozialisation angesprochen: Die soziale Bedingtheit von Persönlichkeitsentwicklung. Doch erscheint Sozialisation mehr oder minder als eine Verlängerung der menschlichen Natur in einer Richtung von Anpassung an die soziale Umwelt.

Weitgehend ist in diesem Zusammenhang der Gebrauch eines Sozialisationsbegriffs in der Definition von Geulen:[43]

»Sozialisation ist der Prozess der Persönlichkeitsentwicklung in Abhängigkeit von der Umwelt, die stets historisch-gesellschaftlich vermittelt ist.«

Wesentliche Implikationen sind hierin enthalten:

»Sozialisation« wendet sich gegen eine biologistische *Auffassung* menschlicher Entwicklung: Determinierung durch »Anlage« und »Reifung«.	*allerdings:* Jede Sozialisationstheorie muss systematisch berücksichtigen, dass der Mensch ein biologisches Wesen ist.
»Sozialisation« wendet sich gegen eine *idealistische Auffassung* vom Subjekt: das »freie Individuum«, das sich gesellschaftlichen Einflüssen und wissenschaftlichen Erklärungen entzieht.	*allerdings:* Eine Sozialisationstheorie muss berücksichtigen: Der Mensch wird vom Milieu nicht mechanisch determiniert, sondern er ist ein reflektierendes, intentional handelndes Wesen.
»Sozialisation« wendet sich gegen die *pädagogische Verkürzung* kindlicher Entwicklung, die allein das »Erzieher-Zögling-Verhältnis« in den Blick nimmt.	*allerdings:* Die Interaktion zwischen Kindern und Erwachsenen ist ein wesentlicher Teil des Sozialisationsprozesses: »*Erziehung ist methodische Sozialisation*« (Durkheim).

Eine zentrale Frage einer Sozialisationstheorie muss demnach sein, wie aus einem Neugeborenen ein autonomes gesellschaftliches Subjekt wird. Erziehung spielt dabei eine besondere Rolle, darf

aber keinesfalls mit Sozialisation identisch gesetzt werden, worauf wir auch schon in Kapitel 4 hingewiesen haben.
Erziehung ist nach Durkheim, wie gerade zu erfahren war, methodische Sozialisation, und die Interaktion zwischen Kindern und Erziehern ist ein wichtiger Teil des Sozialisationsprozesses. Warum? Das neugeborene Kind besitzt eine Organausstattung, Temperament, die Fähigkeit zur optischen und akustischen Konzentration, ein Bedürfnis nach neuen Eindrücken, nach Zuwendung u. v. m. Aber es wird, ob es will oder nicht, in ein bestimmtes kulturelles System hineingeboren, das ihm erst einmal fremd und bedeutungslos gegenübersteht. Es ist nun die Aufgabe der Erzieher, dem Kind zu ermöglichen, sich dieses kulturelle System, Sprache, Deutungsmuster, Symbole, Gegenstände usw. anzueignen.

»Schritt für Schritt stellt sie ihm gleichsam die Grammatik der Lebenswelt zur Verfügung, die einerseits den andernfalls unverständlichen Tätigkeiten zugrunde liegt, welche das noch unwissende Auge sieht, die andererseits erlaubt, dass der junge Mensch selbst Neues, noch nicht Dagewesenes hervorbringt«[44].

Erziehung ist somit eine Hilfe, eine Unterstützung, damit sich die heranwachsenden Kinder mit der objektiven Wirklichkeit auseinander setzen können und damit sie sich die bestehenden in Symbolen und Gegenständen enthaltenen Erfahrungen aneignen können – eine durch die Praxis des erziehungspolitischen Managements schon fast vergessene Aufgabe von Erziehung.
Erziehung ist nicht gleich Sozialisation, aber Sozialisation ist das, was unter anderem durch Erziehung ermöglicht wird: *Aneignung von gesellschaftlichen Erfahrungen*. Hiermit nähern wir uns einer genaueren Formulierung eines kritischen Verständnisses von Sozialisation.
Die Psychoanalyse hat uns bisher einen Weg gezeigt, das »Innenleben« der »Sozialisierten« zu begreifen. Verinnerlichung, Gewissensbildung und Selbstzensur sind hierzu die zentralen Kategorien. Dies ist aber nur die eine Seite von Sozialisation. Die zweite Seite erkennen wir als individuelle Aneignung vergegenständlichter gesellschaftlicher Erfahrungen. So sind die menschliche Existenz

und Entwicklung dadurch ermöglicht, dass Erfahrungen, Fertigkeiten, Wissen in der Form von symbolischer und materieller Kultur von Generation zu Generation weitergegeben werden. Eine nachkommende Generation kann auf den Stand vorausgegangener Generationen aufbauen, sie macht dann neue Erfahrungen und gibt sie weiter usw.

Wenn Menschen sterben, ist auch gegeben, dass sie ihre Erfahrungen mit in das Grab nehmen – doch die Kultur trägt die Erfahrungen und Erkenntnisse vieler Generationen »in sich«. Die Kultur ist sozusagen, um mit einem Gedanken von Karl Marx zu kokettieren, das aufgeschlagene Buch der menschlichen Wesenskräfte, die sinnlich vorliegende menschliche Psychologie.

Ein Hauptinhalt der kindlichen Entwicklung ist es nun, sich die bestehende Kultur anzueignen. Solch eine Sichtweise von Sozialisation könnten auch Anhänger funktionalistischer Sozialisationstheorien vertreten, was mit dem Begriff »Anpassung« ja auch oft geschieht. Ein Zitat aus Leontjews »Entwicklung des Psychischen« hilft uns, eine Abgrenzung zu bieten:

»Entgegen den Ansichten bürgerlicher Psychologen, die Ontogenese des Menschen sei eine ›Adaption an seine Umwelt‹, haben wir die Anpassung an die Umwelt keineswegs als das Prinzip der menschlichen Entwicklung zu betrachten. Ein Mensch kann sich im Gegenteil auch dahin entwickeln, dass er den Rahmen *seiner* begrenzten Umwelt verlässt, dass er sich ihr nicht anpasst, weil er durch sie daran gehindert wird, den Reichtum echter menschlicher Züge und Fähigkeiten voll zu entfalten« (Leontjew 1973, S. 286).

Der Mensch kann sich also auch widersetzen, Widerstand leisten, und er ist dazu in der Lage, die gesellschaftliche Realität nach seinen eigenen Vorstellungen zu gestalten. Für Sozialisation bedeutet dies, dass das heranwachsende Kind nicht als eine Art Schwamm zu begreifen ist, der alles aufsaugt, was an Milieueinflüssen anfällt, sondern als aktives und veränderungsfähiges Subjekt zu verstehen ist. Aneignung ist also nicht mit bloßer Anpassung zu verwechseln.

In dem Verständnis von Sozialisation als Aneignungsprozess entstehen Denken, Fühlen und Bewusstsein aus äußeren, auf materielle Kultur bezogenen Tätigkeiten, die schrittweise in innere Tätigkeiten umgewandelt werden (die Piaget vergleichsweise mit »Interiorisierung« beschreibt. Z. B. gebrauchen Kinder beim Zählen lange Zeit ihre Finger als äußere Hilfe, und zwar so lange, bis sie von den helfenden Gegenständen abstrahieren können – also von den Fingern oder von einer Torte, die gern in der Schule als bildhafte Hilfestellung bei der Bruchrechnung benutzt wird).

Die Entstehung von Denken, Fühlen und Bewusstsein hat prinzipiell zwei Seiten, wobei umstritten ist, ob die erste dominiert, nämlich die Aneignung von materieller Kultur durch aktive, auf äußere Dinge bezogene Tätigkeit. Für diese Seite ist auf jeden Fall die Analyse der Veränderungen und Neuerungen im Bereich der gegenständlichen Ausstattung der Kindheit bedeutsam.

Werfen wir kurz einen Blick auf die 50er-Jahre, so lässt sich feststellen, dass wenig Spielzeug und selten Kinderzimmer vorhanden waren. Erst mit den 60er-Jahren begann eine Zeit, in der Kinder mit materieller Kultur überschwemmt wurden, die eigens für sie produziert wurde.

Hat sich mit dieser veränderten Ausstattung auch die Persönlichkeitsentwicklung verändert? Fordern andere Gegenstände anderes Fühlen? Fragen, die wir später beantworten werden.

Ist für den Entstehungsprozess von Denken, Fühlen und Bewusstsein als eine Seite die Aneignung der materiellen Welt bedeutsam, so sehen wir die zweite Seite in der Aneignung von symbolischer Kultur. Diese zweite Seite geht von der spezifisch menschlichen Fähigkeit zur Reflexion aus.

Die individuelle Aneignung von symbolischer Kultur hat mehrere zusammenhängende Dimensionen. Mit einer viel zitierten Aussage von Marx lässt sich eine davon verdeutlichen:

»… eine Biene beschämt durch den Bau ihrer Wachszellen manchen menschlichen Baumeister. Was aber von vornherein den schlechtesten Baumeister vor der besten Biene auszeichnet, ist, dass er die Zelle in seinem Kopf gebaut hat, bevor er sie in Wachs baut. Am Ende des Arbeitsprozesses kommt ein Resultat heraus, das beim Beginn desselben schon in der Vorstellung des Arbeiters, also schon ideell vorhanden war« (MEW 23, S. 193).

Was den Menschen auszeichnet, ist also die *vorgreifende Widerspiegelung* der Handlung im Kopf. Nicht nur die der eigenen Handlungen, sondern auch die Vorwegnahme der Handlungen und Perspektiven von Mitmenschen, von Handlungspartnern ist damit gemeint.

Eine solche Fähigkeit, »etwas vorwegzudenken« ebenso wie »sich in den anderen hineinzudenken«, wird uns aber nicht fertig in die Wiege gelegt, sondern muss ontogenetisch von jedem individuell angeeignet werden.

Dazu ist aber eine Orientierungsbasis notwendig. Nur mit demselben oder einem ähnlichen Bedeutungssystem bin ich in der Lage, mich in andere hineinzuversetzen oder mich zu verständigen. Ein solches Bedeutungssystem, eine solche Form symbolischer Kultur ist die menschliche Sprache, eingeschlossen die Körpersprache wie Lächeln usw. Die Sprache symbolisiert die gegenständliche Welt und alle sozialen Beziehungen.

Die spezifisch menschliche Fähigkeit zu Reflexion zeigt aber noch weitere Dimensionen im Aneignungsprozess. Dadurch, dass ich Handlungen vorwegdenken und mich mit einem Bedeutungssystem auf andere beziehen kann, beziehe ich mich auf mich selbst:

> »Erst durch die Beziehung zum Menschen Paul als seinesgleichen bezieht sich der Mensch Peter auf sich selbst als Mensch. Damit gilt aber auch der Paul mit Haut und Haaren, in seiner paulinischen Leiblichkeit, als Erscheinungsform des Genus Mensch« (MEW 23, S. 67).

Erst durch die Beziehung auf den anderen erhalte ich ein Bild von mir selbst, werde mir selbst bewusst. Auch Selbstbewusstsein ist somit ein soziales Ereignis. Es entsteht genetisch nicht immanent, sondern individuell im Aneignungsprozess von symbolischer Kultur. Denn auch hier ist die Sprache, ist ein bestimmtes Deutungssystem usw. das Medium, welches etwas spezifisch Menschliches realisiert, nämlich die *Selbstaneignung*. Damit ist erst die Möglichkeit der reflektierenden Distanz des Menschen zu sich selbst, zur Welt und zu einer eigenen *inneren Natur* gegeben. Wenn sich die Menschen mit sich selbst auseinander setzen, können sie sich auch mit ihren Bedürfnissen und Gefühlen auseinander setzen. Oder anders ausgedrückt: Die individuelle Aneignung symbolischer Kultur eröffnet Möglichkeiten, einiges von dem zu reflektieren, was unsere »Innenseite« ausmacht, wie Emotionen und Bedürfnisse.

Die individuelle Aneignung von symbolischer Kultur ist, wie bisher gezeigt wurde, mehrdimensional zu beschreiben. Der Aneignungsprozess symbolischer Kultur impliziert vorgreifende Widerspiegelung, soziale Beziehungen, Selbstbewusstsein und Selbstaneignung.

Diese Implikationen ermöglichen aber auch, dass der Mensch Selbstbewusstsein durch sich ganz allein, durch seine Aktivität erhält. Man braucht sich ja nur vorzustellen, wie stolz Kinder auf ihre Bastelergebnisse sind oder Erwachsene, wenn sie eine Reparatur im Haus oder am Auto erfolgreich selbst durchgeführt haben. Die Anerkennung von Außenstehenden ist hierbei gar nicht notwendig. Es ist die *gegenständliche Tätigkeit*, die eine Grundlage für die Konstitution von *Selbstbewusstsein*, von Selbstgefühl bildet. Die Bildung von Selbstbewusstsein ist im Sozialisationsprozess demnach nicht nur in der Aneignung von symbolischer Kultur gegeben, sondern ebenfalls in der Aneignung von materieller Kultur.

Die genannten Implikationen weisen aber auch noch auf einen weiteren interessanten Sachverhalt:

Man wird nicht nur sozialisiert, man sozialisiert sich zum Teil auch selbst.

Es gibt eine Menge an Umständen im Sozialisationsprozess, die wir selbst wählen können, wo wir selbst entscheiden können, z. B. entscheiden wir, zumindest im nicht beruflichen Bereich, zu welchen Personen wir eine intensive persönliche Beziehung aufnehmen wollen und zu welchen nicht. Wir richten unsere Wohnung nach einem eigenen Geschmack ein.

Es lassen sich unzählige Beispiele anführen, wie man sich selbst sozialisiert. Aber ebenso viele Beispiele dafür, dass die Umstände der Sozialisation nicht selbst gewählt werden können. So kann der gewünschte Beruf nicht erlernt werden, weil keine Lehrstelle frei ist. Und wir sind beispielsweise gezwungen, die Schule zu besuchen. Diese Bedingungen können nicht selbst gewählt werden, aber man kann sich in einem bestimmten Rahmen dagegen wehren. Schüler z. B. stören den Unterricht oder ärgern den Lehrer. Sie kämpfen darum, Orte in der Schule für ihre Zwecke nutzbar zu machen, und versuchen, sich der Kontrolle des Lehrers zu entziehen. Formen des Widerstands sind so gesehen also auch Formen der Selbstsozialisation.

Zusammenfassung und Ausblick:
Ausgangspunkt ist ein kritisches Verständnis von Sozialisation als individuelle Aneignung von Kultur. Dieser Prozess hat drei Seiten: die Aneignung der materiellen, die Aneignung der symbolischen Welt und die Seite der Kontrollformen. Die Erstere werden wir im Zusammenhang mit der Beschreibung der gegenständlichen Bedingungen des »gelebten Raumes« der Kinder (sowie der Veränderungen und Neuerungen) konkretisieren.

Die Dimension der symbolischen Kultur und deren Aneignung durch die Kinder werden wir anhand des Fernsehens seit 1954 und der neuen Kindermedien verdeutlichen.

Aneignung von Kultur geschieht nie im luftleeren Raum. Sie wird immer von Erwachsenen angeleitet, motiviert oder eingeschränkt, also kontrolliert. Kontrolle ist die dritte Seite unseres Verständnisses von Sozialisation und wird in der Beschreibung von »Betreuung« konkretisiert.

Teil II
Beschreibung und Analyse des Wandels

Zur Erinnerung: Sozialisation ist die individuelle Aneignung von symbolischer und materieller Kultur. Sozialisation wird immer von historisch unterschiedlichen Kontrollformen begleitet. Es gibt zwar »Kontrolllöcher« – wie z. B. die relative Freiheit von sozialer Kontrolle in der unmittelbaren Nachkriegszeit – aber nie ein Kontrollvakuum. Die individuellen Aneignungsprozesse von Kultur werden immer in irgendeiner Weise kontrolliert, durch Erwachsene, Verfahren, Regeln im Kindergarten, in der Schule usw. Sozialisation ist aber auch immer geschlechtsspezifisch, d. h., Jungen und Mädchen eignen sich die Kultur ähnlich, aber in vielen Fällen auch unterschiedlich an.

Nach diesem Sozialisationsverständnis geht es in den folgenden Kapiteln um eine Beschreibung und Analyse verschiedener Bereiche materieller und symbolischer Kultur. Weiterhin muss der Wandel der Kontrolle als veränderte Sozialisationsbedingung beschrieben und erörtert werden. Wir gehen hierbei von zwei Leitfragen aus, die für das gesamte Buch gelten:

– Gibt es einen Umbau der Persönlichkeit?
– Wenn ja, ist der Wandel als Reduktion oder als Fortschritt einzuschätzen?

Die erste Leitfrage formulieren wir für die folgende Darstellung ein wenig um: Haben sich die Bedingungen des Aufwachsens geändert?
Mit der Antwort werden wir vielleicht mehr Aufschluss darüber erhalten, ob der Wandel als Reduktion oder als Fortschritt einzuschätzen ist. Damit wird auch unsere zweite Leitfrage beantwortet werden können.

Die dritte Leitfrage, die eine Erklärung des Wandels fordert, werden wir in Teil III ausführlich bearbeiten.

Die Beschreibung des Wandels der gegenständlichen Ausstattung von Kindheit (z. B. in der Wohnumwelt oder beim Spielzeug) zeigt eine Verwandtschaft mit der ökologischen Sozialisationsforschung.[1] Die ökologisch orientierte Sozialisationstheorie untersucht die »äußere Natur«. Sie fasst die Persönlichkeitsentwicklung häufig jedoch etwas mechanisch als eine Art Reflex auf die Sachlogik der veränderten Umwelt auf. Die kultursoziologische Aneignungstheorie hingegen erklärt Sozialisation als einen aktiven, tätigen Aneignungsprozess, in dem das Subjekt sich sehr wohl auch selbst sozialisieren kann. Sie versucht die Art und Weise der individuellen Aneignung der materiellen wie auch der symbolischen Welt in all ihren Widersprüchen zu erfassen. Bei dem ökologischen Ansatz kommt in der Milieuanalyse die Klärung, wie die Umwelt angeeignet wird, zu kurz. Auch die Erfassung der subjektiv wahrgenommenen Umwelt taucht bisher nur als Postulat auf und geht noch nicht in empirischen Untersuchungen ein.

Der kultursoziologische Ansatz ist demgegenüber gegenstands- und handlungsbezogen. So fragen wir z. B. bei dem Thema »Wandel des Spielzeugs«, was es für die Persönlichkeitsentwicklung ausmachen kann, wenn ein Drachen (Windvogel) selber gebaut wird – wie es vor etlichen Jahren allgemein üblich war – im Unterschied zum bloßen Kauf dieses Spielgegenstandes. Wir unterscheiden hier begrifflich die eigentätige (im Selberbauen) und die konsumierende (kaufen) Aneignung der materiellen Kultur, was in dem eben genannten Beispiel der Drachen war.

Doch hinter den Begriffen steckt mehr. Das werden die anschließenden sozialisationstheoretischen Analysen der ausgewählten Bereiche des Kinderalltags zeigen. Die Bereiche Wohnen, Fernsehen und auch andere elektronische Medien, Spielzeug u. a. sind nicht willkürlich ausgewählt. Wir meinen, dass sich hieran der kulturelle Wandel besonders deutlich machen und dass sich die sozialisatorische Wirkung, d. h. die Veränderung der Aneignungsweisen von Kultur, besonders klar herausstellen und begründen lässt.

1. Wohnen und Straßensozialisation

Erinnerungen und Erzählungen aus der Nachkriegszeit schildern die räumliche Umwelt als Trümmerlandschaft. Fotos und Filmdokumentationen belegen das: Vor allem in den Großstädten war der Großteil des Wohnraums zerstört. In Köln, Dortmund, Duisburg und Kassel waren es 60% bis 70%.[2]

Es gab keine Spielplatzanlagen mehr, kaum Kindergärten und nur sehr wenige Kinderzimmer. Wohnräume waren häufig notdürftig repariert und meistens überfüllt. Kinder spielten deshalb vorwiegend draußen. Hier gab es eine Menge an Raum, der von den Kindern frei genutzt werden konnte. Auf Trümmergrundstücken und verkehrsfreien Straßen, frei von elterlicher Kontrolle, ließen sie ihren Wünschen und Phantasien freien Lauf. Ungehindert konnten die Kinder ihre Spielumgebung neu konstruieren.

Mit dem materiellen Aufbau wurde die Wohnungsnot gelindert. Doch mit den Ruinen verschwanden auch die kontrollfreien Nischen. Was sich aber mit dem Wiederaufbau noch grundlegender für veränderte Sozialisation bemerkbar machte, war der Beginn *neuer Siedlungsformen*. In der Nachkriegszeit haben sich bis heute drei neue Formen des Wohnens durchgesetzt: das Wohnen in *Trabantenstädten*, das Wohnen in Einfamilienhaussiedlungen am Rande von Großstädten (in so genannten *Suburbs*) und das Wohnen in *Hochhäusern*.

1.1 Neue Siedlungsformen

Fernab des Stadtkerns, wo das Bauland noch billig war, wurden vor allem in den 60er-Jahren die Trabantenstädte gebaut. Damals hieß der Slogan: »Wohnen im Grünen!« Resultat waren gigantische Siedlungen mit bis zu 19 000 Wohnungen.

Auf dem Reißbrett entstanden, erzeugen diese Siedlungen ein Gefühl von Isolation, Bedrückung und Einschränkung. Das Auto wird zum wichtigsten »Partner«, um der Monotonie der Betonsilos zu entkommen. Natürlich ist es auch das wichtigste Verkehrsmittel, um den Arbeitsplatz zu erreichen. Das Wohnen in den Trabantenstädten wäre ohne die massenhafte Verbreitung des Autos kaum möglich geworden.

Trabantenstädte werden in der Regel von Arbeitern und unterer Mittelschicht bewohnt.[3] Dagegen sind die Suburbs mittelständischen Siedlungen, Suburbs werden durch eine Anhäufung von Eigenheimen, meist Reihenhäusern, gebildet. Gelegentlich bestehen sie auch aus villenähnlich konzipierten Gebäuden.

Von Ziergärten, Hecken und Zäunen umgeben, dienen die Häuschen nur dem einen Zweck des Wohnens. Arbeitsstätten existieren in der Regel in diesen ordentlichen, sauberen und dekorativen Siedlungen so gut wie gar nicht. Ebenso fehlt es an einer hinreichenden Infrastruktur. Die gleichförmigen, Monotonie ausstrahlenden Suburbs stellen eine außerordentlich einförmige materielle Kultur der Kindheit dar. Hier sind wenig Anregungspotenzial und wenig abwechslungsreiche Tätigkeit zu erwarten.

Eingeengt und spezialisiert auf repräsentative Aspekte des Wohnens fehlen in den Suburbs weitgehend Werkstätten oder Industriekomplexe, Kaufhäuser oder Verwaltungseinrichtungen. Es gibt weder besonders alte Gebäude noch besonders wildwüchsige Straßenzüge; die Nachbarn gehören zumeist der gleichen Schicht an. Für Kinder bedeutet dies, dass sie einen Großteil ihres Alltags in einer Umwelt aufwachsen, deren kognitives Anregungspotenzial als verarmt, als wenig stimulierend anzusehen ist.

Ähnlich ist das Wohnen in Hochhäusern einzuschätzen. Jede neunte Großstadtfamilie wohnt heute in Häusern mit fünf und mehr Stockwerken. In Hochhäusern können Eltern ihre Kleinkinder beim Spielen auf dem Hof oder auf der Straße nicht mehr aus dem Fenster beaufsichtigen. Kleinkinder leben deshalb häufig eingesperrt. Sie können schon deshalb nicht so oft draußen spielen und herumtoben, weil sie von unten ja wieder in die Wohnung, die vielleicht im 7. Stockwerk liegt, hinaufmüssen – und das geht nur per Fahrstuhl, dessen Knöpfe sie nicht erreichen. Die ganz Kleinen auch nicht mittels Kochlöffeln, Stöcken oder anderer Hilfsmittel zur Verlängerung des Armes.

Eine »Straßensozialisation«, die relativ viel Freiheit für Eigentätigkeit lässt, ist zumindest für die kleineren Kinder unwahrscheinlich. Tierhaltung wird in der Regel nicht erlaubt. So lässt sich sagen, dass die Rahmenbedingungen der Sozialisation in Hochhäusern anregungsarm sind im Vergleich zu denen in althergebrachten Siedlungsformen[4]. Mundt hat empirisch nachgewiesen:

» ... je höher die Wohnung liegt, umso häufiger spielt das Kind in der Wohnung und umso seltener wird der Hausflur in das Spiel einbezogen ... Das bedeutet zusammengenommen, dass die Kinder aus Hochhäusern in ihren Kontaktmöglichkeiten zu anderen Kindern ... benachteiligt sind.«[5]

Aus international vergleichenden Untersuchungen geht hervor, dass Kinder, die in Häusern mit mehr als vier Geschossen wohnen, weniger im Freien spielen als Kinder, die in niedrigen Häusern aufwachsen (BMJFG 1976, S. 232), wobei aber nicht unterschieden wurde, ob die Kinder oben oder unten wohnen.

Mit diesen Veränderungen in den Siedlungsformen haben sich auch die Sozialisationsbedingungen verändert. Insbesondere wollen wir zusammenfassend drei Merkmale nennen:

– Homogenisierung des Wohnens, was für die Kinder eine anregungsarme, ausgegrenzte Wohnumwelt bedeutet.
– Veränderung der Spielmöglichkeiten. Mehr und mehr wird das Spielen in die Wohnungen verlagert.
– Veränderung der Kontrolle. Kinder haben heute kaum noch Möglichkeiten, Kontrolllöcher zu finden. Sie müssen sich in für sie bestimmten, für die Erwachsenen leicht zu kontrollierenden Einrichtungen (z. B. Spielplatz) aufhalten – oder in für sie bestimmten Zimmern, im Kinderzimmer.

Gerade das Letztgenannte, das Kinderzimmer, ist eine sehr wesentliche Veränderungen im Wohnbereich, die veränderte Sozialisationsprozesse mit sich bringt. Deshalb lohnt es, die Kinderzimmer ein wenig genauer zu untersuchen.

1.2 Kinderzimmer

Mit der Neubau- und Wiederaufbautätigkeit nach 1950 ergaben sich erst Möglichkeiten, ein Kinderzimmer einzurichten, für das die Wohnungsnot und die Einquartierungen von Ausgebombten und Flüchtlingen in den unmittelbaren Nachkriegsjahren buchstäblich keinen Raum ließen. Kinderzimmer gehören seit der Zeit des Biedermeier, also seit etwa 1815, zur Standardausstattung der Wohnstätten der Großbürger. Erst in dieser Zeit räumte man in den Bürgerfamilien den Kindern einen Wohnbereich ein, der nur für sie gedacht war und der mit kindgerechten Möbeln und Spielgelegenheiten ihren Bedürfnissen entgegenkam.

Damit begann aber gleichzeitig die räumliche Ausgrenzung der Kinder. In früheren Epochen benutzten Erwachsene und Kinder die Wohnhalle, eine Art Allzweckraum, gleichermaßen zum Arbeiten und Spielen. Bis zur Wiederaufbauphase nach dem Zweiten Weltkrieg waren Kinderzimmer fast ausschließlich in den Häusern des Bürgertums zu finden.

Heute kann fast jedes Kind ein Kinderzimmer allein oder mit Geschwistern benutzen. Über ein eigenes Kinderzimmer (pro Kind ein Zimmer) verfügten von den so genannten vollständigen Familien schon 1972 bei einem Kind 72,6% der Familien, bei zwei Kindern 33,6% und bei drei Kindern 16,2%. Jedes zweite Kind unter 18 Jahren teilte das Zimmer mit Schwester oder Bruder.[6]

Mit der Einschränkung, dass die Hälfte der Kinderzimmer von mindestens zwei Kindern gemeinsam bewohnt werden, ist auch die Zimmergröße zu beurteilen. Oft wird darauf hingewiesen, dass das Kinderzimmer kleiner ist als die gesetzlich vorgeschriebene Abstellfläche plus Zufahrtsweg für das Auto. Nach der DIN 180011 sind für Kinder 8 m^2 vorgesehen, zwei Kinder sollen mit 13 m^2 auskommen. Die Angaben stellen nun nicht reine Spielflächen dar, sondern Stellflächen für Betten, Schränke und Tische sind hierin enthalten.[7]

Auch wenn die offiziellen Planungsnormen zumeist eingehalten werden, kann deshalb von genügendem Platz keine Rede sein. Die Kinderzimmer sind größtenteils die kleinsten Räume in den Wohnungen.

In ländlichen Gemeinden haben Kinder seltener ein Zimmer für sich allein, auch wenn die Wohnungen häufig geräumiger sind. In traditionellen Industriearbeitervierteln können sogar 16% aller Kinder kein eigenes Zimmer benutzen und teilen sich auch keines mit Geschwistern.[8]

Es gibt kaum Studien darüber, was die Kinder in den Kinderzimmern machen. Eine kleine Tabelle, die auf Aussagen der Kinder selbst begründet ist, haben wir jedoch gefunden.[9]

Aktivitäten im Kinderzimmer nach Alter von Kindern und Jugendlichen (1972) in %			
	Aussagen der Kinder von	Aussagen der Jugendlichen im Alter von	
Aktivität	9–12 Jahren	13–14 Jahren	15–17 Jahren
Essen	1	2	1
Schulaufgaben	50	61	66
Schlafen	91	90	89
Basteln	63	nicht erhoben	
Hobbys	61	56	63
mit Freunden spielen	58	58	69
ungestört sein	67	71	62

Einen weiteren Hinweis gibt Meyer-Ehlers, die im Jahre 1966 untersucht hat, wie Kinderzimmer typischerweise genutzt werden – bis heute hat sich hierbei wenig geändert:

»Kinderzimmer sind Reservate der Kinder; die Tätigkeiten der Eltern sind geringfügig. Kinderzimmer werden von den Kindern sehr intensiv genutzt. Ungefähr zwei Drittel aller Kinder spielen in ihrem Zimmer oder gehen dort ihren Hobbys nach ... In den Einfamilienhäusern betreiben 58% der Kinder Spiel und Hobby im Kinderzimmer, in den Stockwerkswohnungen erhöht sich der Anteil auf 80%.[10]

Aus dem bisher Gesagten kann gefolgert werden, dass die Kinder einen großen Teil ihrer Zeit in ihren Zimmern verbringen. Dies stellt gegenüber der unmittelbaren Nachkriegszeit eine entscheidende Veränderung der Bedingungen des Aufwachsens dar. Aus Interviews ist bekannt, dass alle, die damals Kinder waren, übereinstimmend berichten, dass in den Wohnungen (in denen es ja auch nur selten ein Kinderzimmer gab) kaum gespielt wurde und auch kaum Besuche von anderen Kindern empfangen wurden.

»Spiel und Hobby« wurde draußen nachgegangen – und zwar so anhaltend wie möglich: Man nahm sich Schmalzstullen mit, um selbst zu den kleinen Mahlzeiten nicht in die Wohnungen zurückkommen zu müssen; und Stubenarrest erscheint in der Rückerinnerung eine der härtesten Bestrafungen überhaupt gewesen zu sein.

Wir wollen kurz zusammenfassen, welche Folgen die Veränderungen im Wohnbereich für den Wandel der Kindheit haben:

– Der Trend zur Urbanisierung und Spezialisierung des Wohnens führt zur Ausgrenzung der Kinder in für sie vorgesehene Spezialräume.
– Dieser Trend der zunehmenden Ausgrenzung geht einher mit einem Trend von draußen nach drinnen. D. h., heutige Kinder halten sich sehr häufig in der Wohnung, in »ihrem« Zimmer auf.
– Der Trend von draußen nach drinnen lässt den Anteil der direkten Kontrolle durch die Eltern (meist die Mutter) wachsen.
– Der Aufenthalt im Kinderzimmer verführt zur Tätigkeit mit vorfabriziertem Spielzeug.

Der Umstand, dass heutige Kinder häufiger in der Wohnung spielen, ist nicht nur auf die Veränderung der Siedlungsformen und die Veränderung des Wohnens zurückzuführen, sondern auch auf die Veränderung der gesamten Straßenöffentlichkeit. Diesen Aspekt wollen wir jetzt unter dem Thema Straßensozialisation untersuchen (vgl. Zinnecker 1979).

1.3 Straßensozialisation

Bei der Frage, was sich seit dem Kriegsende auf der Straße verändert hat, nimmt wohl das Auto eine herausragende Position ein.

Die öffentlichen Verkehrsmittel wurden in der Nachkriegszeit relativ schnell wieder in Betrieb genommen, also die Eisen- und

Straßenbahn, die U- und S-Bahn sowie die Busse. Diese öffentlichen Massenverkehrsmittel sind kein neuer Tatbestand; es gab sie schon früher. Neu ist, dass das Auto in der Nachkriegszeit zum Massenverkehrsmittel avancierte, und zwar zum privaten wie individuellen. Entfielen 1950 lediglich 11 PKW und Kombiautos auf tausend Einwohner, so waren es 1960 bereits 81 und 1976 sogar 307. Das entspricht 1976 einer 28fachen Dichte verglichen mit 1950.[11] Anders ausgedrückt: Jeder dritte Erwachsene hatte ein Auto. Im Jahr 2000 fuhr mittlerweile jeder zweite Erwachsene einen PKW. Fast 43 Mill. Autos sind in Deutschland zugelassen. Diese »allgemeine Automobilmachung« ist für Kinder lebensgefährlich.

Im Jahr 1999 verunglückten fast 49000 Kinder auf Deutschlands Straßen. Das bedeutet, dass durchschnittlich alle 11 Minuten ein Kind im Straßenverkehr zu Schaden kam, fast ein Kind pro Tag wurde im Durchschnitt getötet. Fast die Hälfte (46%) aller Kinder, die im Verkehr starben, waren als Mitfahrer in Pkws unterwegs, 27% starben als Fußgänger und 21% als Fahrradfahrer (Stat. Bundesamt 2000).

Fragt man Erwachsene nach den Vorteilen des Autos, so lautet die Antwort meist: »Vor allem die Unabhängigkeit.« Für Kinder bedeuten sie das Gegenteil. Dadurch, dass die Straßen heute von Automassen beherrscht werden, ist ein Teil der Kinder verkehrstechnisch eher abhängiger geworden. Statt eines Fahrrades, dessen Benutzung vielfach zu gefährlich geworden ist, benötigen sie jetzt einen Fahrer – und zwar einen Erwachsenen. Ein Drittel aller Fahrten von Hausfrauen sind »Taxifahrten« für Kinder.[12] Sie fahren sie morgens in die Schule, nachmittags zum Sportverein oder zu irgendeinem Kursus.

Die Bedeutung des Autos für die heute aufwachsenden Kinder wird durch Gruppeninterviews mit Erwachsenen, die um 1940 geboren wurden, illustriert:

Interviewer: Was hat das Auto für euch bedeutet?
Herr D.: Es ist ein Stück Freiheit ...
Frau A.: Und für die Jugendlichen ist es kein Privileg, ein Auto zu haben, das ist eine Selbstverständlichkeit inzwischen.

Herr D.: Ja, ja, aber sie müssen sehr lange darauf warten, und dann spielt die Geldfrage auch keine große Rolle.
Herr C.: Ja, sie fordern z. B. oder nehmen es auch als Selbstverständlichkeit, dass, wenn es sich einrichten lässt, die Eltern sie transportieren: Kannst du mich mitnehmen oder kannst du mich mal dahin fahren oder so. Oder ich fahr da mit, wenn sie erfahren, man fährt da und da hin und das liegt auf dem Wege. Er sagt nicht, kannst du das nicht so einrichten, dass du mich jeden Morgen dahin bringst, sondern er fährt eben mit dem Bus. Aber wenn es passiert, ja gut, dann o. k. Aus praktischen Gründen heraus, weil es kein Transportmittel ist, was er noch nicht fahren kann oder darf, aber sonst hab ich nicht den Eindruck, dass es besonders …
Herr D.: Aber das Auto ist und bleibt dem Zugriff der Jugendlichen entzogen …
Frau A.: Nur ist es eben da und wird genutzt. Solche Mittel hat es eben früher in dem Maße nicht gegeben. Da musste man eben andere Mittel, Transportmöglichkeiten finden.

Neben der zunehmenden Abhängigkeit von Erwachsenen ist noch ein anderer Umstand sehr wesentlich für veränderte Sozialisationsprozesse: Das Auto als Massenverkehrsmittel hat die natürliche und bauliche Umwelt der Kinder massiv verwandelt. So sind die Straßen nahezu unbespielbar geworden. Dennoch ergeben empirische Untersuchungen, dass die Straßen der Lieblingsplatz von Kindern sind; vorausgesetzt, dass sie draußen spielen. Die Straßen werden auf jeden Fall den angelegten und pädagogisch betreuten Spielplätzen vorgezogen.

Die Straße ist eigentlich die ideale Lernsituation. Sie ist immer vertraut, aber dennoch ist hier immer wieder etwas Neues, jeden Tag. Man sieht andere und trifft Bekannte, tauscht Neuigkeiten aus – und: Man wird gesehen. Die Straße ist geradezu ein Laufsteg für Narzissmus. Man zeigt sich und bespiegelt sich. Dieses Bild der Straße gilt aber nicht mehr, wenn sie vorwiegend dem Autoverkehr dient. Schnell ist dann der Charakter der Öffentlichkeit im Dunst der Abgase verschwunden. Kinderspiele haben hier keinen Platz mehr. Die Straße wird zur sonst bedeutungslosen Verbindungslinie.

Bis Anfang der 60er-Jahre war dies noch ganz anders. Die Straße – war es nicht gerade eine Hauptverkehrsstraße im Zentrum der Stadt – gehörte allen Anwohnern, vor allem den Kindern.

Es trafen sich Kinder- und Jugendgruppen, und sie tradierten untereinander einen Kanon von regelgeleiteten Gruppenspielen (vgl. Zinnecker 1979). Oft bildeten sich auch Straßengruppen und organisierten sich z. B. zu einem Fußball- oder Völkerballspiel auf der Straße. Seifenkisten wurden gebaut und richtige Rennen veranstaltet. Das Straßenleben in dieser Zeit weist auf eine aktive und oftmals eigentätige Aneignung des Streifraums. Faszinierend ist die Art und Weise der Aneignung des Straßenraums von Martha und Hans Muchow (1980) für die 30er-Jahre beschrieben. Sie zeigen bis in das kleinste Detail, wie z. B. der Löschplatz in Hamburg-Barmbeck von den Kindern eingenommen und mit »eigenem« Sinn gefüllt wurde.

Heutige Kinder haben es vielfach schwerer, überhaupt noch Orte und Nischen zu finden, die sie sich aktiv und selbstbestimmt aneignen können. Aber immer wieder gelingt es ihnen, sich Bereiche der gegenständlichen Kultur auf der Straße zu erobern; die Straße als Streifraum und als Lebensweise bleibt widersprüchlich. Sie ist zwar, was übertrieben klingen mag, nur noch Verbindungslinie, aber sie ist für die Kinder auch umformbar. Das geht heute aber sehr viel risikoreicher als vor 25 Jahren: Mit Mofas, Skateboards, BMX-Rädern und Inlineskatern werden Grenzen zur Macht der Autos angegriffen. Oder: Das Spiel an der Fußgängerampel; die Straße wird nicht bei Grün überquert, sondern in dem Moment, wenn die Autofahrer starten wollen. Der Ärger der Erwachsenen ist das Ziel dieses gefährlichen Spiels.

Mit »Straße« ist aber nicht nur der Bürgersteig oder der Fahrdamm gemeint, sondern die gesamte Straßenöffentlichkeit, die in die kindlichen Aneignungsprozesse eingeht. Sie besteht aus Grünanlagen, Spielplätzen, Hausfluren und Hauseingängen, Fußgängertunneln, Kneipen, Jugendzentren und Warenhäusern.

Es ist das Verdienst von Martha und Hans Muchow, einige solcher Lebensräume und die Aneignungsweisen der Kinder genauer beobachtet und analysiert zu haben. Spannend beschreiben sie die Benutzung des großen Barmbecker Kaufhauses Karstadt durch die Kinder in den 30er-Jahren:

»Das Warenhaus als ›Abenteuerwelt‹
Das Innere des Warenhauses, von dem sich durch Auslagen und Reklame reizvolle Andeutungen und Anzeichen nach außen kundtun, von dem die Kinder auch von früheren Besuchen mit den Eltern vieles wissen, übt auf die draußen herumstehenden und vorbeikommenden Kinder einen unverkennbaren ›zauberhaften‹ Reiz aus. Die Schranke, die der kontrollierende Pförtner für ihr Hineinfluten bildet, macht das Ganze noch reizvoller und lockender. Während aber die Kindergartenkinder das Durchbrechen der Schranke im Allgemeinen nicht wagen und die Dreizehn- bis Vierzehnjährigen entweder als Beauftragte der Eltern kommen oder auch ohnehin die Kontrolle meist ungeschoren passieren (sodass der Reiz wesentlich geringer ist), bildet das Warenhaus für die sieben- bis zwölfjährigen Kinder so etwas wie eine *Abenteuerwelt*, in die man mit viel List und Schlauheit einzudringen versucht, wie man etwa als Schmuggler die Grenze überschreitet. Es wird viel Zeit darauf verwendet, die Gelegenheit abzupassen, wenn man unbemerkt hindurchschlüpfen kann; stundenlang umlagern die Kinder der genannten Altersstufe die Portale, um einen Augenblick zu erwischen, in dem der Pförtner, abgelenkt oder in Anspruch genommen, in seiner Wachsamkeit erlahmt. Rasch springt man dann zu und gelangt durch die Drehtür ins Innere des Gebäudes. Oder man schreitet mit gespielter Sicherheit auf das Portal zu, rechnet damit, dass der Pförtner gerade nicht hinschaut oder auch nichts unternehmen wird, und versucht durchzuschlüpfen. Ist aber der ›Gegner‹ auf dem Posten und fasst den Herankommenden ins Auge, dann biegt man, gleichgültig blickend, kurz vor dem Portal um und tut so, als ob man ... eben nur vorübergehen wollte« (Muchow/Muchow 1980, S. 83, 84).

»Das Warenhaus als ›Manövrier- und Trainingsgelände‹
So gestaltet sich das Warenhaus als Ganzes dem Kinde zu einer Welt des Abenteuers; doch wie auch der Erwachsene, der auf ein Abenteuer

auszieht, daneben noch mancherlei anderes leben und erleben kann, so enthält auch das Warenhaus für die Kinder noch mancherlei andere Welten. Dabei steht für die verschiedenen Altersstufen jeweils eine ganz besondere Art des Umganges mit diesen Welten im Vordergrunde.
Für die Grundschulkinder, und zwar insbesondere für die jüngeren, ist das Warenhaus in erster Linie (obwohl nicht ausschließlich) ein ›motorisches Manövrier- und Trainingsgelände‹. Die ganze Fülle seines interessanten Warenmaterials ist, von wenigem abgesehen, für die Altersstufe nur Hintergrund und bangloses Beiwerk, das nicht mit konzentrierter Aufmerksamkeit erfasst wird, sondern nur in einem ganz anders zentrierten Erlebnis ›mit dabei‹ ist. Zentral ist für diese Kinder nur der Gerätecharakter seiner Einrichtungen. Diese Kinder eilen, wenn sie den Engpass der Drehtür durchschritten haben, sofort nach den Treppen, die zum ersten Stock führen.
Es sind zwei Treppen da, von denen die eine links, die andere rechts von den Fahrstühlen hinaufführt; sie haben in Höhe der halben Treppe hinter den Fahrstühlen einen Verbindungssteg, sodass man dort die die andere Treppe benutzenden Leute sehen und treffen kann oder zur anderen Treppenseite übergehen und auf der anderen Treppe weiter nach oben steigen oder wieder heruntergehen kann. Die Möglichkeiten sind es, die das Kind interessieren. Es experimentiert oft eine lange Zeit an dieser Treppe herum, arrangiert Treppenspiele mit seinen Gefährten, untersucht die zweite und dritte Treppe im nächsten Stock in der gleichen Weise, kombiniert die Treppen beider Stockwerke in Treff- und Kriegsspielen, im Wettlauf mit dem Fahrstuhl usw.« (ebenda, S. 86).

Warenhäuser sind heute zahlreicher geworden. Kaufhausbesuche sind für heutige Kinder eine Selbstverständlichkeit. Kinder sind anerkannte Kunden, als Konsumenten immer gefragt.

Ein Wächter ist heute vollkommen überflüssig. Die Kinder gehen in den Kaufhäusern ein und aus – gerade so, wie sie wollen. Insofern hat sich das Feld der Straßensozialisation auch erweitert.

Diese Erweiterung erweist sich aber zunehmend eher als »Langeweilekiller«. Freizeit von Kindern wird mehr und mehr Konsumzeit. Kaufen gehört zur Lieblingsbeschäftigung heutiger Kinder (Friesen 1991). Waren bilden den Ersatz für fehlende kindliche Angebote in der Umgebung: Kinder geraten in einen Konsumrausch. Im nächsten Kapitel gehen wir darauf ein.

2. Kinder und Konsum

»Auf sein Frühstücksbrot schmiert der Kleine grundsätzlich nur Nutella. Wenn ihm seine Mutter morgens Cornflakes anbietet, verlangt er Smacks von Kelloggs, etwas anderes kommt ihm nicht auf den Teller. Bei Orangensaft bevorzugt er Punica, notfalls akzeptiert er auch Valensina, aber mit Kalzium. Die Zähne putzt er mit Blendax-Antibelag Juniorstar, an seine Haare lässt er nur Wasser und das sanfte Kindershampoo von Vidal Sassoon. Seine Jeans ist eine 501 von Levi's, blau natürlich und mit Knopfleiste, wo bei anderen Hosen der Reißverschluss sitzt.
Die Füße stecken in knöchelhohen Laufschuhen mit Gummisohle, Marke BK. Unter der Windjacke trägt der Knabe ein T-Shirt mit dem Erkennungszeichen der amerikanischen Basketballmannschaft Chicago Bulls, so wie die meisten anderen in seiner Klasse auch. Und wie sie schleift er überall seinen Schulranzen mit hin, einen schwarzen Rucksack von Eastpak« (Der Spiegel, 50/1993).

Vor allem zur Weihnachtszeit erscheinen in den Zeitschriften vermehrt Artikel über das Thema »Kind und Konsum«. Die Kleinen werden darin oftmals als »Kaufmotoren der Familie«, »wandelnde Markenspeicher« oder »Opinion-Leader« und »Markendurchsetzer« bezeichnet, die mit »Psychoterror« zum »Miniherrscher« und »Konsumterroristen« für die Eltern werden. Aber nicht nur in den letzten Monaten des Jahres bestimmt der Kaufrausch den Alltag vieler Kinder. Insgesamt gesehen steigen trotz der zahlenmäßig starken Abnahme der jüngeren Generation in den letzten beiden Jahrzehnten die Ausgaben für Kinderprodukte an. Aber auch bei größeren Anschaffungen, die für die Familie bestimmt sind, entscheiden Kinder mit. Dies haben auch die Werbemacher der einzelnen Produkte erkannt und sich den Slogan gesetzt: »Wer an den Geldbeutel der Eltern will, muss zuerst an die Kids.« Außerdem setzen sich Hersteller und Werbeproduzenten das Ziel, den Kindern ihre jeweiligen Markennamen bis zu deren 10. Lebensjahr einzuprägen, denn dann würden die Kinder auch als Erwachsene noch auf diese Produkte zurückgreifen.

Wollen Kinder einkaufen gehen, brauchen sie Geld – und das haben sie reichlich. Sehen wir uns einmal die Taschengeldtarife an.

Taschengeldtarife 1993 (pro Monat, in Prozent)
Umfrage des DJI München

	7–9 Jahre	10–12 Jahre	13–15 Jahre
bis 5 Mark	17,4	2,6	1,6
bis 10 Mark	30,9	15,0	2,3
bis 20 Mark	27,7	32,3	15,5
bis 30 Mark	13,7	25,9	22,3
bis 40 Mark	2,0	6,9	11,1
bis 50 Mark	6,1	11,0	22,5
bis 60 Mark	0,8	2,1	8,2
über 70 Mark	0,7	3,3	15,2

Zum Taschengeld kommen zusätzlich noch Geldgeschenke zum Geburtstag oder zu Weihnachten oder als Belohnung und das Sparguthaben. Das Deutsche Jugendinstitut (Spiegel 50/1993) hat ausgerechnet, dass dann insgesamt ein Konsumkapital von 11,5 Milliarden DM pro Jahr in Kinderhand zusammenkommt (2 Mrd. Taschengeld + 3 Mrd. Geldgeschenke + 6,5 Mrd. Sparguthaben). Davon geben Kinder etwa 1 Milliarde für Süßigkeiten, 500 Millionen für Spielzeug und 400 Millionen für Lesestoff aus. Neuere Untersuchungen ergeben, dass Kinder mittlerweile sogar 19,1 Mrd. Mark im Jahr ausgeben (»Kids Verbraucher Analyse 2000«). Zudem beeinflussen heutige Kinder die Ausgaben der Eltern in wirklich beträchtlichem Umfang. Das Deutsche Jugendinstitut schätzt die jährlichen Familienausgaben, die direkt von Kindern beeinflusst werden auf über 23 Milliarden DM.

Zum Beispiel entscheiden 60% der Kinder über die Joghurtmarke, 77% über den Kugelschreiber, 75% über Tiefkühlgerichte und 71% über das Müsli, das gekauft wird. Auch große Ausgaben werden von ihnen beeinflusst, beispielsweise alle Möbelkäufe, jede 5. Neuwagenanschaffung, die Auswahl von technischen Produkten und die Planung des Familienurlaubs. Insgesamt bewegen sie knapp 35 Milliarden Mark. Die vermehrte Kaufkraft und die Beeinflussung der Eltern bei den Einkäufen bleiben natürlich auch den Unternehmen nicht verborgen. Diese orientieren sich immer mehr an den Vorlieben und Abneigungen der Kinder, um ihren Umsatz zu steigern. Die Orientierung verschaffen ihnen Werbepsychologen und Meinungsforscher, die die Kinder auf das Genaueste untersuchen. Es gibt mittlerweile eine ganze Schwemme von Kinderstudien, die die kuriosesten Dinge bei ihnen untersuchen. Daraus einige Beispiele:

– Kinder werden am liebsten mit dem Ferrari von der Schule abgeholt.
– Sie empfehlen zum Einkaufen den Golf.
– Sie verstehen unter einer ordentlichen Portion Eis 4–5 Kugeln, die sie lieber im Hörnchen serviert bekommen als im Becher.
– 46% hätten gern ein Videospiel.
– 80% verfügen über ein Sparbuch.
– 68% schimpfen mit der Mutter, wenn sie nicht die gewünschte Tiefkühlpizza nach Hause bringt.
– 30% der 7 bis 9-Jährigen achten auf die Wahl der Hautcreme.
– Jeder 10. dieser Altersgruppe hat genaue Vorstellung, welches Sonnenschutzmittel ihm gut tut.

Bei den Markenforschern heißen die typischen Konsumenten von Marken im Kindesalter »Markendurchsetzer«. Sie wissen genau, was ihnen die schöne Warenwelt zu bieten hat, und nerven Vater und Mutter notfalls so lange, bis sie ihnen zu Willen sind. Der folgende Mutterspruch ist bestimmt kein Einzelfall: »Irgendwann bist du so weit, dass du nachgibst und kaufst, was verlangt wird – damit endlich Ruhe ist.«

Vor allem ein Handy steht in der letzten Zeit immer häufiger auf der Wunschliste. Fast jedes fünfte sechs- bis neunjährige Kind wünscht sich dieses Mobiltelefon (siehe »Kids Verbraucher Analyse 2000«).

Sehr großen Einfluss auf die Kinder-Konsumkultur hat die *Werbung*. Nicht nur in Werbespots im Fernsehen, sondern in unterschiedlichster Art und Weise, z. B. per Postwurf mit grellbunten Werbeprospekten, auf Anzeigenseiten in Kinderzeitschriften, um Supermarktkassen herum mit Schokolade und Fruchtgummi, auf

Einkaufstüten, in öffentlichen Verkehrsmitteln oder auf Beipackzetteln beim Spielzeug. Auch vor Kindergärten und Schulen machen die Unternehmen mit ihrer Werbung nicht Halt, indem sie Produktteste und Wettbewerbe ausführen, besondere Aktivitäten sponsern oder erzieherische Unterhaltungsshows veranstalten. Es entsteht bei Eltern, Lehrern und Kindern oft der Eindruck, dass sie eine gute Sache vertreten. Eine Milliarde steckt die Industrie jedes Jahr in Werbemaßnahmen, die direkt auf Kinder abzielen, $^2/_3$ davon für Werbung im Fernsehen. An einem normalen Schultag zur Frühstückszeit sendet z. B. der private Kabelkanal 30 Werbespots, der Anbieter Pro 7 schon 45. Am Samstag- und Sonntagmorgen ist es fast die doppelte Anzahl. Ein durchschnittlicher Fernsehzuschauer im Kindesalter konsumiert 900 Werbespots pro Monat. Lauf Umfragen »mögen Kinder Werbung«, 40% von ihnen sehen sogar »besonders gern« Werbung.

Werbestrategen setzen auf die so genannte frühe Markenpositionierung, denn die Forschung hat ergeben, dass Marken sich im Langzeitgedächtnis der Kinder festsetzen und $^2/_3$ von ihnen ihre Markenfavoriten im Erwachsenenalter beibehalten, wenn die Einprägung bis zum 10. Lebensjahr erfolgt (vgl. Petzold 2000, S. 29ff). Deshalb werden Kinder von Marketingprofis als Nachwuchskonsumenten angesehen. Die Zielgruppe der Werbung werden immer mehr die Kinder. Auch die Anzahl von kindgerechten Produkten steigt ständig an.

Hier einige Beispiele:

- Für das modebewusste Kind gibt es die Kosmetikserie »Jil & Jenny, die erste und einzige Systempflege für Kinder von 3–10 Jahren«.
- Sony entwickelte bunte Hi-Fi-Geräte mit großen Knöpfen mit dem programmatischen Namen »My first Sony«.
- Der Softwaregigant »Microsoft« erweiterte sein Sortiment um »Microsoft for kids«, ein mit Comicfiguren bevölkertes Einstiegsprogramm.
- In den Lebensmittelabteilungen der Supermärkte lauern auf Griffhöhe »Mickey-Mousse« und »Wackel-Goofy« neben »Fruchtzwergen« und »Monsterbacke«.

Was bedeutet diese Dominanz der Konsumkultur für die Sozialisation von Kindern? Es ist absehbar und auch schon beobachtbar, dass das Selbstwertgefühl und die eigene Identität zunehmend durch den Konsum definiert werden. Auch die Wertschätzung anderer oder auch Freundschaftsbildungen leiten sich von dem Besitz bestimmter Waren ab, d. h., Konsumkultur dominiert nicht nur die Selbstdefinition, sondern auch die soziale Beziehung. Unter Kinderfreundschaften wird die Frage der Warenqualität zur Lebensqualität.

3. Fernsehsozialisation: Das neue Curriculum

Fernsehen ist ein Bereich, der für die Kindheit erst mit den 60er-Jahren bedeutungsvoll wurde. Dann aber rasant. Fernsehen ist für heutige Kinder ein nicht mehr wegzudenkender Bestandteil ihres Lebens, was der Sozialisationsforscher Uri Bronfenbrenner folgendermaßen ironisiert:

> »Die meisten amerikanischen Familien bestehen aus zwei Eltern, einem oder mehreren Kindern und einem Fernsehgerät.«[13]

Dies gilt mittlerweile auch für deutsche Familien. Das Fernsehen wurde in der Bundesrepublik im Jahre 1952 durch Versuchsprogramme des damaligen Nordwestdeutschen Rundfunks eingeführt. »ARD« als Markenzeichen kam erst 1954 auf. In diesem Jahr erzielte das deutsche Fernsehen mit der Übertragung der Fußballweltmeisterschaft seinen Durchbruch. Bald danach begannen Peter Frankenfeld und Hans-Joachim Kulenkampff ihre Karriere als TV-Showmaster. Der Fernsehkoch Clemens Wilmenrod zeigte den »Wiederaufbau-Hausfrauen«, wie »schnieke« gekocht wurde.

Die TV-Stars der 50er-Jahre begleiteten lange Zeit einen ungeahnten Aufschwung des Fernsehens in der Bundesrepublik. Im Jahre 1961 besaßen 5,9 Millionen von 20 Millionen Haushalten ein Fernsehgerät. 1973, sechs Jahre nach der Einführung des Farbfernsehens, waren es bereits 18,5 Millionen Haushalte, die ein Gerät angemeldet hatten. Das sind fast 90%. Ende 1990 waren schon 70% aller westdeutschen Haushalte mit Privatsenderempfang versorgt. Ende des 20. Jahrhunderts verfügten fast 100% der Haushalte in der Bundesrepublik über ein Fernsehgerät und 92% über einen Videorekorder. Etwa jedes dritte sechs- bis dreizehnjährige Kind hat sogar ein eigenes Fernsehgerät im Kinderzimmer stehen.[14]

Was bedeuten diese Zahlen für veränderte Kindheit, für veränderte Sozialisationsprozesse?

3.1 Sehgewohnheiten von Kindern

Mit der Einführung des farbigen TV-Sehens wanderten viele S/W-Fernseher in die Kinderzimmer. Zudem verbilligten sich gerade in den letzten Jahren die kleinerformatigen Fernsehgeräte massiv, was auch dazu beiträgt, dass Kinder eigene Geräte besitzen. Das heißt, fast jedes Kind hat die Möglichkeit fernzusehen.

Diese Möglichkeit wird auch kräftig genutzt. Vorschulkinder, also die Altersgruppe der 3- bis 7-Jährigen, sahen im Jahre 1978 durchschnittlich 54 Minuten an Werktagen, 79 Minuten an Samstagen und 62 Minuten an Sonntagen fern. 1988 saßen 7- bis 9-Jährige Kinder durchschnittlich 81 Minuten vor dem Fernsehgerät. Hatten sie Gelegenheit Kabelfernsehen zu empfangen, waren es sogar 113 Minuten. Für 1990 ergeben die regelmäßigen Messungen der GfK-Fernsehforschung eine tägliche Sehzeit für 6- bis 13-Jährige Kinder von 99 Minuten.[15]

Diese Nutzungszeiten haben sich in den letzten Jahren nur wenig geändert. Im Jahr 1999 saßen Kinder im Alter von 6 bis 13 Jahren durchschnittlich 97 Minuten vor dem Fernsehgerät.[16] Verändert hat sich aber die Nettoreichweite des Fernsehens. In den 70er-Jahren lag die Sehbeteiligung von Kindern bis zu einem Alter von 13 Jahren annähernd bei 35%. 1999 sehen 61% der Kinder mindestens einmal pro Tag fern.[17]

Die Zeit, die heutige Kinder mit Fernsehen verbringen, nimmt im Gesamtumfang der Freizeitaktivitäten den größten Teil ein. Nach ihrer häufigsten Freizeittätigkeit befragt, antworteten 73% von 6- bis 13-jährigen befragten Kindern, dass sie jeden Tag fernsehen würden. Dieses gilt für Mädchen wie für Jungen, für Akademikerkinder und für Arbeiterkinder.[18] Vor allem suchen die Privatanbieter Kinder an den Bildschirm zu bringen. Seit einigen Jahren bieten u. a. PRO 7 und insbesondere die Privatkanäle RTL, RTL 2 und SUPER RTL Kindersendungen zwischen 6 und 8 Uhr morgens an. So können Kinder nun schon bereits vor dem Kindergarten oder der Schule ihre Lieblings-Zeichentricksendungen konsumieren.

Ein Programmbeispiel:

Zeichentrickserienübersicht vor 8.00 Uhr
6.00   Die Schlümpfe PRO 7 (auch um 16.00 Uhr)
6.35   Voltron RTL 2
6.55   Animaniacs PRO 7 (auch um 16.35 Uhr)
7.00   Die Abenteuer des Professor Thompson PRO 7
7.15   Prinzessin Erdbeer SUPER RTL (auch um 12.05 Uhr)
7.20   Bugs Bunny PRO 7 (auch um 17.00 Uhr)
7.20   Die Welt der Schnorchel SUPER RTL (auch um 10.45 Uhr)
7.45   Willkommen bei Winnie Puuh SUPER RTL (auch um 12.00 Uhr)
7.45   Familie Feuerstein PRO 7 (auch um 17.25 Uhr)
7.55   Die kleine Robbe Albert RTL 2 (auch um 13.40 Uhr)

Mit Zeichentrickfilmen ist ein Fernsehgenre angegeben, das bei Kindern in der Beliebtheitsskala auch ganz oben steht. Mit größerem Abstand folgen dann Familienserien und Tierfilme (vgl. Myrtek/Scharff 2000, S. 21ff.).

Einige Fernsehzeitschriften bieten zudem eigens für Kinder gestaltete Programmseiten an, die z. B. eine komplette Programmübersicht aller »wichtigen« Kindersendungen sowie Informationen über neue Serien, Magazine, Cartoons, Serien oder Filme beinhalten.

Kinder sehen inzwischen mehr fern als sie spielen, lesen und basteln. Es ist mehr rezeptive Tätigkeit als Eigentätigkeit festzustellen, wobei Basteln und Spielen als typische kindliche Eigentätigkeit begriffen werden. Cramond hat vor etlichen Jahren die vorliegenden internationalen Studien über Kinder und Fernsehen daraufhin ausgewertet, welche Tätigkeiten zu Lasten des neue entstandenen Fernsehkonsums am ehesten aufgegeben werden. Das Ergebnis ihrer Auswertung ist nach wie vor gültig. Sie kommt zu dem Schluss:

> »In allen Untersuchungen ergab sich der stärkste Rückgang bei Kino, Radio und Comics – Medien, von denen man annehmen kann, dass sie mehrere dem Fernsehen ähnliche Eigenschaften haben«.[19]

Hinsichtlich des Lesens von Büchern konnte sie nur eine geringe Tendenz zur Verdrängung feststellen. Vielmehr konstatierte sie einen Rückgang der weniger organisierten, also »freien« Tätigkeiten der Kinder. Vereinsmitgliedschaft wurde vom Fernsehen nur geringfügig beeinträchtigt. Indes beschäftigten sich weniger Kinder mit handwerklicher Arbeit, die fraglos als aktive und »freie« Tätigkeit einzustufen ist. Cramond schreibt wörtlich, dass das

> »Fernsehen offensichtlich die übliche soziale Entwicklung (verzögert), indem es die Heranwachsenden an das Haus bindet. Ungefähr ein Fünftel der Kinder lassen Freunde zu sich nach Hause kommen; die älteren Fernsehzuschauer so häufig wie die Kontrollgruppe, die jüngeren dagegen doppelt so oft wie die Kontrollgruppe. Das entspricht dem Befund Belsons, dass Seher etwas mehr Zeit zu Haus verbringen als Nichtseher.«[20]

Das Fernsehen domestiziert also eine Masse von Kindern in bisher ungekanntem Ausmaße. Dieser Trend war in ähnlicher Weise schon beim Wohnen im Wandel zu beobachten. Kinder halten sich in der veränderten Wohnumwelt mehr und mehr im Haus, in ihrem Kinderzimmer auf. Der Trend geht von draußen nach drinnen. Fernsehen können die Kinder, rein technisch, ohne Aufwand nur in der Wohnung. Der Fernsehapparat zwingt sie, im Zimmer zu bleiben.

Doch es geht noch weiter: Fernsehen bindet Zeit, die früher für aktive Tätigkeit genutzt wurde. Die Allensbacher Meinungsforscher stellten Kindern zwischen drei und neun Jahren die Frage: »Was hast du lieber: draußen spielen oder fernsehen?«

36% der Befragten antworteten mit fernsehen, 16% waren unentschieden (Heide 1981, S. 68). Mit der Verbreitung des Videosystems und den Angeboten der Videostudios wird vermutlich noch mehr Zeit vor dem Bildschirm verbracht. Zudem wird die Attraktivität der privaten Programmanbieter die Sehdauer vermutlich noch erhöhen. 1993 hat RTL sogar ARD und ZDF in der Beliebtheit überholt, was nicht zuletzt von Kindern und Jugendlichen eingeleitet wurde (Moser 1995, S. 113).

Andererseits erweitert das Fernsehen fraglos das Gesichtsfeld der Kinder, indem es die »Welt ins Haus bringt«. Dies ist besonders für Kinder des dörflichen Raumes eine erhebliche Ergänzung des

Erfahrungsbereiches, weil sie sich durch das Fernsehen aneignen können, was die enge Umwelt nicht anbietet: Filme und Theater, alternative Weltansichten oder Parlamentsdebatten. Kinder machen sich damit auch unabhängiger von dem Wissen der Erwachsenen und ältere Geschwister.

Die Dominanz des Fernsehens im Tagesablauf heutiger Kinder führt häufig zu der Klage, dass Gewalt auf dem Bildschirm von den Kindern nachgeahmt wird. Die Nachahmung von Filmmodellen wurde auch in vielen Experimenten nachgewiesen. Doch spektakuläre Fälle, in denen z. B. Raubüberfälle aus Krimis als Vorbild übernommen und umgesetzt wurden, sind Einzelfälle und lassen keine Trenddeutung zu.

Eine empirische Längsschnittstudie gibt zu diesem Thema ein genaueres Bild.[21] Die Beobachtung von 2 500 Schülern im Alter von 12 bis 15 Jahren lässt das Fazit zu, dass eine ständig zunehmende Aggression durch das Fernsehen nicht stattfindet, wohl aber eine Unterstützung:

»Es ist sicher nicht von der Hand zu weisen, dass das Fernsehen Informationen über Techniken aggressiver Handlungen vermittelt, die in Extremfällen in konkrete Straftaten übersetzt werden können. Zu betonen ist aber dabei, dass das Fernsehen hierbei lediglich als Informant fungiert, die konkrete Übersetzung im Fernsehen beobachteter aggressiver Handlungen wird sicher durch andere Faktoren, z. B. die alltäglichen Erfahrungen mit aggressiven Handlungen beeinflusst. Wenn eine Person nicht daran gewöhnt ist, im alltäglichen Leben aggressiv zu handeln, dann wird sie nicht ohne weiteres aggressive Handlungen aus dem Fernsehen übernehmen.«[22]

Insgesamt zeigen die Forschungsergebnisse zum Thema »Gewalt und Fernsehen«, dass ein komplexes Bild besteht und dass direkte kausale Zusammenhänge nicht aufgestellt werden können (Moser 2000, S. 165ff.). Fest steht aber wohl, dass vor allem Kinder aus schlechten sozialen Verhältnissen durch Gewaltdarstellungen im Fernsehen besonders gefährdet werden können (Myrtek/Scharff 2000, S. 33f.).

3.2 Das neue Curriculum – virtuelle Wirklichkeiten

Dass das Fernsehen Bilder von Gewalt in die Wohnstube bringt, ist fraglos ein wichtiger problematischer, wenn auch ein nicht zu dramatisierender Aspekt des Fernsehens, wie die *Wirkungsforschung* belegt.[23]

Wichtiger erscheint uns aber, dass mit dem Fernsehen sich der Modus der Aneignung symbolischer Kultur selber verändert. Das ist eine einschneidende Veränderung des Sozialisationsprozesses. Wie Winn und Postman entdeckt haben, geht vom Fernsehen eine Tendenz aus, die *ikonische* Aneignungsweise vor der *verbal-argumentativen* zu bevorzugen.

Das Bild eines Menschen, beispielsweise eine Fotografie, ruft die Erinnerung dieses Menschen hervor, weil das Bild dem Menschen selber analog ist. Das Bild kann kleiner oder größer sein, als der Mensch tatsächlich ist, oder selbst eine andere Farbe haben, aber es bleibt genügend Ähnlichkeit mit der Struktur der bildlichen Wiedergabe, sodass man versteht, was wiedergegeben wird. Demgegenüber ist die Wortkultur wesentlich abstrakter in dem Sinne, dass sie keine natürliche Korrespondenz aufweist. Das Wort Mensch hat weder in gesprochener noch in geschriebener Form irgendeine innere Beziehung zu dem, für das es steht. In diesem Falle ist die Verbindung von der symbolischen Form und der Sache, die sie repräsentiert, künstlich. Man kann nicht von vornherein wissen, worauf sich das Wort Mensch bezieht, man muss dazu den semantischen Schlüssel besitzen. Man muss außerdem die Struktur kennen, durch die die Wörter mit anderen Wörtern verbunden werden. »Ein Mann tötet einen Bären« meint das Gegenteil von »Ein Bär tötet einen Mann«.

Alle Systeme analytischer Symbole bestehen aus kleinen Bedeutungseinheiten, die in unterschiedlichen Zusammenhängen und Positionen kombinierbar sind. In analytischen Systemen müssen Bedeutungen zumindest relativ kontextfrei sein; nur deshalb sind Lexika möglich. Wörter repräsentieren nicht die Wirklichkeit, sondern Ideen darüber. Das ist auch der Grund dafür, dass analytische Kommunikation paraphrasierbar ist, ikonische jedoch nicht: Indem man andere Wörter benutzt, kann man immer umschreiben, was jemand anders gesagt hat. Bilder, Landkarten und Fotografien sind nicht auf Vokabular reduzierbar und deshalb auch nicht komplett »übersetzbar«. Die Bedeutung einer Linie ist vollkommen abhängig von dem Kontext, in dem sie erscheint. Sie ist somit Gefangener dessen, was in der Realität dargestellt ist. Ikonische Symbole verfügen nicht über Bedeutungseinheiten, die in der Konstanz oder Tragfähigkeit mit analytischen Systemen zu vergleichen wären.

Ikonische Formen sind eben keine Ideen. Ein Bild muss man platterdings erfahren, um es zu erfahren. Das symbolische Ereignis muss genau in der Form aufgenommen werden, in der es existiert. Eine direkte Übersetzung ist nicht möglich, weil es keine Idee darüber gibt. Wenn man eine unterschiedliche Form zur Mitteilung der Bedeutung benutzt, ändert man die Bedeutung. Beispielsweise kann man kein Bild eines Mannes benutzen, um das Bild eines anderen Mannes zu repräsentieren. Jedes Bild ist einzigartig und ruft nur ins Bewusstsein, was es darstellt. Das ist so, weil ein Bild konkret und spezifisch ist. Das ist auch der Grund dafür, dass es kein Bild von den Begriffen »Mensch«, »Arbeit« oder »Schule« geben kann; es kann nur Bilder von spezifischen Menschen, Arbeiten oder Schulen geben. Und diese Bilder sind mit Worten nicht vollständig zu beschreiben, auch nicht mit Tausenden von Wörtern auszuschöpfen. Wortkultur ist eben eine besondere Form der Abstraktion, die einen besonderen Modus intellektueller Fähigkeiten verlangt.

Fernsehen besteht als Bilderkultur. Pointiert gesagt besteht das Fernsehcurriculum aus Bildergeschichten, die die Gefühle mehr als den Verstand ansprechen und an unreflektierte Reaktionen appellieren. Ein Bild kann zwar mehr als hundert Worte ausdrücken, verlangt aber kaum zu abstrahieren und keine Vorstellungskraft. Was geschehen wird, muss schlicht geglaubt werden oder es wird abgelehnt. Die Gesamtheit des Bildes spricht für sich. Ein Beispiel: Wir lesen einem Kind ein Märchen vor, in dem z. B. ein Prinz vorkommt. Der Prinz wird zwar beschrieben – meist als jung und schön – doch versucht das zuhörende Kind, sich im Kopf vorzustellen, wie dieser Prinz in Wirklichkeit wohl aussehen könnte. Würde dieser Prinz in einem Märchen im Fernsehen vorkommen, bräuchte das Kind als Zuschauer solche Anstrengungen nicht zu

unternehmen. Das Bild des Prinzen wird rein visuell wahrgenommen und es bedarf keinerlei aktiver Umsetzung oder Übersetzung.
Gewöhnen sich Kinder schon im frühen Lebensalter an die Aneignung der symbolischen Kultur als Bilderkultur, könnte das – vor allem bei »Dauersehern« – die Entwicklung kognitiver Funktionen, wie z. B. der Phantasie, hemmen.
Zur Begründung, dass dieser Hinweis nicht eine bloße Behauptung ist, lehnen wir uns an das Entwicklungsmodell von Piaget und Bruner[24] an, mit dem sich vier Aneignungsformen unterscheiden lassen:

I. Eine *enaktive* Aneignung. Sie herrscht im Säuglingsalter vor, in dem Worte und Bilder noch keine Rolle spielen. Die Aneignung der Umwelt läuft hier über die zuwendende und nahrungsgebende Bezugsperson.
II. In der Phase, in der die *ikonische* Aneignungsform vorherrscht, nimmt das Kind bildlich Dargestelltes mit dem Auge wahr, wobei jedoch keine eigenständigen Denkprozesse angeregt werden. Das Wahrgenommene steht für sich, es ist nicht paraphrasierbar und seine Elemente können nicht alleine stehen; erst der Kontext macht das Bild verständlich. Um das Bild zu erfassen, braucht man es nur anzuschauen.
III. Im Schulalter finden wir die *verbal-analytische* Aneignungsform symbolischer Kultur. Sie ist wesentlich abstrakter als die ikonische und verlangt ein hohes Maß an intellektuellen Fähigkeiten. Wissen wird durch Worte vermittelt.
IV. Auf der Grundlage von ikonischen und verbal-analytischen Rezeptionsfähigkeiten können weitere Problemfelder theoretisch erfasst und eingeordnet werden. Diese Entwicklung verläuft als *kategoriale* Aneignung von Kultur. Eine Aneignungsform, die insbesondere in der Hochschule gefordert wird, z. B., wenn bestimmte Dinge sofort in Kategorien eingeordnet werden sollen.

Diese Stufen können laut Piaget nicht übersprungen werden.

Die problematische Seite des Fernsehens liegt nun darin, dass es die verbal-analytische Aneignung von symbolischer Kultur zurückdrängt und die ikonische dominieren lässt. Anders ausgedrückt: Die Bilderkultur verdrängt die Wortkultur.

Davon sind aber nicht nur die traditionellen Kulturtechniken Lesen und Schreiben betroffen. Fernsehen als Alternative zur linearen und dialektischen Logik des gedruckten Wortes beeinträchtigt mehr und mehr auch die Wahrnehmung nicht medialer Wirklichkeit. Fernsehbilder dienen als Grundfolie, mit der die Wirklichkeit erfasst wird. So kann es dazu kommen, dass z. B. Kinder, die mit ihren Eltern am Urlaubsort ankommen, sich umschauen und verkünden: »Guck mal Mutti, das sieht ja aus wie im Fernsehen!«

Der Fernsehapparat scheint eine eigene Wirklichkeit abzubilden, aber es ist eine Wirklichkeit aus zweiter Hand. Diese Gefahr formulierte schon Mander vor etlichen Jahren zugespitzt wie folgt:

> »Weil so viele von uns die Fernseherfahrung mit dem direkten Erleben der Welt verwechseln, bemerken wir nicht, dass das Leben selbst zu einer einzigen Erfahrungsweise verengt und vereinheitlicht wird: dem Fernsehen.«[25]

In der Tat – Fernsehen ist für heutige Kinder ein ständig vorhandener Bezugspunkt, der ihnen zur Weltdeutung dient. Es bleibt ihnen aber verborgen, dass es eine künstliche Weltproduktion ist und Fernsehen vor allem auch ein unzutreffendes Bild der sozialen Wirklichkeit vermittelt (Myrtek/Scharff 2000, S. 39ff.). In der zukünftigen Entwicklung wird die Künstlichkeit der Welt vermutlich noch dominanter. Mit »virtuellen Realitäten« entstehen Wirklichkeiten eigenen Zuschnitts. Die künstlichen Räume von Cyberspace vermitteln die Illusion, man befände sich mitten in einer Welt, anstatt bloß ein Bild zu betrachten. Mit »virtuellen Realitäten« werden wir zu Wanderern in simulativen Räumen – Zeiten und Grenzen werden verschwimmen.

Man kann nun entgegnen, dass dies ja erst in Spielhallen und Erlebniszentren stattfindet und dass die Kinder vor allem durch das Fernsehen ihren Erfahrungsraum ja auch erweitern. Wir haben darauf schon hingewiesen. Sie bekommen per Bildschirm Informationen, Bilder und Nachrichten, so reichhaltig und vielfältig und farbig wie nie zuvor; und sie können sich selbst bedienen, sich selbst entscheiden. So gesehen ist Fernsehen zutiefst demokratisch:

»Alles ist für jeden (wer immer auch den Knopf bedient). Das Medium bedingt einen Zusammenbruch der Informationshierarchie, durch die jahrhundertelang – ebenso wie die Klassen – auch die Kinder auf ihre Plätze verwiesen wurden: die Dümmsten und Kleinsten auf die niedersten Ränge.«[26]

Auch wird es viele Kinder geben, die mit dem Medium Fernsehen sehr souverän umgehen und sich bei der Programmwahl Gedanken machen. Und fraglos richtig ist es auch, dass durch das Fernsehen viel gelernt werden kann. Aber dennoch – und das ist unser Punkt – bleibt die problematische Seite der Vermittlung bestehen.

Bestehen bleibt neben der Tendenz, Zeit zu binden und zu domestizieren – die Veränderung der Aneignungsweise von symbolischer Kultur:

Mit Fernsehen verändert sich der Modus der Aneignung symbolischer Kultur hin zur Bevorzugung ikonischer Rezeption.

Diese Rezeptionsweise greift auf andere Medien über. Oder umgekehrt formuliert: Durch die gleiche Vermittlungsform, nämlich durch die Dominanz von vorgefertigten Bildern aus zweiter Hand, orientieren sich auch andere Medien lediglich an einer ikonischen Aneignungsweise. Im nächsten Kapitel wollen wir deshalb einige für Kindheit relevante Medien vorstellen.

4. Kindermedien

Medien erlangten in der Sozialisation von Kindern eine stetig wachsende Bedeutung. Neben Büchern sind seit dem 2. Weltkrieg Comics, Schallplatten, Kassetten, Fernsehen, Videospiele, Heimcomputer, CD, Walkman und Gameboy getreten.

Aus der Vielfalt der Medien haben wir in diesem Kapitel exemplarisch vier ausgewählt. Anhand von Kinderbüchern, Comics und Tonkonserven wollen wir verdeutlichen, wie sich die Aneignung symbolischer Kultur verändert hat. Mit dem Internet stellen wir ein elektronisches Medium vor, das momentan den größten Zugangsschub erhält und verstärkt Eingang in den Kinderalltag aufnimmt. Wieweit sich Videospiele und Computer auf die kindliche Sozialisation auswirken, ist im Moment noch nicht abzusehen, einige Aspekte werden dennoch hierzu in Kapitel 5.4 erörtert.

4.1 Kinderbücher

Das klassische Medium ist das Buch. Nach einer neueren Befragung von Kindern im Alter von 6 bis 13 Jahren hat Lesen von Büchern einen relativ hohen Stellenwert. 15% lesen fast jeden Tag und 40% zumindest einmal in der Woche. Im Durchschnitt stehen in den Bücherregalen der befragten Kinder immerhin ca. 25 eigene Bücher. Dies sind in aller Regel Abenteuerbücher, Fantasygeschichten und Bücher zu Fernsehsendungen.[27] Speziell das für Kinder geschriebene Buch tauchte in Deutschland gegen Ende des 18. Jahrhunderts auf, also in einer Zeit, in der sich die bürgerlich-kapitalistische Gesellschaft formierte. Märchen und Abenteuerbücher nahmen im Bestand der Kinderlektüre zuerst eine recht geringe Stellung ein.

Den größten Bestand der Kinderlektüre nahmen (jedenfalls mengenmäßig) Bücher ein, die zur Vorbereitung auf die Rolle des erwachsenen Bürgers dienten. Da gab es bildhafte Darstellungen wie Bilderbögen oder Fliegende Blätter oder Moralgeschichten, wie sie heute noch vertrieben werden[28], z. B. Max und Moritz und natürlich der Struwwelpeter. Und tatsächlich gibt es auch heute kaum ein Kinderbuchregal ohne Struwwelpeter. Weil der Frankfurter Arzt Hoffmann kein geeignetes Bilderbuch für sein Söhnchen fand, malte und schrieb er selbst eines. Das war vor 135 Jahren: Aber auch heute ist der Struwwelpeter noch so etwas wie eine literarische Begleitung von vielen wirklichen Sozialisationsprozessen. Mit erhobenem Zeigefinger wird hier die Kontrolle in die »einsamste« Lektüresituation gebracht. Das zeigt, dass es zwar »Kontrollbücher« gibt, aber kein Kontrollvakuum. Der Bestseller, der auch in »Kontrollöchern« gelesen wurde, Struwwelpeter, ist ein gutes Beispiel.

Doch hat die Aneignung solcher Lektüre auch eine andere Seite. Ein Zitat von Peter Weiß aus seinem Buch »Abschied von den Eltern« macht es deutlich:

»Der Struwwelpeter, mit seinem buschigen Haarwald und den langen Fingernägeln, führte mir, zusammen mit seinen Genossen, alle meine eigenen Gebrechen, Schrecken und Gelüste vor. Die naiven und farbstarken Bilder waren Szenerien aus meinen eigenen Träumen, da waren die abgeschnittenen, blutigen Daumen und die riesige, aufklaffende Schere, die noch anderes abschneiden wollte, da war der Suppenkasper mit dem strengen, hageren Vater und der rundlichen Mutter, und seine Worte, meine Suppe ess ich nicht, nein, meine Suppe ess ich nicht, waren meine eigenen Worte, ich selber war es, der auf dem Stuhl hin und her schaukelte und beim Sturz das Tischtuch mit den Tellern und Gerichten in die Tiefe riss. Das war die Rache. Da hatten sie es für all ihr Zetern und Mahnen.«[29]

Auch wenn es Träume sein mögen, der Struwwelpeter wird hier nicht so genommen, wie er geplant war: nicht als Leitfaden zum erwünschten Verhalten, sondern als Verstärkung von Rachegefühlen, als Hilfe gegen unterdrückende Erziehung. Dazu ist Lesen, dazu sind Bücher allemal gut. Kinder nehmen also nicht alles wie ein Schwamm auf, dies ist ja unsere Eingangsthese, sondern formen um, und zwar zu ihren Nutzen.

Es gibt natürlich auch Bücher, die von vornherein Kritik und Auflehnung fordern. So im F. K. Waechters Anti-Struwwelpeter:

»Darum sei nicht fromm und brav wie ein angepflocktes Schaf, sondern wie die klugen Kinder froh und frei. Das ist gesünder.«

Doch solche kritische Kinderliteratur ist Mangelware. Einmal davon abgesehen, dass sie vermutlich mehr von intellektuellen Erwachsenen gekauft und gelesen wird (das Buch Momo ist auch ein Beispiel hierfür), erreicht sie nur geringe Auflagenzahlen.

So genannte emanzipatorische Kinderbücher werden mit ca. 3 000 Exemplaren aufgelegt, die populären Beltz-Gelberg-Bände schon mal mit 20 000. Die Kinderkrimis von Enid Blyton sind dagegen schon 8 Millionen Mal verkauft. Und von den Schneiderbüchern werden jeden Werktag 40 000 Stück abgesetzt.

Mit diesen Auflagenzahlen nähern wir uns der Frage, was sich verändert hat, denn hinter den Zahlen steckt mehr. Für den Vertrieb eines Kinderbuches ist es nicht mehr bedeutsam, ob es mit seiner »message« (mediengerecht ausgedrückt) auf ein Erwachsenenleben vorbereitet, sondern dass hohe Auflagenzahlen erreicht werden. Das Kind wird hierzu als gegenwärtiger Verbraucher eingeschätzt. Eine Entwicklung, die mit den 60er-Jahren begann.

Die Großverlage führen präzise Marktanalysen durch und stellen sich auf den Geschmack einer bestimmten, aber breiten Zielgruppe ein. So produziert der Schneider-Verlag für 6- bis 14-jährige Leser mit Hauptschulbildung (vgl. Bauer/Hengst 1980, S. 195–217).

Auf den ersten Blick ist es ja nun gar nicht tragisch, dass die Auflagenzahlen steigen. Mit einem Mehr an Büchern ist ja nicht zwingend eine veränderte Rolle im Prozess kindlicher Sozialisation gegeben.

Doch wird es dann kritisch, wenn davon ausgegangen werden kann, dass mehr Bücher immer weniger gelesen werden.[30] Dafür mag es zwei Gründe geben: Einmal sind heutige Kinderbücher anders als vor 30 Jahren und sehr viel anders als der Struwwelpeter; und es hat sich die Form der Aneignung symbolischer Kultur verändert. Beides muss erläutert werden.

Heutige Kinderbücher sind dünner geworden und in Anlehnung an die elektronischen Medien werden Fotos, comicartige Formen und viele »Action«-Elemente verwendet. Besonders nachgefragt und beliebt und mit hohen Auflagen gedruckt, sind Bücher, die deutlich an Fernsehsendungen erinnern bzw. Serien und Sendungen direkt beinhalten. Was Kinder dann in den Büchern erfahren, kenne sie zumeist schon.

Muss man sich bei Karl May oder Robinson Crusoe und zu den Geschichten aus 1001 Nacht noch lesend in eine völlig neue und unbekannte Welt versetzen, ist in den TV-nahen Kinderbüchern wegen der vorangegangenen Seherfahrungen die Phantasie schon besetzt. Das gilt mittlerweile auch für die »klassischen« Kinder- und Jugendbücher, wie die grade genannten, die schon ihre Fernsehkarriere hinter sich haben.

Die TV-nahen Kinderbücher werden nun oftmals, wie beobachtet wurde, nur durchgeblättert und auf bekannte Bilder hin untersucht; Erinnerungen an die Fernsehbilder werden wach. Durch solche optisch strukturierten Erinnerungen werden Möglichkeiten eingegrenzt, etwas umzudeuten oder Neues hinzuzuerfinden.

Manchmal werden die Bücher auch nur gesammelt. Was sich seit der Einführung des Fernsehens entwickelt hat, nämlich

– eine Veränderung des Modus der Aneignung symbolischer Kultur
– und eine Dominanz einer zerstreuten und visualisierten Wahrnehmungsdisposition,

schlägt sich in den Büchern und den Lesegewohnheiten nieder.

Schneider-Bücher werden mit reduziertem und vereinfachtem Wortschatz, mit simpler Grammatik in einer Text-Bild-Form produziert. Sie entsprechen damit diesen Veränderungen und garantieren einen guten Absatz.

Gekauft werden Bücher zwar in vermehrter Anzahl, aber gelesen wird weniger und vor allen Dingen anders: unkonzentrierter und zerstreuter, mehr mit dem Blick auf das Bild der nächsten Seite als auf den Text davor. Dass weniger gelesen wird, bestätigt auch der folgende Interviewausschnitt:

Katja:	Also gelesen habe ich nicht viel. Ich sollte nämlich immer lesen. Mir wurden laufend Bücher geschenkt und – und dafür musst du dich interessieren und das war noch nicht so – entweder diese Märchenbücher – Enid Blyton die, ich weiß nicht, ich mochte sie nicht. Ich hatte sie auch noch gar nicht gelesen und ich mochte sie nicht. Ich kann auch nicht so ganz erklären, warum nicht, aber mir wurde da manchmal so erzählt, was da so drin stand, so von anderen jetzt da, so im Kindergarten oder in der Klasse und – so mit den Märchen kam ich auch nicht so ganz klar –
Interviewer:	Und was habt ihr gelesen? – Also hat das Lesen überhaupt eine Rolle gespielt?
Markus:	Ich hab nichts gelesen. Ich hab nur Bücher gelesen, wo Bilder drin waren.

Aber auch hierzu sind Gegentrends beobachtbar. Die seitenstarken Ausgaben von »Harry-Potter« machen deutlich, dass Kinder Bücher auch ohne Fernsehvorgaben regelrecht »verschlingen« können. Sicherlich werden die Harry-Potter-Bücher klug vermarktet, doch für viele medienkritische Pädagogen zeigt sich in deren Erfolg, dass Kinder nach wie vor in der Lage sind, sich lesend in eine Phantasiewelt zu versetzen.

Unsere Kritik darf auch nicht so verstanden werden, dass wir Bilder ablehnen. Auch eine Illustration kann erzählen, Bilder sind »lesbar« und vermitteln vielen, die noch nicht lesen können, wichtige und spaßige Zusatzerfahrungen.

Aber es besteht die Gefahr, dass sie dann umso abhängiger von den »laufenden Bildern« werden. Können sich Kinder den Drohungen im Struwwelpeter noch entziehen, wie Peter Weiß erzählte, bei fernsehstrukturierten Bildern sind eigene »Umbauten« der Botschaft schwerer möglich. Das liegt auch mit daran, dass die Fernsehwirklichkeit für wirklicher als die selbst erlebte gehalten wird.

Überhaupt ist der Struwwelpeter für Fernsehkinder auch gar nicht mehr notwendig. Ihnen braucht die Geschichte vom Zappel-Philipp nicht mehr vorgehalten zu werden. Im Rausch von 1 200 Einstellungen in der Stunde kommt kaum ein Kind mehr auf die

Idee zu gaukeln, schaukeln, trappeln und zappeln. Wirkungsvoll übernimmt der Fernsehapparat die Kontrolle, die vormals das disziplinierende Kinderbuch einnahm.

Fassen wir kurz zusammen: Vor allem zwei Aspekte sind als Veränderung festzuhalten:

– Der vom Fernsehen ausgehende veränderte Modus der Aneignung symbolischer Kultur, der ikonische Modus, erfasst auch in zunehmendem Ausmaß die Aneignung von Kinderlektüre sowie deren inhaltliche und äußere Gestaltung.
– Die vormals vom Kinderbuch ausgehende Kontrolle (im Kinderbuch wurde vorgeführt, wie Kinder sich richtig verhalten sollen) übernimmt das Fernsehen. Aber nicht mit erhobenem Zeigefinger, sondern durch dessen Vermittlungsform, sozusagen als »weiche« Kontrolle.

4.2 Comics

Noch mehr Nähe zu einer dominierenden Bilderkultur hat ein modernes Druckerzeugnis: die Comics, die weitaus beliebteste Unterhaltungslektüre von Kindern. Zahlen demonstrieren es deutlich: In der Altersgruppe von 6 bis 13 Jahren lesen 41% mindestens einmal pro Woche einen Comic. Über 80% der Kinder kennen »Donald Duck« und »Mickey Mouse«, fast drei Viertel aller Kinder kennen die Abenteuer von »Benjamin Blümchen« als Comic.[31]

In einem Lexikon ist nachzulesen, was ein Comic ist: »Comicstrips – alle Formen der erzählenden Bildfolge, gewöhnlich mit begleitenden Untertiteln oder Dialogen in Sprechblasen (balloons) versehen« (Encyclopedia Americana).[32]

Am erfolgreichsten sind auch bei den Comics die im Medienverbund produzierten Stoffe, sei es Heidi oder Pinocchio. Aber auch wenn nicht direkt eine Fernsehserie als Inhalt vorliegt, sind Comics meist voll mit Anspielungen auf Fernsehsendungen und Quizveranstaltungen. Showstars werden zitiert oder parodiert, besonders variationsreich und auch intelligent in den Asterix-Bänden.

Bezugspunkt der Comics ist nicht die unmittelbar erfahrene Welt mit ihren Problemen und Konflikten, sondern die über Medien getragene Welt. Über Comics erhalten viele Kinder auch ihre Kenntnisse der geschichtlichen Fakten und technischen Dinge. Die Aneignung der Comicwelt ist für die Kinder sehr einfach, kennen sie doch schon die meisten Bilder aus irgendwelchen Sendungen. Außerdem ist die comictypische Bild-Zeichen-Schrift mit Lautmalerei leicht lesbar, was gerade Comics ein Publikum aller Altersstufen sichert. Der Comic-Konsument ist dabei jeder Leseanstrengung enthoben. Unter der Dominanz der ikonischen Aneignungsform symbolischer Kultur wird Lesen eine zerstreute und unspezifische Tätigkeit. Comics unterstützen diese Entwicklung und fördern eine Aneignung – und dies ist der eigentliche Skandal – die auf ein Abtasten nach bekannten und vertrauten Signalen reduziert ist, und zwar anstrengungslos. Die Comics sind hierzu so angelegt, dass Personen und Bilder vereinfacht gekennzeichnet werden, damit sie beim raschen und vorwärts eilenden Sehen dennoch entziffert werden können. Länger verweilende Gedanken, wie sie beim Schreiben oder Lesen möglich sind, werden durch die Bildfolge wenn nicht verhindert, so doch auf jeden Fall erschwert.[33]

Aneignung von Comics, so lässt sich zusammenfassen, wie auch von einem Großteil heutiger Kinderbücher, ist Aneignung einer Bilderkultur.

Damit ist nicht gesagt, dass heutige Kinder dümmer sind, weil sie weniger bzw. anders lesen. Sie gehen oftmals recht souverän mit den neuen Medien um und wissen auch zu ihrer Comicvorliebe etwas zu sagen, wie z. B. »… alles, was bei uns nicht geht, wird im Comic wahr gemacht«, eine Bemerkung eines Schülers in einer Unterrichtsstunde zum Thema Comics. Aber sie wissen auch genauer, was sie sich da kaufen: »Die schreiben das, um Geld zu verdienen«; »Die Leute sollen es immer wieder kaufen«; »Man soll neugierig werden auf das nächste Heft«; »Die Farben sind so auffallend, das soll einem gleich gefallen«; »Auch schöne Frauen sind immer dabei«. Und auch, warum der Held nie stirbt durchschauen sie: Denn dann wäre ja die Serie beendet.[34]

Wir meinen nicht, dass sich Kinder bewusstlos alles hineinstopfen – aber worauf wir hinweisen wollen, ist, dass mit der »weichen«

Kontrolle, mit der Mediensozialisation, mit der Veränderung der Aneignungsformen, es für Kinder schwieriger, manchmal unmöglich wird, sich zu wehren, Widerstand zu leisten.

»Durch tausendfache Wiederholung, Einübung, wird ›gelernt‹, dass ein Colt, ein toter Mann, ein davonreitendes Pferd zusammengehören, dass ein anständiger Mensch und saubere Wäsche sich ergänzen usw. – bis irgendwann der ›Konsument‹ bei einem Colt, bei sauberer Wäsche nicht mehr aus der eigenen Phantasie Bildfolgen weiterentwickelt, sondern auf die ›bekannten‹ Bildketten zurückgreift.«[35]

Dies ist nicht unbedingt ein überspitzter Kommentar zu einer Form von »weicher« Kontrolle durch Medien. Ein weiteres Beispiel soll diese Bedeutung der Medien illustrieren.

4.3 Kassette und CD

Fernsehserien bestimmen vielfach auch die Inhalte eines weiteren wichtigen Kindermediums, der im Medienverbund produzierten Kassetten und CDs.[36]

Als Zielgruppe wurden Kinder von der Tonträgerindustrie schon in den 50er-Jahren entdeckt. Aber erst seit 1968 mit der Einführung des Kassettenrekorders erreicht die Tonkonserve speziell für Kinder eine neue Qualität. Einen Rekorder besitzen Kinder oft schon, bevor sie schulpflichtig werden und seine Bedienung macht ihnen wenig Schwierigkeiten. Wie Fernsehgerät oder Videorekorder gehören Kassettenrekorder und CD-Spieler zum Standardinventar im deutschen Haushalt. Jedem dritten Sechs- bis Dreizehnjährigen steht auch ein eigenes Gerät zur Verfügung. Jedes zweite Kind hat sogar einen eigenen Walkman oder Discman.[37]

Fast die Hälfte der sechs- bis dreizehnjährigen Mädchen und Jungen hören täglich Kassetten, durchschnittlich 19 Minuten lang.[38]

Gekauft werden die Kassetten an den Wühltischen und in den Musikabteilungen der Kaufhäuser, aber auch in Spielzeugläden oder an der Tankstelle. Einige Buchhandlungen ergänzen auch ihre

Kinderbuchabteilungen mit Kassettenständern. So kann die Tonkonserve gleich passend zum Buch erstanden werden.

Produziert wird im Medienverbund; vorverkaufte Stoffe, deren Autoren und Helden schon bekannt sind, und zwar durch Fernsehen, Funk, Kino, Buch oder Comics. Beliebt sind Kinder- und Abenteuergeschichten, Grusel- und Gespenstergeschichten und zunehmend Krimis und Kriminalgeschichten.

Ca. 2 × 30 Minuten dauern diese Hörspiele mit Dialogen oder Quasidialogen, meist noch mit einem Erzähler, der überleitet oder Hintergrundinformationen liefert, auf jeden Fall aber mit den einfachsten Mitteln produziert.

Die Bearbeitungen sind schwer nachvollziehbar, wenn die Vorlage, also zumeist die Fernsehvorlage, nicht bekannt ist.

Auf dem Cover wird aber zumeist schon vermerkt, dass etwas angeboten wird, was auch auf dem Bildschirm im Fernsehen oder als Video zu finden ist.

Aber es sind nicht unbedingt die Inhalte, die die Tonkonserven so beliebt machen. Das wird deutlicher, wenn man Beobachtungen heranzieht, wie solche Hörspiele angeeignet werden.

Das erste Mal werden die Hörspiele mit gewisser Aufmerksamkeit angehört, d. h., sie werden auf Bekanntheit und Vertrautheit hin abgeklopft. Erfüllen sie die Erwartungen, bleiben die Kassetten in Gebrauch. Sie nehmen so eine Funktion als elektronische Geschichtenerzähler ein, jederzeit verfügbar und vor allem an jedem Ort (dies ist noch ein Vorteil gegenüber Videos). Mädchen bevorzugen so genannte Funnys wie »Bibi Blocksberg« oder »Benjamin Blümchen«, die Spannung mit Spaß und Komik verbinden. Jungen haben dagegen eher eine Vorliebe für Action-, Krimi- und Abenteuerkassetten. Kassetten, die in der Kindergunst oben stehen, haben meist eine gradlinige Handlung, die von Action und Betriebsamkeit geprägt ist.[39]

Viele Kinder drücken aber auch den Startknopf ihres Kassettenrekorders, um die Stille in ihrem Zimmer zu übertönen und um vergessen zu lassen, dass sie dort allein hocken. Wenn die Hörspiele zudem noch bekannt sind, also Vertrautes erklingt, wird hierdurch noch ein wenig Geborgenheit konstruiert. Mancher Pädagoge spricht deshalb nicht zu Unrecht von »Rillenomas«.

Solche synthetische Geborgenheit erfahren die Kinder schon sehr früh. Eine Mutter gab dem Babysitter ihres einjährigen Sohnes folgenden Tipp:

»Wenn er aufwacht und schreit, geben Sie ihm am besten die Flasche. Oft ist er nur durstig, sollte er sich aber nicht beruhigen, dann ist es ratsam, ihn ein bisschen im Zimmer herumzutragen. Gibt er sich damit auch nicht zufrieden, dann müssen Sie den Kassettenrekorder anstellen. Das hilft immer.« (Bauer/Hengst 1980, S. 113)

Eine solche Abhängigkeit von Geräuschen lässt sich ebenso bei älteren Kindern feststellen. Manche können ohne Geräuschkulisse aus dem Kassettenrekorder oder Radio kaum etwas machen.

Andere Kinder spielen Kassetten ab, um sich mit ihnen zu »unterhalten«. Sie sprechen bestimmte Passagen leise mit oder übernehmen bestimmte Dialogteile. Aneignung symbolischer Kultur nimmt hierbei eine Form *synthetischer Kommunikation* ein. Dagegen ist nichts einzuwenden, solange diese Art und Weise der Aneignung der symbolischen Welt, hier der Medienwelt, keine Einsiedlermentalität erzeugt. Die Ursachen dafür, dass Kinder isoliert und allein in ihrem Zimmer sitzen, sind ja nicht dem Kassettenrekorder zuzuschreiben. Einmal ist dieses Gerät eine Hilfe, ein Versuch, der Isolation Herr zu werden, zum anderen kann das Hörspielhören sehr schnell sozialen Kontakt stiften, dann, wenn es ein gemeinsames Bezugssystem bildet. Kinder schätzen es folgendermaßen ein: »Wenn einer nie Kassetten hören und fernsehen darf, der lebt ja dann ganz in einer Außenwelt«; »Die keine Kassetten haben, können ja nicht mitreden«; »Wenn einer keine Kassetten hört, dann kann er auch nichts in der Schule erzählen«.

Medien, hier die Kassetten, aber auch Kinderbücher und Comics, dienen auch als Grundlage für die »richtige« Kommunikation (auch gelesen wird ja erst einmal allein). Trotz alledem sind Kinder nämlich immer noch am liebsten mit Gleichaltrigen zusammen, sprechen über Gehörtes oder spielen es nach und durchschauen sehr wohl die Gemachtheit dieser Hörspiele.

Auch ist ihnen die Technik ihrer Apparate, mit welchen sie sich umgeben, recht vertraut. Glaubten Kinder in den 50er-Jahren vielleicht noch an »kleine Männchen« in den Radios im Wohnzimmer, so bauen heutige Kinder kompetent ihre Kassettenrecorder auseinander. Sie beheben ihren »Bandsalat« und sehen gleichzeitig wie simpel ihre Hörspiele abgespielt werden.[40] Die Technik wird so entmystifiziert, ob der Umgang mit den Medien, d. h. die Aneignungsformen selber, auch entmystifiziert wird, ist fraglich.

4.4 »Generation @« – Internet für Kinder

Das neueste Medium, das *Internet*, ist mittlerweile auf dem Weg, auch bei Kindern zu einer neuen Kultur der Kommunikation und der Informationsbeschaffung zu werden.[41] Die Frage ist auch häufig gar nicht mehr »Sollen die Kinder überhaupt ins Internet?«, sondern »Was wird ihnen dort geboten und was machen sie damit?«. Ein Angebot ist auf jeden Fall schon vorhanden und die von vielen interneterfahrenen Grundschullehrerinnen empfohlene Suchmaschine »Blindekuh« soll Kindern helfen, dass sie sich darin zurechtfinden (Die Zeit, 4.1.2001, S.49).

Trotz etlicher Kinderschutzprobleme eilt dem Netz ein relativ guter Ruf voraus. Das Internet repräsentiert nicht nur weltweit verknüpftes Wissen, sondern besitzt auch in pädagogischen Kreisen größere Akzeptanz als beispielsweise das Medium Fernsehen, setzt es doch einen aktiven Nutzer voraus, der einmal kompetent einen Computer benutzen, zum anderen im weltweiten Netz Wesentliches von Unwesentlichem unterscheiden muss. Die Medienwissenschaftlerin Sherry Turkle schwärmt geradezu von einer therapeutischen Wirkung des Internets (Turkle 1998). Nach ihrer Meinung liefert das Netz wertvolle Aspekte zur Selbstfindung, und zwar dadurch, dass in den virtuellen Realitäten des Netzes mit so genannten multiplen Identitäten experimentiert werden kann. Recht gelassen können dabei die Reaktionen der anderen studiert werden, da ja keine wirklichen Sanktionen zu befürchten seien. Erfolgreich erprobte Verhaltensweisen könnten dann nach und nach aus der Virtualität in das eigene wirkliche Verhaltensrepertoire übernommen werden.

Dies setzt voraus, dass Kinder sich in der virtuellen Kommunikation bewegen können, beispielsweise in Chatrooms (Schwatzräumen). Sind Kinder tatsächlich schon kompetente Nutzer des Internets? Zur Klärung dieser Frage wollen wir zuerst einmal einige Daten aus der Medienforschung erörtern. Für die Nutzung des Internets muss natürlich ein Computer vorhanden sein. Ca. 13% der 6- bis 13-jährigen Kinder besitzen bereits ein eigenes Gerät, ca. 50% der 6- bis 17-jährigen Kinder und Jugendlichen haben die Gelegenheit, den Zugang im elterlichen Haushalt zu bekommen.[42] Damit ist aber nicht automatisch die Nutzung des Internets verknüpft, denn nach aktuellen Erhebungen verfügten 1999 erst 8% der Haushalte mit 6- bis 13-jährigen Kindern einen Online-Anschluss.[43] Diese Quote steigt allerdings rapide an. Angesichts dieser Datenlage kann das Internet noch nicht als Alltagsmedium heutiger Kinder bezeichnet werden – auch wenn Zugangsmöglichkeiten außer Haus bestehen (bei Freunden, immer häufiger auch in der Schule) und viele Kinder auch gerne online gehen würden. Wie die folgende Abbildung zeigt, sind es zurzeit vor allem Jugendliche, die Interneterfahrungen aufweisen.

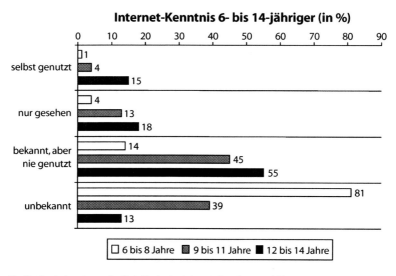

Quelle: Deutsches Jugendinstitut: Kinder im Internet: Angebote und Nutzung. http://www.dji.de/www-kinderseiten/angebot.htm Dezember 2000

Diese Daten machen deutlich, dass das Internet erst auf dem Wege ist, die Freizeit von Kindern zu füllen. Dennoch ist es für das Nachdenken über mögliche Auswirkungen auf den Kinderalltag wichtig, die jetzt schon bekannten Nutzungsarten zu kennen. Die Frage lautet: Was machen Kinder mit dem Internet? Die nächste Abbildung gibt darüber Aufschluss.

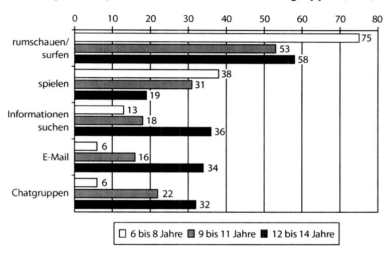

Quelle: Deutsches Jugendinstitut: Kinder im Internet: Angebote und Nutzung.
http://www.dji.de/www-kinderseiten/angebot.htm Dezember 2000

Nahezu alle Dienste, die das Internet anbietet, werden auch genutzt, den Schwerpunkt bildet das Surfen und Spielen. Dabei ist aber davon auszugehen, dass »Surfen« bei den jüngeren Kindern hier das zufällige Anklicken von Websites meint und nicht das kompetente Umgehen mit Internet-Suchmaschinen.[44] Dies ist auch ein Hinweis auf die momentanen und zukünftigen Akzente und Probleme des Internets. Soll es produktiv als Informations-, Kommunikations- und Gestaltungsmedium genutzt werden, müssen bestimmte Qualifikationen vorhanden sein. Hierzu gehört beispielsweise das Navigieren und Recherchieren im Internet mithilfe der schon genannten Suchmaschinen, aber vor allem auch die Ausbildung einer internetspezifischen reflektierenden Urteilskraft. Die Auswahl wesentlicher Informationen aus der Datenflut ist vergleichsweise einfach gegenüber der sehr viel komplexeren Bewertung der ausgewählten Informationen. Woher stammt die Information und ist sie seriös? Aus welchem Umfeld kommen die Autoren der Information? Usw.

Der beste Internetzugang nützt zudem gar nichts, wenn Kinder nicht gelernt haben, Audio-, Video- und Textdateien herunterzuladen, um sie anschließend auf dem eigenen Computer nutzen zu können. Neben einer weitgehenden Sicherheit im Lesen und Schreiben sind vor allem einige Englischkenntnisse notwendig, da selbst deutsche Angebote nicht selten in Englisch betitelt werden. Viele Kinder – 60% von befragten 6- bis 14-Jährigen – suchen deshalb die Hilfe von Erwachsenen, Freunden und Geschwistern.[45] Für einen kompetenten wie auch kritischen Umgang mit dem Internet deutet sich hiermit ein erheblicher Schulungsbedarf an – auch bei vielen Eltern und Lehrkräften. Der Ratgebermarkt hat schon mit einer stattlichen Zahl von Internetratgebern in Buchform reagiert. Dabei dürfen auch die Gefahren und Risiken, die im Internet auf Kinder lauern, nicht übersehen werden, seien es Gewaltdarstellungen oder das derzeit gehäuft auftretende Phänomen der sexuellen Belästigung und Nötigung via Internet.[46]

Kritiker warnen auch vor einer nachlassenden Kommunikationsfähigkeit in der Internetgemeinde. Inflationäre Kontakte im Netz bleiben oberflächlich und können beständige Beziehungen allemal nicht ersetzen. Im virtuellen Spiel auf der Bühne »Internet« ist die Gefahr groß, seine eigene Identität zu verlieren[47]. Zudem sei das Risiko recht hoch, dass die Heranwachsenden die Rückbindung der digitalen Information an die soziale Wirklichkeit verlernen, sie tauchen sozusagen ab in die Scheinwelt des Internets.

Jenseits der Diskussion, ob das Internet als Bereicherung oder als Bedrohung anzusehen ist und trotz der (noch) wenig spektakulären Nutzungsdaten ist anzunehmen, dass in Zukunft das Internet für Kinder ein Alltagsmedium werden wird. Dazu werden offensive Werbestrategien, sinkende Kosten, spezielle Webangebote für Kinder (wie www.geolino.de, www.kindernetz.de, www.kindersache.de u.v.m.) und schulpädagogische und freizeitpädagogische Projekte und Maßnahmen konsequent beitragen. Die Kindheitsforschung muss diese Entwicklungen hinsichtlich der Auswirkungen auf die Sozialisation konstruktiv wie auch kritisch begleiten.

5. Spielen und Spielzeug

Fernsehen, Comics lesen oder CDs hören sind Tätigkeiten, die von den meisten Pädagogen, aber auch von vielen Eltern als wenig nutzbringend oder sinnvoll beurteilt werden. Hingegen gilt Spielen als eine notwendige und wertvolle Tätigkeit. Vor allem Eltern aus der Mittelschicht achten oftmals darauf, dass im Spiel ihrer Kinder die Entwicklung von Initiative und Kreativität sichtbar wird. Arbeitereltern sehen das Spiel eher als »das gute Recht der Kinder, die Zeit totzuschlagen«. Man sieht: Hier gehen die Sichtweisen schon auseinander. Aber noch zahlreicher sind die theoretischen Bestimmungen des kindlichen Spiels. So dient z. B. nach Freud das Spiel dazu, ein Stück der Außenwelt dadurch zu bewältigen, dass ein vorher passives Erlebnis durch eine aktive Handlung im Spiel ergänzt wird. An anderer Stelle spricht Freud von halluzinatorischer Wunschbefriedigung.

Fröbel hält das Spiel für die »höchste Stufe der Kindesentwicklung, der Menschentwicklung dieser Zeit«. Das auslösende Moment von Spiel sei die »Funktionslust«, heißt es bei Bühler.[48]

Die Reihe der verschiedenen Spieltheorien ließe sich noch weiterführen[49], doch wir wollen konsequenter von unserem Sozialisationsverständnis ausgehen, das ja besagt, dass Sozialisation als Aneignungsvorgang zu verstehen ist. Unumstritten ist, dass das Spiel die dominante Tätigkeit im Vorschulalter ist. Die Tätigkeit »Spielen« beschreibt eine kindgemäße Art, sich die Umwelt anzueignen, die dingliche und die soziale. Die letztere Aneignung ist im Regelspiel recht gut erkennbar, wie z. B. Verstecken, Schnitzeljagd oder das Murmelspiel, welches Piaget untersucht. Indem die Kinder bestimmte Regeln einhalten (man will ja gerade gemeinsam spielen), üben sie auch soziale Verhaltensweisen, wie z. B. auf den anderen Rücksicht nehmen, dem anderen helfen oder sich für das gemeinsame Spiel einordnen. Die gemeinsame Planung und Leitung des Spiels prägen, jedenfalls für die Spieldauer, die Interaktion – eine Art freier Sozialbeziehungen.[50]

Spielen ist aber auch Aneignung der materiellen Welt. So hantieren Kinder mit Dingen wie einer Tasse oder einer Gabel herum, lange Zeit, bevor sie diese der Funktion gemäß handhaben. Sehr bald wollen Kinder aber nicht nur mit Dingen herumspielen, die ihnen unmittelbar zugänglich sind, sondern auch mit Gegenständen, die für sie unerreichbar sind. Kinder wollen dann mehr, als sie wirklich können. Dieses »Wollen« lässt sich mit Spielgegenständen realisieren. Sie können keine wirklichen Häuser bauen, also bauen sie mit ihren Bauklötzen. Im Spiel kann sich ein Kind einen Bereich der Umwelt aneignen, der ihm sonst nicht zugänglich ist, der Widerspruch zwischen Können und Wollen wird ein Stück gelöst. Gerade deshalb macht Spielen Spaß und Vergnügen.

Im Ergebnis führt eine solche Spieltätigkeit zu einer eingebildeten Situation: Mal wird aus den Bauklötzen ein Haus, mal ein Schiff, ein anderes Mal ein Eisenbahnzug. Im Spiel entwickelt sich Phantasie. Ein Kind, das nicht spielt, hat auch keine Phantasievorstellungen von irgendeiner Spielsituation. Es ist aber nicht der Zweck des Spiels, Phantasie gleichsam zu »produzieren«; auch wird der Zweck nicht von außen vorgegeben. Der Zweck liegt vielmehr in der Aneignungstätigkeit oder anders: Der Sinn des Spiels besteht darin, sich die Welt anzueignen und damit auch ein Stück Selbstbewusstsein zu erlangen. Diese allgemeine Bestimmung darf aber nicht darüber hinwegtäuschen, dass Spielen immer im historischen und schichtenspezifischen Rahmen konkretisiert werden muss, was im Folgenden deutlicher wird.

5.1 Spielen in der Nachkriegszeit

In der Nachkriegszeit wurde vermutlich nicht weniger gespielt als heute – aber es gab viel weniger Spielzeug. Wenn schon Spielzeug benutzt wurde, dann weniger vorfabrizierte Spielwaren, sondern Gegenstände, die erst durch das Entdecken und die Phantasie der Kinder zum Spielzeug wurden. Hierunter fiel praktisch alles, was der Haushalt hergibt, wie alte Uhren, Schreibmaschinen, Schuhkartons, Bindfaden, Tapetenreste oder was im Quartier aufzufinden ist, wie Kisten und Karren, Pfützen und sogar Pferdekot – zum Düngen des eigenen kleinen Gartenstückchens.

Biographische Kontrastinterviews mit um 1940 Geborenen im Vergleich mit nach 1960 Geborenen belegen durchgängig, dass die Kinder in der unmittelbaren Nachkriegszeit offenbar auch häufiger miteinander und in größeren Gruppen als heute spielten. In den Interviews wurden u. a. folgende Großgruppenspiele genannt, an denen 20 und mehr Kinder teilnahmen und die inzwischen selten geworden sind:

Herr C.: Der eine sprach irgendeinen Spruch zur Wand, und wenn er zur Wand guckte, mussten die anderen rennen, dann konnte er beliebig aufhören und drehte sich blitzschnell um. Und wen er dann noch beim Laufen erwischte, der wurde ausgetauscht mit ihm. Und wer als Erster eine bestimmte Ziellinie überschritten hatte, der hatte gewonnen.
Interviewer: Soziale Regelspiele mit 10 und mehr Leuten. Gibts die heute noch? Ich sags mal polemisch, dass viele Kinder heute allein oder zu zweit in einem Kinderzimmer sitzen, wo die Regale bis oben hin voll sind mit Klamotten und Spielzeug, aber ganz wenig mit Kindern spielen, schon gar nicht in Großgruppen.
Frau B.: Das liegt auch an der Fläche, dass man eingeschränkt ist.
Herr C.: Und an dem Ort, in dem man wohnt. Das spielt eine große Rolle.
Frau B.: Ich kann von mir aus sagen, wir haben also viele Mannschaftsspiele ... so Völkerball, Brennball, sowas haben wir gespielt. Also wirklich, da waren wir 20 Leute in den Mannschaften. Da ging das in der Straße und in den Nebenstraßen. Die waren fast gar nicht befahren und die ist heute eine Hauptverkehrsstraße.

Der Alltag der Arbeiterkinder, so ist aus weiteren Interviews zu erfahren, bestand in den ersten Jahren nach Kriegsende mehr aus Arbeit als aus Spiel: So wurde jedenfalls übereinstimmend in Interviews mit Arbeiterkindern berichtet. Charakteristisch für die geschilderten Spielerinnerungen von Arbeiterkindern ist Folgendes:

Herr E.: Im Krieg hatte ich Spielen nicht richtig kennen gelernt, und dann, nach dem Krieg, ging es gleich ans Geldverdienen. Wir waren eine Gruppe von Kindern unterschiedlichen Alters, oft mussten wir Jüngeren für die Großen arbeiten. Eisenrohre, Draht, Kupferrohre usw. aus den Trümmern holen. Manchmal, wenn wir Pech hatten, nahmen uns die Großen alles ab, ohne uns etwas dafür zu bezahlen. Aber das ließen wir uns nicht lange gefallen. Wir passten auf, wie die Großen ihre Sachen versteckten und klauten sie uns heimlich wieder zurück. Manchmal gabs dann Prügel für uns, aber die Großen wussten auch, dass sie mit uns nicht alles machen konnten. Eine andere Arbeit war für uns Steine klopfen, die wir dann karrenweise bezahlt kriegten. Auch dabei kamen wir auf Tricks, die aber hin und wieder entdeckt wurden, dann mussten wir uns wieder was anderes einfallen lassen. Gespielt haben wir zu der Zeit meist Fußball, mit einem Ball aus Stoffresten zusammengedreht, und im Winter Eishockey. Sonst kann ich mich eigentlich nicht an viel Zeit zum Spielen erinnern. Arbeit und Geldverdienen standen für die meisten Arbeiterkinder immer noch vor dem Spiel: Zeit zum Spielen musste »erschlichen« werden. Erst mit relativer materieller Besserstellung wurde den Kindern mehr Zeit zum Spielen eingeräumt. Fertiges, gekauftes Spielzeug war noch selten, dennoch waren die meisten Spiele möglich.

Herr F.: In den 50er-Jahren war für uns Kinder der Hauptspielplatz die Straße und der Hof. Obwohl das Haus, in dem ich wohnte, mitten in der Stadt stand, gab es in der Nähe noch Kornfelder, auf denen wir im Herbst Drachen steigen lassen und uns Buden aus Stroh bauen konnten. Die Hinterhöfe der Häuser standen allen Kindern der Straße zu Verfügung, nicht nur denen, die im Haus wohnten. Die Böden der Höfe bestanden aus festgetretenem Sand, der zwar bei Regenwetter so nass und matschig war, dass niemand trockenen Fußes ins Haus kommen konnte, aber für uns Kinder bot er natürlich gute Voraussetzungen für Spiele aller Art. Man konnte Hüpfkästen malen, ganze Wohnungen mit Bad und eigenem Zimmer, was niemand von uns besaß, entstanden schnell durch ein paar gemalte Striche. Auf diese Weise entstanden auch die Wohnungseinrichtungen. Der Boden eignete sich auch hervorragend dazu, Löcher zum Knickerspielen in ihn zu bohren, worüber die Erwachsenen meist fürchterlich schimpften. Und wenn die Erde vom Regen aufgeweicht war, konnten herrliche Deiche, Flüsse und Seen gebaut werden, auf denen wir selbst gebastelte Papierschiffchen fahren ließen. Ansonsten spielten wir auch Rollenspiele, wie z. B. Vater, Mutter, Kind – König und Königin mit Dienstboten, Bauernhof usw. Alle notwendigen Requisiten zu diesen Spielen stammten entweder aus dem Haushalt der Eltern, Decken, Geschirr, oder wir nahmen das, was wir gerade so fanden. Blätter vom Baum dienten uns als Fahrscheine, Geld, immer so, wie wir es gerade brauchten. Bis auf Puppen, Bälle oder selbst gebaute Holzwägelchen, besaß eigentlich keines der Kinder, mit denen ich spielte, Spielzeug, und doch konnten wir jedes Spiel spielen.

5.2 Spielen heute

Inzwischen sind – wie weiter oben gezeigt – die meisten Straßen unbespielbar geworden, ebenso zahlreiche Plätze, die jetzt Parkplätze sind. Straßenspiele, die vor 35 Jahren noch gang und gäbe waren, sind rar geworden. Hinterhöfe wurden technisiert, betoniert oder als Ziergärten benutzt; als »freie« Spielplätze spielen sie jedenfalls nur noch eine geringe Rolle.

An Stelle der freien Straßenspiele und Bastelaktivitäten sind Spielwaren aller Art in Hülle und Fülle getreten. Sie sind in der Regel vorfabriziert, auch wenn sie Aktivspielzeug genannt werden. Das führt zu Tendenzen

- des vereinzelten Spiels,
- des drinnen statt draußen Spielens (draußen spielen wohl bald nur noch Gastarbeiterkinder),
- der Pädagogisierung (als direkter Verweis auf den Lerneffekt),
- und vor allem des Verlusts an Eigentätigkeit.

Exemplarischer Fall: der Drachen.
Der Verlust an Eigentätigkeit ist von höchster sozialisatorischer Bedeutung. Denn aktive, auf Gegenstände bezogene Tätigkeit ist nach dem eingangs benutzten Ansatz der kultursoziologischen Sozialisationstheorie die Basis für die individuelle Aneignung gesellschaftlicher Erfahrung. Das möge ein Beispiel veranschaulichen:

Was ist der Unterschied, wenn einmal – wie früher – die Kinder einen Drachen selber bauen und zum anderen Kinder einen Drachen im Spielwarenladen oder in der Spielzeugabteilung eines Kaufhauses kaufen? Vermutlich ist die Differenz handlungstheoretisch die folgende: Beim Kaufen wird bloß konsumiert, rezipiert, getauscht; beim eigentätigen Basteln wird

- gelernt, d. h. angeeignet, manuell und kognitiv,
- mit anderen kooperiert, insofern vergesellschaftet gehandelt,
- die konstruktive Phantasie angeregt und
- Selbstbewusstsein unabhängig von der Anerkennung anderer erworben, nämlich in dem Ergebnis der Eigentätigkeit selbst.

Auch heute bauen Kinder ihre Drachen gelegentlich selbst. Dafür werden ihnen im Unterschied zu früher Bauanleitungen angeboten. Die Auswahl des Materials und jeder Handgriff sind dann vorgegeben. Zugleich wird mit der Bauanleitung für bestimmte Süßwaren geworben. Wollen Kinder nun auch noch die modernen Lenkdrachen in die Luft steigen lassen, ist es technisch überaus schwierig, sich einen solchen Drachen selbst zu bauen. Hier sind die Heranwachsenden auf vorfabrizierte Produkte angewiesen. Dies ist eine Entwicklung, die gleichsam Abhängigkeiten produziert.

In all dem Vorfabrizierten, Beschnittenen und Ausgegrenztsein versuchen Kinder sich dennoch für sich sinnvoll einzurichten. Beliebt sind z. B. Ampelspiele: Fußgängerampeln werden betätigt;

doch wird nicht bei »Grün« die Straße überquert, viel aufregender und prickelnder ist es, loszurennen, wenn für die Autofahrer »Gelb« signalisiert wird. Ärgerliche Fahrer geben dann Anlass für viel Heiterkeit bei den Spielenden. Mit solchen Spielen wehren sich die Kinder in einer durchorganisierten und verbauten Welt, genannt sei hierbei auch das »Fahrstuhl-Blockier-Spiel« in Hochhäusern. Kinder bauen so ihre Umwelt für sich um, nehmen die Ampel oder den Fahrstuhl nicht in deren geplanten Gebrauchszusammenhang, sondern als Spielgegenstand.

Die für sie extra bereitgestellten Spielbereiche, die Spielplätze, lassen sie häufig »links liegen«, wenn sie eine bessere Alternative haben. Kein Wunder, was sollen sie in diesen Reservaten auch unternehmen? Für Ein- bis Siebenjährige konzipiert, sind dort üblicherweise Sandkästen, Rutschen, Klettergerüste und Schaukeln vorzufinden (vgl. C. Heide, 1981, S. 72). Auf solchen Plätzen können Kinder

> »... – und müssen – immer nur das Gleiche machen: raufklettern, runterrutschen, raufklettern, runterrutschen, raufklettern, runterrutschen. Oder: hinschaukeln, herschaukeln, hinschaukeln, herschaukeln, hinschaukeln, herschaukeln. Oder: raufklettern, runterklettern, raufklettern, runterklettern, raufklettern, runterklettern« (ebenda S. 73).

Die Aktivitäten an den Geräten dauern in der Regel nur ca. zehn bis zwanzig Minuten, danach wenden sich die Kinder anderen Spielen zu, z. B. Fang- oder Sandspielen. Die Unattraktivität der Spielplätze wird noch dadurch verstärkt, dass eine große Anzahl dieser Reservate bereits zwanzig bis dreißig Jahre alt sind und nicht den aktuellen Spielvorstellungen heutiger Kinder entsprechen.

Dabei wollen Kinder ganz etwas anderes, wie z. B. eine Umfrage bei 1662 Kindern ergeben hat: eine richtige Wiese, Wasser zum »Mantschen«, alte Autos, Hütten, Öfen oder Werkzeug (vgl. ebenda).

Auf manchen Abenteuerspielplätzen finden sich ja solche Voraussetzungen. Abenteuerspielplätze sind eine sehr widersprüchliche Angelegenheit und nicht unbedingt die Lösung der Spielmisere, worauf wir noch zurückkommen müssen.

Es sei einmal pointiert zusammengefasst:
Die Möglichkeiten zur eigentätigen Aneignung der Welt werden enger gesteckt und damit auch die Möglichkeiten für Kinder, sich selbst zu gehören.

5.3 Spielwaren

Vorfabrizierte Aneignung wird besonders beim Spielzeug deutlich. Eine spezielle Spielwarenproduktion gab es im Spielzeug-Pionierland Deutschland erst im 19. Jahrhundert im Zusammenhang mit der Entwicklung der bürgerlichen Kleinfamilie.

Der heutige Spielzeugmarkt ist fast unübersichtlich (in einem »normalen« Spielzeugladen gibt es ca. 20 000 Artikel) und laufend gibt es neue Trends.

Wir wollen uns an dieser Stelle einmal Spielwaren betrachten, die nicht so häufig in den Spielpädagogik-Fachzeitschriften oder in anderen Veröffentlichungen zum Thema Spielzeug auftauchen: Plastikspielzeug und so genanntes Billigspielzeug in Überraschungseiern und Kaugummiautomaten.

Zwei Macharten von Plastikfiguren haben vor allem Furore gemacht: die roboterähnlich stilisierten Plastikmännchen einmal der Serie »Playmobil« bzw. »Play-Big« und die so genannten Abenteuer- oder Aktionsfiguren wie »Action-Team«, »Big Jim«, »Lone Ranger« oder die »Turtles«.

Was bei den Figuren, die mit nachhaltigem Erfolg verkauft werden, als Erstes auffällt, ist die Verkaufspräsentation. Wo man beim Kauf auch anfängt, sofort existiert ein Labyrinth von Zusatz- und Folgekaufmöglichkeiten. Mit einer perfekt ausgeklügelten Marktstrategie wird ein Männchen dieser »Play«-Systeme einzeln oder als Gruppenausstattungspaket angeboten, mal als Ritter, mal als Indianer oder als Feuerwehrmann, alles mühelos auswechselbar.

Das »Basis-Männchen« kann per Federschmuck und Kleidung oder Polizeiuniform in die jeweilige Rolle verwandelt werden. Nur der Haken ist: Wer seine Figur umgestalten will, muss ein komplettes Paket kaufen, mitsamt dem »Basis-Männchen«, das eigentlich gar nicht mehr benötigt wird.

Ganz offen und unverblümt heißt es da in »Das Spielzeug«, einer Fachzeitschrift des Spielzeughandels: »Außerdem gibt es die ständig wachsende Serie an Zubehör, die dafür sorgt, dass die Ladenkasse noch lange nach dem Kauf der Gelenkmodelle klingelt!« Auch die Produktion im Medienverband ist hier wieder wirksam. Vor allem über Privatsender werden Figuren wie He-Man, B. A. vom A-Team oder die Turtles bei den Kindern – hier insbesondere Jungen – bekannt und dann in allen Variationen gekauft. Viele Ausstattungspakete hängen mit diesen Fernsehserien oder Filmen zusammen, wobei dann eine ganze Szenerie zusammengekauft werden kann. Ähnlich wie bei den anderen schon angesprochenen Kindermedien ist auch hier die Phantasie durch Film und Fernsehen vorstrukturiert. Zudem wird sie auch noch von den vorgegebenen Ausstattungen bestimmt. Die Sets brauchen so nicht unbedingt Fernsehinhalte vorzugeben, doch die Spielabläufe werden auch hier durch szenische Abläufe, durch Szenenanweisungen bestimmt.

Die Spielzeugproduzenten sehen das natürlich ein wenig anders; so die Firma MATTEL:

»Unsere kleinen Abenteurer sind manchmal ganz schön ›männlich‹. Wenn sie in ihrer eigenen Welt von Abenteuern träumen. Und wenn sie diese Abenteuer mit einer richtigen Abenteuerfigur nachspielen können – dann sind ihrer Phantasie keine Grenzen gesetzt.«[51]

Das ist freilich Verkaufsideologie, denn die vorgegebene Phantasie ist dann zu Ende, wenn das notwendige Ergänzungsset für die Situation fehlt.

In einem anderen Text der Firma BIG mit der Überschrift »Humanisierte Spielwelt« heißt es sogar:

»Es ist uns gelungen, die Spielwelt der Kinder zu humanisieren, den Menschen in den Mittelpunkt zu stellen (das Play-Big-Männchen). Das umfangreiche Zubehör ermöglicht nicht nur berufsbezogenes Spielen, sondern auch berufserzieherische Aufgaben. Die Vielfalt der Berufswelt wird in verschiedenen Gruppen dargestellt. Die Kinder haben die Möglichkeit, ihre eigene Spielwelt zu entwickeln.«

Auch das ist vermutlich nicht der Fall. Das Play-Big-Männchen ist nur ein Akteur in einem vorfabrizierten Abenteuer, in einer diktierten Wirklichkeit.

Ein großer Vorteil dieser Männchen, was nicht unerheblich zum Verkaufserfolg beiträgt, ist, dass mit ihnen auch allein gespielt werden kann. Bei »Big Jim« verspricht es auch die Werbung: »Mit Big Jims Ausrüstungen könnt ihr jedes Abenteuer erleben. Allein oder mit euren Freunden.« Doch wenn Freunde da sind, wird Big Jim sehr schnell überflüssig, wie auch Sigrid Rinn feststellt:

»Sobald andere Kinder auftauchen, wird Big Jim unwichtig. Oder nach kurzer Beschäftigung zu zweit oder mehreren mit Big Jim geht das Spiel sehr schnell in eigene Aktivitäten über und Big Jim bleibt liegen. Auf das Land, mit ganz anderem Bezugsraum wird Big Jim zwar mitgenommen, aber nicht gebraucht. Selbst in Aktion, werden Actionfiguren für die Kinder überflüssig.«[52]

Es ist also eher anzunehmen, dass solche Bewegungspüppchen wie Big Jim oder andere aus der Playmobilserie die Zeit des Alleinseins füllen sollen. Sie bilden einen Ausgleich für fehlende interpersonale Kommunikation und Spieltätigkeit (Bauer, 1980, S. 139).

Für viele Kinder ist es aber auch eine Möglichkeit, mit Problemen selbst fertig zu werden, indem sie diese im Spiel mit den Figuren darstellen und bearbeiten. Die Figuren sind in solchen Situationen immer verlässliche Spielpartner.

Die hier angesprochene Puppe »Big Jim« ist auf Jungen ausgerichtet. Es gibt auch die weibliche Variante als System der Barbiepuppen, Blondinen, die kein Mädchen missen möchte.

Obwohl bei diesem Systemspielzeug Handlungen und Inhalte vorinszeniert sind, gehen die Kinder, wie beobachtet werden kann, auch eigenwillig und phantasievoll mit ihren Figuren um:

»So gibt es Kinder, die die Sets innewohnenden Spielverläufe lediglich vollziehen ... Dieselben Kinder jedoch lassen, wenn es in ihr Spiel passt, ein Polizeiboot von einem Piratenschiff überfallen, oder eine Ritterburg wird von ihnen zum Landeplatz für Hubschrauber umfunktioniert. Die betreffenden Kinder stellen damit nicht die Unkenntnis geschichtlicher

Tatsachen unter Beweis, sondern ihren Fähigkeit, mit den ihnen bekannten Informationen relativ unbefangen verfahren zu können.[53]

Ebenso widersprüchlich ist eine andere Kategorie von Spielwaren zu sehen, das so genannte Billigspielzeug, was insbesondere bei Arbeiterkindern eine große Rolle spielt.[54] Diese Gegenstände, meist aus Plastik, werden als Beigaben zu Süßigkeiten, Lutscherketten, Kaugummi usw. über Supermärkte, Eckbuden und Automaten vertrieben. Sehr beständiger Gunst erfreuen sich z. B. die Überraschungseier.

In einem Schokoladenei befinden sich kleine Anhänger, Kettchen, Figuren, Püppchen, Schiffe, kleine Flugzeuge, Reifen, Ringe, Mini-Wasserpistolen, aber auch zusammensteckbare Phantasietiere. Interessant an diesen Eiern ist, dass man vorher nicht weiß, was drinnen ist. Der Kauf ist quasi ein Lotteriespiel. Wenn Kinder gefragt werden, warum sie die Eier kaufen, dann heißt die Antwort: »Wegen der Überraschung.«

Diese Erwartung, etwas ganz Besonderes zu bekommen, verhilft auch den Automaten zum Erfolg, die Kaugummi und vor allem dazwischen, deutlich sichtbar im Guckfenster, Minifeuerzeuge, Totenkopfringe, Taschenmesser usw. enthalten.

Aber als Spielanlass oder als Spielmittel dienen diese Gegenstände, von Erwachsenen gerne als »Schundspielzeug« betitelt, selten. Das Wichtigste an diesen Gegenständen ist das Kaufen, die Kinder kaufen sie selbst.

Zum Spielen sind die Plastikgegenstände schon deshalb nicht zu gebrauchen, weil sie zu klein sind, zum anderen, weil sie oft unter den Händen zerbrechen. Verschleiß ist etwas Selbstverständliches.

Doch sind die Plastikdinger insbesondere deshalb so attraktiv, weil sie von Eltern und Erziehern verachtet werden und den Kindern zugänglich und verfügbar sind. Wie selbstverständlich gehen die Erwachsenen davon aus, dass sich dieses private Spielzeug der Kinder nicht mit den pädagogisch empfohlenen, didaktisch wertvollen Spielen verträgt. Dieses so genannte Billigspielzeug ist in manchen Schulen oder Kindergärten sogar ausdrücklich verboten, zumindest aber nicht gern gesehen.[55]

Es sei dahingestellt, wie »wertlos« diese kleinen Plastikgegenstände nun wirklich sind, mit einem Totenkopf oder einem Dino in der Hosentasche haben sich die Kinder ein Stück Selbstbestimmung erhalten. Solche Gegenstände haben sie dann bei allen Gelegenheiten, beim Essen und in der Schule, bei sich. Dass sie damit gar nicht spielen können, ist eine zweitrangige Sache; wichtig ist eher, dass diese Dinge in die Hosentasche passen. Damit gibt solches Billigspielzeug die Möglichkeit, sich der Kontrolle zu entziehen. Erwachsene sehen es viel lieber, wenn die Kinder beim Spielen »etwas lernen«. Die kleinen Plastikdinger aus den Schokoladeneiern oder aus den Kaugummiautomaten scheinen ihnen dafür nicht geeignet zu sein, Resultat der zunehmenden Pädagogisierung des kindlichen Spiels. Mit Billigspielzeug entziehen sich die Kinder der Forderung, im Spielen zu lernen, üben sich aber mit ihnen im schnellen Konsum. Dass die Plastikfiguren schnell kaputtgehen, wird als selbstverständlich hingenommen, mit wenig Geld sind schnell neue zu erwerben. Auch ein Effekt des Weges des Spielzeugs zur Spielware, wie er auch im Folgekauf-Training, z. B. der Playmobilsets, zu erkennen war und wie er typisch die Entwicklung von 1945 bis heute beschreibt.

Der Gebrauch der verschiedenen Spielfiguren und Billigspielzeuge mag von der Situation und von Gruppenzusammenhängen (in der Schulklasse, auf der Straße) abhängig sein, aber allgemein lassen sich für die Aneignungsformen zwei Trends aufzeigen:

- Das Beispiel »Big Jim«, Playmobil, Play-Big, illustriert den Trend zum vorstrukturierten, vorfabrizierten, mediatisierten Spielen.
- Billigspielzeug steht beispielhaft für den Trend des Konsumverhaltens einer neuen Wegwerf-Kinderkultur.

5.4 Computerspiele

Computerspiele sind seit Beginn der 80er-Jahre immer häufiger zum festen Bestandteil des Kinderalltags geworden. 1985 hatten bereits 90% der Jungen und 73% aller Mädchen im Alter von 12 bis 17 Jahren mit Computerspielen gespielt.[56]

Computer sind mittlerweile reichlich vorhanden. In über 40% aller Haushalte haben Kinder Zugang zu den Geräten, die in der Regel auch mit einem CD-ROM-Laufwerk ausgestattet sind.[57] Kinder, die zu Hause weder über einen Homecomputer noch über eine Telekonsole verfügen, haben mittlerweile an zahlreichen Orten Zugang dazu, sei es bei Freunden, in der Schule oder bei Verwandten, sodass von einer weitgehend flächendeckenden Verbreitung von Computern ausgegangen werden kann.

Was sind Computerspiele? Hierzu werden fünf Reinformen unterschieden (vgl. Petzold 2000, S. 43f.):

Abstrakte Denk- und Geschicklichkeitsspiele, z. B. Pingpong- und Wallbreakerspiele, Stapelspiele, Denklabyrinthe u. Ä. Von den spielenden Kindern werden vor allem Reaktionsschnelligkeit, Gedächtnisleistungen, feinmotorische und strategische Fähigkeiten verlangt.

Verbreitet sind vor allem die folgenden Spielformen:

• Kampfspiele, z. B. Abschieß- oder Kämpferspiele. Die Szenarios sind in der Regel futuristisch oder comic- und fantasyartig angelegt. Die Spieler müssen eine Bedrohung durch eigene aggressive Handlungen abwehren. Es liegt auf der Hand, dass diese Spiele besonders Jungen ansprechen.

• Funny-Games, z. B. Comic-Adventures und Funny-Denkspiele. Die Szenarios sind hier zumeist lustig und von den Spielenden werden Geschicklichkeit, Taktik und experimentelles Verhalten verlangt. Bei den Spielen sind einfache Lenkungsaufgaben bis hin zu komplexen Bewegungsanimationen möglich.

• Simulationen, z. B. Sportspiele, Autorennen, Gefechtssimulationen usw. Das Grundmuster dieser Spiele ist die Betonung des Realitätsbezugs. Von den spielenden Kindern werden vor allem Ausdauer und Ehrgeiz verlangt.

• Spielgeschichten wie Historiengeschichten, Science-Fiction- und Fantasygeschichten. In einer meist phantastisch angelegten Spielwelt geht es um die Entwicklung und Bewährung einer Spielfigur. Die Spielenden nehmen dabei aktionale und strategische Rollen ein.

In modernen Spielen werden diese Reinformen der Computerspiele häufig kombiniert und mit vielen verschiedenen Anforderungen versehen. Was ist das Faszinierende für Kinder an diesen Spielen? Vergleichen wir wieder einmal mit dem Lesen. Beim Lesen eines Buches braucht das Kind Zeit und Muße, um die Geschichte nach und nach rekonstruieren zu können. Beim Computerspiel wird das Wort überwiegend durch das Bild ersetzt, die Spieler sind sofort im Geschehen und – dies ist das Besondere im Vergleich zum Fernsehen und Kino wie auch zum Buch – sie können selbst eingreifen. Die Faszination des Computerspiels wird in diesem Zusammenhang deshalb auch oft handlungstheoretisch begründet. Kinder sind hiernach dem Reiz ausgesetzt, als kompetente, selbstständige Akteure spielerischer Handlungen bewirken zu können (ebenda, S. 46). Es geht nicht mehr lediglich um das geistige Miterleben, sondern die Spielfigur ist quasi der verlängerte Arm des Spielers. Das Faszinierende des Computerspiels kann aber auch in einem anderen Motivierungspotenzial liegen. Das Spiel kann als Austragungsort für bestimmte Konfliktstrukturen aus der Lebenswelt der Heranwachsenden verstanden werden. In dieser Sicht bieten Computerspiele Macht- und Konfliktlösungsmodelle an. Über die Wirkungen solcher Spiele wird gestritten, eine Gegenüberstellung von vermuteten negativen wie auch positiven Auswirkungen auf Kinder ist im Folgenden ersichtlich:

Vermutete Wirkungen von Computer- und Bildschirmspielen auf Kinder

Sensomotorischer Bereich
Positiv:
– Förderung motorischer Geschicklichkeit
– Förderung sensomotorischer Koordination
– Förderung zielgerichteter Reaktion
Negativ:
– Bewegungsdrang verkümmert
– körperlich-vitale Antriebe werden abgeschwächt
– weitere »Industrialisierung« der Wahrnehmung
– geringe ganzkörperliche Aktivität

Kognitiver Bereich
Positiv:
– Einübung in logisches und strategisches Denken
– Förderung von Phantasie
– Einübung in selbst steuerbare mediale Prozesse
– komplexe Sachverhalte lassen sich veranschaulichen
Negativ:
– aufgrund des Tempos keine Möglichkeit zur Reflexion
– Verlust qualitativen und ganzheitlichen Denkens zugunsten instrumentellen Denkens
– Verhinderung von Phantasie
– Bilder sprechen die rechte Gehirnhälfte an, die kritisch-rationale linke Hälfte wird umgangen

Emotionaler Bereich
Positiv:
– geduldiges, berechenbares Medium, das keinen Stimmungen ausgesetzt ist
– Aggressionsventil
– regt zu Erfahrungsaustausch über Emotionen an
Negativ:
– Gewöhnung an Gewalt, Aggressivitätssteigerung
– Flucht in Scheinwelten, im Extremfall Suchtgefahr
– allgemeine Gefühlsabflachung
– Stress bzw. Disstress wird erzeugt ohne adäquate Aktivitätsmöglichkeiten

Sozialer Bereich
Positiv:
– ermöglichen sowohl private als auch gemeinschaftliche Nutzungen
– regen zu sozialer Interaktion über das Medium an
Negativ:
– behindern Ausbildung kommunikativer Kompetenz
– intensive Zeitverbraucher
– verhindern andere Freizeitbeschäftigungen
– begünstigen soziale Isolation und Vereinsamung

(Aus: Fromme, J.: Abenteuer im Super-Mario-Land. In: Deutsches Jugendinstitut (Hrsg.): Was für Kinder. München 1993)

Seit einiger Zeit sind Kinder, die Computerspiele spielen wollen, auch nicht mehr an ein in der Wohnung gebundenes Gerät angewiesen. Mit dem »Gameboy« steht ihnen ein Handspielcomputer zur Verfügung, den sie überall mit hinnehmen können. 1991 kam dieses Gerät auf den deutschen Markt und verbreitete sich rasant. Mittlerweile sollen 30% der 6- bis 8-jährigen Kinder einen »Game-Boy« besitzen.[58]

Der Handspielcomputer setzt den Trend fort – ähnlich wie beim »Walkman« –, private Medien zum Mitnehmen zu entwickeln. Mediennutzung ist dann situationsunabhängig, Medien sind damit ständige Begleiter im Alltag.

6. Betreuung im Elternhaus und in außerschulischen Einrichtungen – Expertisierung der Erziehung

Nach unserem Verständnis von Sozialisation als individuelle Aneignung von materieller und symbolischer Kultur verläuft der Aneignungsprozess immer unter irgendeiner Art von Kontrolle. Diese Art können die Eltern, Nachbarn, Freunde und, wie in den letzten Kapiteln gezeigt, auch die Medien sein.

Die Dimensionen der Kontrolle wollen wir im letzten Kapitel dieser Kurseinheit einmal genauer untersuchen. Dazu werden wir nicht sämtliche Formen und Instanzen von Kontrolle heranziehen. Bei längerem Nachdenken wären dies wohl unzählige. Vielmehr werden wir Kontrolle untersuchen, wie sie sich pädagogisch, erzieherisch gibt. Wir wollen darstellen, wie sich die Kontrolle durch Betreuung verändert hat. Zur Konkretisierung haben wir zwei Bereiche ausgewählt: das Elternhaus und vorschulische Einrichtungen. Mit dem Elternhaus beginnen wir.

6.1 Wandel des elterlichen Erziehungsverhaltens

Die traditionelle patriarchalische Erziehung mit ihrer unnachsichtigen Strenge ist zu Recht in Verruf geraten. Die Nachkriegskinder erfuhren solche Erziehung noch zum großen Teil; sie wuchsen strikt autoritär auf. Heutige Eltern prügeln ihre Kinder weniger und sie zwingen ihnen nicht immer ihren Willen auf (vgl. hierzu Kurseinheit I, Kapitel 2.3).

Im Vergleich zu früher scheint der Erziehungsstil liberaler geworden zu sein. Das können Jugendliche, die um 1960 geboren wurden, bestätigen:

Helmut: Also ich bin auf jeden Fall offener erzogen worden und freier, glaube ich schon, ja, gerade so, glaube ich, auch was Sexualität betrifft.

Bastian: Also, da will ich das Gleiche sagen wie du, dass also die Erziehung heute allgemein freier ist und offener ist. Und weniger Zwänge und weniger was weiß ich.[59]

Auch in der Untersuchung des Jugendwerks der Deutschen Shell (Jugend '81) verdeutlicht sich der Wandel der Erziehung im Elternhaus:

Erziehungsstile im Elternhaus – Rückerinnerung der Erzogenen[60]			
Listenvorlagen	Antwortmöglichkeiten vorgegeben	Geburtsjahr 1954/55	Geburtsjahr 1964/65
	alle Jugendlichen	100%	100%
Wie würden Sie heute die Erziehungsweise Ihrer Eltern bezeichnen?	hart/streng und manchmal nicht gerecht	24%	14%
	streng, aber gerecht	31%	31%
	liebevoll, fast weich	16%	22%
	sehr unterschiedlich/ verschieden	31%	36%
Denken Sie einmal an die Zeit, als Sie noch keine 10 Jahre alt waren: Wenn Sie da eine Dummheit gemacht haben. Wie haben sich dann Ihre Eltern verhalten?	haben mich gewähren lassen	9%	8%
	haben geschimpft und gemurrt	46%	37%
	haben mich geschlagen	21%	9%
	haben gesagt, ich sei ungezogen	14%	19%
	haben mir ruhig erklärt, was ich für eine Dummheit gemacht habe	25%	33%

Die Akzente der Erziehung im Elternhaus verschieben sich offensichtlich von der strengen, autoritären Art zu einer sanfteren. Es wird mehr geredet und es werden weniger Ohrfeigen ausgeteilt.

Diese Entwicklung ist aber nicht durchweg als positiv einzuschätzen. Der folgende Interviewausschnitt macht es mit seiner darin ausgedrückten Ambivalenz deutlicher:

Gerda: Ja. Ich hab mir das die ganze Zeit überlegt. Ich hab da 'n ziemlich zwiespältiges Verhältnis dazu, weil manches, was ich negativ, was ich sehr negativ empfunden hab, natürlich auch sehr viel gebracht hat. Grad das, was ich vorhin angesprochen hab, dass ich keine Verbote gekriegt hab, sondern immer selber entscheiden musste und dadurch eben sehr früh gelernt hab zu argumentieren oder zu – auch mir die Sache zu durchdenken. Das Pro und Kontra abzuwägen. Aber natürlich 'n unheimlichen Hass geschoben hab auch auf meine Eltern insofern, als ich gedacht habe, wenn sie mir wenigstens verbieten würden. Dann könnte ich sagen, ihr habt mir nichts zu verbieten und ich mach einfach. Aber so musste ich mich immer für die Dinge entscheiden, für die ich mich eigentlich nie entscheiden wollte. Und insofern weiß ich nicht so genau.[61]

Kinder werden anscheinend von dem liberaleren Erziehungsverhalten der Eltern hin- und hergerissen, was aber auch ein Ausdruck der Verunsicherung seitens der Eltern ist. Denn diese wissen häufig nicht mehr, wie sie erziehen sollen. Kein Wunder bei all den neu formulierten Erziehungskonzepten, die genug Anlass für Irritationen bieten. In Hunderten von Elternratgebern ist nachzulesen und aus Elternschulen im Fernsehen ist zu erfahren, wie Kinder zu sein und was sie zu lernen haben und wie sie gefördert werden können.

In dieser Verunsicherung sind heutige Eltern häufig froh, wenn sie entlastet werden, z. B. durch Kindergärten.

6.2 Kindergärten

Kindergärten, die in der Vorkriegszeit schon relativ verbreitet waren, gab es in der unmittelbaren Nachkriegszeit so gut wie gar nicht. In den Jahren nach 1945 waren das Aufwachsen und das Spielen der Kinder wesentlich freier und unbeaufsichtigter als heute. Da es kaum Kindergärten gab, war das Spielen auch kaum von außen institutionalisiert. In gewisser Weise lässt sich diese Zeit auch als eine »pädagogikfreie« beschreiben, denn auch die Mutter, wie schon zu erfahren war, hatte ja meistens keine Zeit, sich um die Kinder zu kümmern. Die Kinder in der unmittelbaren Nachkriegszeit waren deshalb fast unbeaufsichtigt, auf jeden Fall ohne systematische und pädagogisch bedachte Betreuung durch Erwachsene. Diese sozusagen wildwüchsige Kindheit veränderte sich aber rasch. Abzulesen ist dies z. B. an der Entwicklung der Kindergärten. 1950 betrug der Anteil der 3- bis unter 6-Jährigen mit Kindergartenplatz bereits 31%. Dieser Anteil stagnierte bis 1962 bei 33%, er betrug auch 1971 noch 41% – und erst der rapide Geburtenrückgang ermöglicht seit Mitte der 70er-Jahre eine bessere Versorgung mit Kindergartenplätzen.[62] Auch hier sind noch einige Sozialgruppen im Kindergarten unterrepräsentiert, vor allem die jüngsten Kinder.[63]

Nach Mitteilung des statistischen Bundesamtes gab es Ende 1998 in Deutschland 3,1 Millionen Betreuungsplätze, an der Spitze – mit 2,5 Millionen – der »klassische« Kindergarten. Rein rechnerisch hatten damit 90% der 3- bis unter $6^1/_2$-Jährigen die Möglichkeit, einen Kindergarten zu besuchen. In der Realität sind hierbei jedoch allerdings starke regionale Disparitäten zu beachten, Schwankungen zwischen 60 und 100% sind nicht ungewöhnlich.

Trotz der Einschränkungen und Unterschiede lässt sich eine Entwicklungslinie mit den Zahlen belegen: Der Großteil heutiger Kinder im Vorschulalter besucht eine Kindergarten, ist also schon in der frühen Lebensphase in einer Sozialisationsorganisation, in der er betreut wird.

6.3 Spielplätze

Eine ähnliche Zunahme von angeleiteter Kindheit ist bei Spielplätzen zu beobachten. In den Jahren nach dem Kriege gab es kaum künstlich angelegte Spielplätze und schon gar keine pädagogisch betreuten Spieleinrichtungen. Sportanlagen waren Ende der 40er-Jahre und noch während der 50er-Jahre Mangelware. Vor allem existierten nur wenige Sporthallen. Schwimmbäder gab es so gut wie gar nicht.

Kleinere Gemeinden, die heute durchweg Schwimmbäder besitzen, mussten damals alle Haushaltsmittel anderweitig investieren. Daraus folgt, dass Kinder heute mehr Sport in angelegten Sportstätten treiben können als vor wenigen Jahrzehnten.

Wollen Stadtkinder draußen spielen, sind sie häufig auf Reservate, nämlich Spielplätze, angewiesen. »Die Spielplatzidee geht von der Vorstellung aus, kindliches Verhalten sei ähnlich strukturiert wie das Verhalten Erwachsener, die irgendwohin gehen, um eine Tätigkeit auszuüben.«[64]

Aus Untersuchungen ist allerdings bekannt, dass Kinder lieber auf der Straße als auf angelegten Spielplätzen spielen. Auch in der Häufigkeit des Spielens im Freien liegen Spielplätze erst an zweiter Stelle hinter der Straße (BMJFG 1976, S. 148f.), was umso erstaunlicher ist, als der Autoverkehr die Straßen nahezu unbespielbar gemacht hat. Je vielseitiger die Umgebung ist, desto weniger Gebrauch wird offenbar von angelegten Spielplätzen gemacht (ebenda, S. 561).

Kinder können auf solchen Spielplätzen immer nur das Gleiche unternehmen; es fehlen einfach Dinge, die veränderbar sind, die ihre Phantasie anregen. Das entdeckte schon Mitte der 40er-Jahre ein dänischer Gartenbauarchitekt, auf dessen Anregung eine Art Gerümpelspielplatz eröffnet wurde. Es war der Vorläufer des so genannten Abenteuerspielplatzes (Kürzel ASP), der sich in der BRD Ende der 60er-Jahre verbreitete. Hier können die Kinder sägen, bauen, hämmern und plantschen – aber: unter der Regie eines Betreuers, der anleitet, unterstützt, motiviert und hilft, wo er nur kann. Der Betreuer, meist ein Sozialarbeiter oder Sozialpädagoge, zeigt den Kindern, wie man »Abenteuer erlebt«. Wir kennen Fälle, wo Pädagogen sich Programme ausgedacht haben, den Kinder zu zeigen, wie man aus Zweigen und Hölzern wilde Feuer legt.

Abenteuer gab es für Nachkriegskinder ohne Anleitung. Ihre ganze Umwelt war ihr »Spielplatz«. Sie spielten auf den Hinterhöfen oder auf den Straßen, in den Trümmern oder auf dem Hausboden. Sie gingen im Schicht- oder Schachtelunterricht ein paar Stunden täglich zur Schule, kümmerten sich aber kaum um ihre Schularbeiten. In dieser »Kontrolllücke« wuchsen die Jahrgänge auf, die 1957/58 die so genannten Halbstarkenkrawalle inszenierten und die die Träger der Studentenprotestbewegung um 1968 waren. Doch diese »Kontrolllücke« war eine Ausnahmeerscheinung, die bald durch ein zunehmend enger werdendes Netz wieder zugezogen wurde. Mit unserem Ansatz ließ sich bisher nachweisen, wieweit das Verschwinden der Kontrollücke mit der Veränderung der gegenständlichen Ausstattung der Kindheit zusammenhängt. Ein weiterer Bereich ist jetzt anzufügen: Ganz wesentlich änderte sich die Form der Kontrolle.

6.4 Wandel der Kontrolle

Gegenüber dem patriarchalischen Stil der Nazizeit und relativ repressiver Erziehung in den 50er-Jahren entstand in den 60er-Jahren eine Form von Kontrolle, die sich zunehmend zu *Betreuung*, zum fürsorglichen Verwaltungshandeln und zu organisierten Orten des Kinderspiels wandelte (vgl. Riedmüller 1981, S. 140 ff.). Personenbezogene und häufig autoritäre Kontrolle wandelte sich zu personaler, häufig zu direkter oder weicher Kontrolle. Am Kinderspiel ist dies besonders deutlich zu belegen, das aus einer »Nachkriegs-Wildwüchsigkeit« in eine sanft kontrollierte Aneignung gewechselt ist. Diese kontrollierte Aneignung realisiert sich in professionellen Einrichtungen. Zwei haben wir in diesem Abschnitt genannt: der Kindergarten und der pädagogisch behütete Spielplatz – Einrichtungen, die auf irgendeine Weise »betreuen«.

Betreuung als bemerkenswerte Tatsache heutiger Sozialisation geht auch schon von den Eltern aus. Mit Eindrücken aus dem Kinofilm »E.T.« (der mindestens einmal pro Jahr im Fernsehen zu sehen ist) lässt sich dies gut beschreiben. Die Mutter in diesem Film ist eine »betreuende«. Ohne Zweifel liebt sie ihre Kinder und ist besorgt um sie – aber in geschäftiger, professioneller Weise: Sie organisiert Kinderfeten, kauft Spielzeug usw. und merkt gar nicht, was ihre Kinder wirklich beschäftigt, nämlich in diesem Fall der außerirdische »E.T.«.

Dieser »E.T.« läuft der Mutter sogar mehrmals über den Weg, ohne dass sie aufmerksam wird. In ihrer Organisationshektik hat sie nur Augen für den Verlauf ihrer eigenen Vorhaben, die dazu dienen, die Kinder zu betreuen.

Dieses Beispiel beschreibt den Kern der aktuellen Polemik, die die Pädagogik mit dem merkwürdigen Begriff der *Pädagogisierung* kritisiert. Das Zutreffende dieser Kritik soll ein weiteres Beispiel deutlich machen: Aus einem Dörfchen im Sauerland, das nicht mehr als 200 Häuser hat, wird erzählt, dass die Gemeindeverwaltung beschloss, den Kindern einen Abenteuerspielplatz anzulegen, was die ohnehin geringe Haushaltskasse nicht wenig belastete. Als der Abenteuerspielplatz fertig gestellt war, zog er die ersten Tage natürlich neugierige Kinder an. Doch sehr bald weigerten sie sich beharrlich, dort zu spielen. Sie zogen es vor, wie eh und je am Bach oder im Wald, in der Scheune oder mit den Erntemaschinen zu spielen, was ihnen abenteuerlich genug erschien. Die Eltern versuchten drei Monate lang, ihre Kinder auf den Abenteuerspielplatz zu zwingen, vergebens. Er wurde wieder stillgelegt.

Die Zunahme von Betreuung hat selbstverständlich auch eine plausible Grundlage, vor allem darin, dass die Zunahme des Autoverkehrs die Notwendigkeit erhöht, im Freien spielende Kinder zu behüten. Dass der Trend zur universellen Betreuung aber häufig auf nichts anderem als einer Fiktion der Eltern beruht, belegen die Gruppeninterviews:

Frau B.: Ich glaub, der Anspruch, dass die Kinder aktiv sein sollen, kommt ja gerade sehr stark von den Eltern. Ich weiß sehr wohl auch bei meinen eigenen Kindern, dass die einfach ›mal so sitzen‹ oder für sich sind. Ich sag: ›Sag mal, langweilst du dich nicht, kannst du nicht mal das und das und das machen?‹ ›Nein, ich langweile mich nicht, es scheint wohl dein Problem zu sein?‹ Und in der Tat, es gibt so Sachen, so Bedürfnisse, die du versuchst als Erwachsener … ihnen so aufzuoktroyieren … Und gerade Mittelschichtskinder kriegen ja von ihren Eltern immer gesagt: Du sollst die Jugendmusikschule machen und ich weiß nicht was sonst noch alles lernen. Und ich glaube, dass gerade dadurch die Zeit viel stärker programmiert wird, vielleicht noch mehr als bei anderen

Kindern, wo die Eltern nicht diesen Kulturfimmel haben. Ich glaub nicht, dass die so viel Aktivitäten machen und vielleicht doch noch etwas mehr über ihre Zeit verfügen können als unsere Kinder vielleicht sogar.

Der Trend zur universellen Betreuung ist gleichzeitig eine Veränderung und eine Zunahme von Kontrolle. Es herrscht für heutige Kinder eine Form von Kontrolle, die ihren Ursprung in der Arbeitswelt hat. Hier unterscheiden wir drei Arten:

1. die Kontrolle, die von Personen ausgeht, vom Meister, Vorarbeiter, Büroleiter usw., personale Kontrolle genannt,
2. die Kontrolle, die von den Maschinen ausgeht, die z. B. den Arbeitsmarkt bestimmen, mechanische Kontrolle genannt,
3. die Kontrolle, die von in Büros entwickelten Verfahren und Human-Relation-Regeln ausgeht, bürokratisch-professionelle Kontrolle genannt.

(Quelle und Lesehinweis: Edwards, R., 1981).

Ist es bei der personalen und mechanischen Kontrolle noch einsehbar, wer oder was kontrolliert, ist die bürokratisch-professionelle Kontrolle als solche verdeckt und undurchsichtig. Es wird »sanft« und »weich« kontrolliert, ohne offenen Zwang und stechende Blicke.

Genau diese Form von Kontrolle setzt sich mit der zunehmenden Betreuung in der heutigen Kindheit durch. Sie ist Bestandteil von Verhaltensstandards und Erziehungsmustern, die von Experten im Gewande von Wissenschaftlern, professionellen Erziehern und Lehrern entworfen und stabilisiert werden. Betreuung geht heute einher mit wissenschaftlich begründeten Erziehungs- und Spielprogrammen oder populärwissenschaftlich aufgemachten Elternratgebern. In dieser Entwicklung sind zwei für veränderte Sozialisationsprozesse wichtige Aspekte zu nennen: Einmal die Professionalisierung der Pädagogik und die Betreuung durch Experten, zum anderen die Aberkennung des elterlichen Kompetenzmonopols der Erziehung.

Heutige Eltern sind mehr und mehr verunsichert, ob sie richtig erziehen – und doch wollen sie ihre Kinder möglichst vielseitig fördern. Deshalb sind sie häufig froh, wenn sie von Experten Hilfe erhalten und ihnen die Erziehungslast abgenommen wird. Und in der Tat halten sich die Kinder heute mehr und mehr in Betreuungsinstituten auf. Den Kindergarten und den pädagogisch behüteten Spielplatz haben wir schon genannt. Natürlich kommt noch die Schule hinzu.

In manchen Schulen mit Ganztagsbetrieb, in denen sich die Kinder fast über acht Stunden aufhalten, ist die universelle Betreuung noch am offensichtlichsten. Doch sind Ganztagsschulen noch Ausnahmen. Aber auch die nach wie vor übliche Halbtagsschule betreut die Kinder nicht selten über den ganzen Tag: Durch Hausaufgaben, die erledigt werden müssen, vor allem aber auch durch Arbeitsgemeinschaften und Silentien am Nachmittag.

All die bisher genannten Beispiele zunehmender Betreuung weisen auf eine enger werdende pädagogische Umstellung heutiger Kinder – auf eine Zunahme und Veränderung von Kontrolle.

Der Wandel ist aber nicht geradlinig einzuschätzen, sondern *widersprüchlich*. Denn es gibt auch eine positive Seite: Die körperliche Züchtigung von Kindern ist heute geächtet und geht merklich zurück.

Wuchsen Kinder in früheren Jahren unkontrollierter und freiwüchsiger auf, waren sie aber doch mit sehr schmerzhaften Erinnerungen belastet. De Mause schreibt hierzu:

> »Die Geschichte der Kindheit ist ein Alptraum, aus dem wir gerade erst erwachen. Je weiter wir in der Geschichte zurückgehen, desto unzureichender wird die Pflege der Kinder, die Fürsorge für sie, und desto größer die Wahrscheinlichkeit, dass Kinder getötet, ausgesetzt, geschlagen, gequält und sexuell missbraucht werden.«[65]

Bis ins 19. Jahrhundert hinein war der Kindermord in Europa noch weit verbreitet. Gewalt und Prügel in der Erziehung haben sich auch in das 20. Jahrhundert »hinübergerettet«.

Sprechen wir von der Einschränkung freiwüchsiger Kindheit durch die Zunahme der Betreuung durch Experten, müssen wir auch davon sprechen, dass Kindheit heute zunehmend vor körperlicher Gewalt abgesichert ist. Spätestens mit dem Bundesverfassungsgerichtsurteil vom 29. 9. 1968 sind Kinder auch Träger von Grundrechten. Weiterhin werden Kinder in der Rechtsprechung vor entwürdigenden Erziehungsmaßnahmen geschützt. Neben dem rechtlichen Schutz der Kinder ist auch die Professionalisierung der Pädagogik positiv bestimmbar. Es wird z. B. nicht mehr blind erzogen, sondern Eltern, Lehrer und Erzieher machen sich über ihre Funktion und über ihr erzieherisches Handeln Gedanken. Sie informieren sich und wägen ab. Durch die Professionalisierung der Pädagogik wird bewusster und verantwortungsvoller erzogen.

Fazit dieses Kapitels: Mit der Expertisierung der Erziehung werden die Eltern verunsichert. An die Stelle der elterlichen Erziehung tritt mehr und mehr das fürsorgliche Verwaltungshandeln.

6.5 Kontrolle des Körpers – Versportung der Kindheit

Die Einschränkung freiwüchsiger Kindheit lässt sich noch an einem weiteren Aspekt prägnant verdeutlichen. Heutige Kinder leiden verstärkt an Haltungsschäden und Übergewicht. Etliche können nicht mehr klettern, balancieren oder rückwärts gehen. Dies sind Folgen des viel zitierten Bewegungsmangels. Dabei ist Bewegung so etwas wie ein »Urbedürfnis« von Kindern. Befriedigt wird es zunehmend anders: Die Bewegung des Körpers, das Bewegungslernen, findet in starkem Maße angeleitet und kontrolliert statt. Heutige Kinder halten sich überaus zahlreich in modernen Sportvereinen auf. Dies hat sicherlich mit der Einengung kindlicher Lebensräume, aber auch mit dem Boom der Sport- und Fitnessbewegung zu tun und sicherlich auch mit der Kultur des »schönen Körpers«. 1989 waren in der Altersgruppe bis 14 Jahre 40% der Kinder in einem Sportverein. In den letzten zwanzig Jahren stieg die Zahl der sportengagierten Kinder bei den Sieben- bis Vierzehnjährigen von 21% auf 55%.[66]

Trotz insgesamt steigendem Organisationsgrad bei Mädchen liegt deren Anzahl an Vereinsmitgliedschaften etwas niedriger als die der Jungen.

Vermutlich ist aber die Anzahl der Mädchen in privaten, kommerziellen Sportstätten höher, z. B. in Ballett- und Reitschulen. Die kommerziellen Anbieter von Sportaktivitäten werden insgesamt immer beliebter, weil sie vor allem modegeprägte Sportarten anbieten, was bei Vereinen nicht ohne weiteres der Fall ist. Immerhin knapp 30% der Zwölf- bis Sechzehnjährigen treiben Sport in solchen Einrichtungen.[67]

Sport ist vor diesem Hintergrund fester, manchmal sogar zentraler Bestandteil moderner Kindheit und bei etlichen Kindern kann schon von einer »Vereinskindheit« gesprochen werden. Für unseren Zusammenhang ist hierbei vor allem interessant, dass sich hierdurch auch die Kontrolle von Kindern außerhalb der Institutionen Kindergarten und Schule verstärkt. Dies ist die Ambivalenz der Sportsozialisation: Kinder brauchen Bewegung – und es spricht nichts dagegen, sich in einer Gruppe, in einem Verein zu bewegen – so ist der Vereinssport gleichwohl Kontrolle und Pädagogisierung von Bewegungsbedürfnissen.[68]

Teil III
Konturen eines neuen Sozialcharakters – Fazit und Erklärungsversuche

Im letzten Teil geht es darum, unsere bisherigen Erkenntnisse zu einem Ergebnis zusammenzufassen und zu erklären, welche gesellschaftlichen Umstände dieses Ergebnis erzeugen. Wie in den vorangegangenen Teilen orientieren wir uns auch in dem Folgenden an drei Leitfragen:

1. Gibt es in den letzten vier bis fünf Jahrzehnten einen Umbau der Persönlichkeit?
2. Wenn ja, ist der Wandel als Reduktion oder als Fortschritt einzuschätzen?
3. Wie ist der Wandel zu erklären?

Eine Antwort auf die Fragen 1. und 2. versuchen wir in den beiden ersten Kapiteln, während sich die darauf folgenden Kapitel um die Beantwortung der Frage 3.) bemühen werden.

1. Veränderte Rahmenbedingungen von Sozialisation

In der Nachkriegszeit, d. h. nach 1945, herrschte Mangel auch und vor allem in der Kinderwelt. Es gab kaum Spielzeug, wenig Kinderbücher und erst recht keine Kindermode. Eine elektrische Eisenbahn zu besitzen, die irgendwer über den Krieg gerettet hatte, war ein außergewöhnliches Privileg, im ganzen Wohngebiet bekannt und beneidet. Die meisten Kinder mussten ihr Spielzeug selber basteln: das Katapult, eine Astgabel mit dazwischengespanntem Einmachgummi zum Steinchen- oder Krampenschießen, den Drachen, mancherorts auch Windvogel genannt, die Stelzen, die aus Besenstielen und Querlatten zusammengezimmert wurden, oder die Buden und Bauten, die als Versteck, Lager oder Regenschutz dienten. Gelesen, oft aus geliehenen Büchern, wurde sicher nicht weniger als heute, doch Kino gab es zunächst gar nicht für Kinder und das Radio war Hoheitsgebiet der Erwachsenen.

Heute dagegen herrscht ein Überangebot an Spielwaren bis in alle sozialen Schichten. Es hat sich eine bis dahin unbekannte Ausbreitung der Kinderwelt entwickelt, von Kinderfernsehsendungen über Kinderzeitschriften und Kinderkleidung bis zu Kinderhörspielkassetten und Kinderlerncomputern reichend. Dennoch gibt es Anzeichen für eine Verarmung der Kindheit, häufig beschrieben als Interesselosigkeit, Unmotiviertsein, Konzentrationsmangel, Konsumorientiertheit, Isoliertheit oder auch nur Bewegungsarmut.

Wir haben nun die Frage zu beantworten, wie dieses reiche Angebot von heutigen Kindern wahrgenommen wird. Wir gehen dabei wieder davon aus, dass Sozialisation als individuelle Aneignung der materiellen und symbolischen Kultur begriffen werden kann. Dementsprechend haben wir in Teil II Veränderungen der materiellen und der symbolischen Kultur beschrieben. Jetzt müssen wir herausarbeiten, was diese Veränderungen bei der Herausbildung von Sozialcharakteren bewirken. Der Wandel der Aneignung von symbolischer und materieller Kultur lässt sich entlang dreier Entwicklungslinien deuten:

- Reduktion von Eigentätigkeit,
- Mediatisierung der Erfahrungen,
- Expertisierung der Erziehung.

Alle drei Entwicklungslinien sollen nun genauer behandelt werden. Die folgenden Abschnitte sind als Wiederholung, aber auch als Zusammenfassung und Präzisierung unserer Hauptgedanken zum Wandel der Kindheit gedacht.

1.1 Reduktion von Eigentätigkeit durch konsumierende Aneignung der materiellen Kultur

Die Kultur, die sich Nachkriegskinder aneigneten, kann auch beim schlechtesten Willen nicht Konsumkultur genannt werden.

Helga, eine unserer Interviewpartnerinnen, schildert einen Sommernachmittag um 1950 so:

»… Anfangs waren auf dem Hof nur einige Jugendliche, und einige Kinder liefen drumherum. Plötzlich kam jemand auf die Idee, Zelte aufzubauen, und bald waren alle in den Häusern verschwunden, um Material zu holen. Die Ausrüstung bestand aus alten Wolldecken, Wäscheklammern und Steinen. Die Wolldecken, die wurden mit Wäscheklammern am Zaun befestigt, und auf die Enden der Decke hat man die Steine gelegt. So entstanden dann die Zelte, und im Laufe des Tages, es kamen ja immer mehr Kinder und Jugendliche nach draußen, da war auch schon ein ganzes Zeltdorf entstanden. Ja, wir hatten dort eine Post, einen Krämerladen, eine Arztpraxis … Die Kinder, die ahmten uns alle nach, und wir haben die auch gewähren lassen. Aber wir Größeren hatten nur die höheren Funktionen inne, die Kleinen waren mehr unsere Handlanger. Manche Zelte standen sogar bis zur Dämmerung, und dann boten sie Schutz für einen flüchtigen Kuss oder eine Umarmung … Ich weiß noch«, ergänzte Helga, »wir hatten da in der Nähe unseres Hauses so einen freien Platz, und da wurde abends oft Lagerfeuer gemacht. Wir haben da die Kartoffeln gebraten und alle haben das organisiert. Gleich daneben war auch noch ein Wäldchen, wo wir anschließend immer drin rumstromerten.«

Claudia, kurz nach 1960 geboren, erzählt im Interview weniger von Spielen und umso mehr von ihren Spielsachen:

»An Spielzeug besaßen wir ziemlich viel. Z. B. Puppen, Babypuppen, Puppenhaus, Puppenwiege und -wagen, alle erdenklichen Stofftiere, Kasperltheater und dazugehörige Puppen, Arztkoffer, Kaufladen, Zauberkasten, Spielesammlung, viele Bücher, Legosteine, Klötze, Knete, Fimo, Emaillierkasten, Granulat, Silberdraht, Farbkästen, Plakafarben, Malstifte, Malbücher, Berge von Glanzbildern, Tierpostkarten, Roller, Rollschuhe, Schlittschuhe, Fahrrad und vieles, vieles andere mehr!«

Die Interviewszenen illustrierten eindrucksvoll, wie sehr sich der Kinderalltag in einem Zeitraum von höchstens 10 bis 15 Jahren verändert hat. In der Nachkriegszeit verfügte kaum ein Kind über Taschengeld, jedenfalls nicht über nennenswertes. Wenngleich der Verkauf von Buntmetall auch hin und wieder einige Groschen brachte, so bewirkte das doch keine Nachfrage nach Spielwaren – höchstens nach einem Heißgetränk. Konsequenterweise wurden Kinder zu jener Zeit als Käufer und Kunden nicht ernst genommen.[1]

Erst nach Beendigung der Wiederaufbauphase vervielfältigte sich die Kaufkraft der Kinder. Die Kinderwelt wurde als absatzträchtiger Markt entdeckt. Der Umsatz der Spielwarenindustrie stieg z. B. 1981 auf über drei Milliarden Mark an. Die potenzielle Käuferschicht der Vier- bis Siebzehnjährigen verfügte 2000 über ein Jahrestaschengeld von mehr als 19,1 Milliarden Mark[2], Summen also, die als Absatzmarkt für große Industrien interessant sind und in den letzten Jahren auch noch enorm angestiegen sind (vgl. Kurseinheit II, Kapitel 2).

Der Hauptkonsumartikel ist fraglos das Spielzeug. Nach Angaben der Arbeitsgemeinschaft Spielzeug e. V. in Bamberg führt ein Spielzeugeinzelhandelsgeschäft heute im Durchschnitt 20 000 bis 25 000 Artikel, Warenhäuser und Fachabteilungen bis zu 100 000. Zurzeit sind schätzungsweise eine Viertelmillion verschiedene Spielsachen auf dem Markt.

Das Spielzeug selbst ist anders geworden. Es übt viele Funktionen selber aus. So können Puppen heutzutage weinen, sprechen, Liedchen singen, laufen und pinkeln. Die Tätigkeit der Kinder bleibt bei nicht wenigen Artikeln zunehmend auf den Griff zum Schalter, auf den Druck eines Hebels, also im Wesentlichen auf Bedienung, beschränkt. Einmal so in Gang gesetzt, spult derart hoch technisiertes Spielzeug automatisch sein vorprogrammiertes Spielerlebnis-Repertoire ab, ohne dass eine produktive Veränderung möglich ist. Oftmals ist zu beobachten, dass Spielen im hergebrachten Sinne erst dann beginnt, wenn diese Spielapparate ihre Funktion aufgeben. Die Reparaturarbeiten sind für Kinder plötzlich interessanter als das Spielprogramm.

Das Ausmaß der Konsumhandlungen von Kindern hat sich vehement über den Bereich der gegenständlichen Waren ausgeweitet in den Bereich der Dienstleistungen hinein. Öffentliche Dienste kann das Kind inzwischen genauso konsumieren wie vor ihm schon die Erwachsenen, sei es beim Spielpädagogen auf dem Abenteuerspielplatz, bei der Erzieherin im Kinderhort oder auf der Ferienparty. Kinder lernen, dass ein gutes Leben darin besteht, die richtigen Waren, Markenartikel und Dienstleistungen zu konsumieren oder, wie Fromm es ausdrücken würde, das Sein über das Haben zu definieren. Die Kehrseite dieses Trends zum Massenkonsum besteht in einem merklichen Verlust an Eigentätigkeit.

Um Missverständnisse gar nicht erst aufkommen zu lassen, räumen wir ein, dass Konsumhandlungen eben auch Handlungen sind, also keineswegs als Untätigkeit verstanden werden dürfen. Jedoch sind Konsumhandlungen im spezifischen Sinne beschränkt: Sie ziehen wohl das Bedienen und die Anwendung, die Pflege und die Wartung und möglicherweise auch die einfallsreiche Reparaturarbeit nach sich, aber sie schließen die Herstellung und damit auch die Planung und Herstellung der Artikel von vornherein aus. Damit schöpfen sie nicht die prinzipiell gegebenen Möglichkeiten aus, die Kinder haben, um sich konstruktiv mit der Objekt- und Ideenwelt auseinander zu setzen. Demgegenüber schließt Eigentätigkeit immer auch die Planung und Herstellung des Gegenstandes ein und damit die Abarbeitung an der Widerständigkeit der objektivierten Welt. Eigentätigkeit ist die intensivste Form der Aneignung von Erfahrungen und dessen, was sie bedeuten, nicht nur, weil Eigentätigkeit je nach den Umständen alle Sinne anspricht, sondern auch deshalb, weil der Produktionsprozess durchsichtig wird und damit der ganze Bedeutungsumfang ebenso wie das Veränderungspotenzial. Und weil das nicht für jede Tätigkeit zutrifft, die ja auch rein rezeptiv, reproduktiv oder reaktiv sein kann, nennen wir diese produktive Form der Tätigkeit pointiert Eigentätigkeit. Natürlich wäre es ein antipädagogisches Missverständnis, zu meinen, ein Kind könne sich die ganze entwickelte Welt eigentätig aneignen. Eigentätigkeit ist kein Maßstab der Ausschließlichkeit, kein Alternativbegriff, sondern ein Intensitätsmaß.

In der Konsumkultur erkennt sich das Kind zunehmend nur in den Waren wieder – und die kommen aus einer anderen Lebenswelt, müssen dem Kind also äußerlich bleiben und sind austauschbar. Bei eigentätiger Aneignung objektivieren sich Selbstbild und Selbstsicherheit, Kompetenz und Urteilsvermögen. Im hergestellten Gegenstand, der verinnerlicht wird, bleiben sie erhalten. Das Selbstbild beruht also mehr auf Eigenem, und es ist gefestigter und deshalb auch weniger von den schwankenden Urteilen und Erwartungen anderer abhängig, weniger narzisstisch orientiert.

Schließlich kommt der Eigentätigkeit noch eine besondere Eigenschaft zu, die konsumierender Aneignung gänzlich abgeht: Eigentätigkeit ist die materielle Grundlage der Erkenntnistätigkeit. Das Kind lernt durch die eigene Herstellung des Gegenstandes noch am ehesten Eigenschaften und Verwendungsmöglichkeiten, ja sogar dessen Wesen kennen: Wenn man etwas wirklich verstehen will, muss man es entstehen sehen. Das gilt nicht nur für schöpferische Leistungen, sondern ebenso für den Nachvollzug oder die Wiederholung derselben. Und selbstverständlich haben die Nachkriegskinder ihre selbst angefertigten Spielzeuge nicht selbst erfunden, sondern nachgebaut – aber eben nicht per Konsumhandlung erworben.

In der Konsumhandlung entfällt diese Erkenntnistätigkeit weitgehend. Der Käufer muss sich auf die Bedienungsanleitungen der Produzenten verlassen, um die Waren richtig benutzen zu können. Leiss veranschaulicht das an einem Beispiel:

»Würden ... viele Produkte nur mit Informationen über ihre chemische Zusammensetzung ausgestattet sein, wären viele Menschen nicht in der Lage, ihren Zweck bestimmen zu können« (Leiss 1979, S. 141).

Die sozialisatorische Folge sei wachsende Gleichgültigkeit gegenüber den Gegenständen:

»Dieser Mangel an Vertrautheit mit den spezifischen Eigenschaften der für die Bedürfnisbefriedigung produzierten Objekte führt zu Gleichgültigkeit gegenüber den spezifischen Qualitäten des Objekts (und gegenüber den Bedürfnissen, mit denen sie assoziiert werden). Da wir die Bestandteile der Dinge weder kennen noch uns darum kümmern, ist es für uns bedeutungslos, wenn sie durch andere ersetzt werden« (Leiss, a. a. O.).

Es gibt Autoren (Beck 1986, Schulze 1992), die andeuten, dass sich die Austauschvorstellung auch auf menschliche Beziehungen ausweiten würde. Wenn Freundschaften nicht mehr klappen, dann suchen sich heutige Kinder schnell neue Freunde – sie tauschen aus.

Da nun Konsumhandlungen nicht aus sich selbst heraus das nötige Maß an Vertrautheit mit den Gegenständen erzeugen, gehören zum Massenkonsum unweigerlich die Massenmedien, die über das informieren, was nicht mehr aus sich selbst oder der vertrauten Lebenswelt spricht.

1.2 Erfahrung aus zweiter Hand durch mediatisierte Aneignung der symbolischen Kultur

Gewiss sind Zeitungen und Illustrierte, Bücher und das Radio auch Massenmedien, und gewiss waren sie schon vor dem Zweiten Weltkrieg weit verbreitet. Neu für die Kindheit ist jedoch das Fernsehen, das dem Massenkonsum korrespondierende Medium, das seit den Sechzigerjahren auch das unangefochtene Vorbild eines gigantischen Medienverbundsystems geworden ist.

Wichtiger noch als der viel beklagte Umstand, dass das Fernsehen viel Zeit der Kinder bindet und fragwürdige Imitationsfiguren anbietet, scheint uns zu sein, dass vom Fernsehen eine Tendenz ausgeht, *die Weise der Aneignung* grundlegend umzumodeln. Man kann, angeregt durch Postman (1979) feststellen, dass beim Fernsehen eine ikonische Weise der Aneignung zur Geltung kommt, die

die zuvor herrschende verbalargumentative Weise zu dominieren beginnt, dass Bildkultur an die Stelle von Wortkultur tritt, was wir in Teil II im Kapitel 3 ausführlich dargestellt haben.

Wortkultur setzt Aneignung auf begrifflicher Ebene voraus, ohne die nichts begriffen werden kann. Das Fernsehen lehrt vornehmlich durch das, was wir sehen und fühlen, und das Wortcurriculum durch das, was wir besprechen und verstehen. Das Fernsehen zeigt auch nicht die Wirklichkeit, auch nicht einen Ausschnitt, wie häufig behauptet wird, sondern eine »Botschaft« über die Wirklichkeit: »So war es.« »So ist Friesland zu sehen« oder »So verlief heute der Bosnien-Krieg«. Die Botschaft ist nicht die Wirklichkeit selber, sondern eine bearbeitete Version der Wirklichkeit; sie gibt die Auffassung über die Wirklichkeit wieder, wie sie Regisseur und Kameramann sich ausgedacht haben.

Als problematisch erweisen sich also nicht so sehr die Inhalte selber, die das Fernsehen verbreitet, sondern die Aneignungsweise, die damit verbunden ist. Das Medium wird immer mehr selbst zur Botschaft (Mc Luhan), die massenhaft erzeugte Aneignungsweise projiziert sich zunehmend auf den transportierten Inhalt.

Der Typus von Aneignung von Erfahrung, der durch das Fernsehen vermittelt wird, breitet sich in dem Maße aus, wie das Fernsehen hegemonial ausgreift auf fast alle übrigen Medien. Am Beispiel der Fernsehbiene Maja lässt sich das gut illustrieren: Es gibt inzwischen Biene-Maja-Kassetten und -CDs, Biene-Maja-Comics und Biene-Maja-(Plastik)-Spielzeug, eine Biene-Maja-Mode (»sich kleiden wie eine flotte Biene«), Biene-Maja-Menü (in kinderfreundlichen Gaststätten) und in Eisdielen das Biene-Maja-Eis. Ein Kind kann heute mit Biene Maja aufstehen und mit Biene Maja zu Bett gehen – und sich auch zwischendurch ganz im Stile dieses Medienproduktes bewegen. Ähnliches gilt seit einigen Jahren für Walt-Disney-Kinoproduktionen wie »König der Löwen« oder »Pocahontas«. Diese Filme sehen Kinder zwar nicht im Fernsehen, aber über Werbeeinsätze, vor allem bei den Privatsendern, wird ihnen vermittelt, dass ein »richtiges Kinderleben« nur mit diesen Filmen und den unzähligen Folgeprodukten möglich ist.

Zum Medienverbund des Fernsehens gehören Radio, CDs, Kassetten, Journale, Spiele und Moden. Alle genannten Medien vermitteln Erfahrungen aus zweiter Hand: Nicht Landschaften oder Menschen begegnen den Kindern, sondern symbolische Repräsentationen davon, in von den Kindern nicht beeinflussbarem Tempo, Ausschnitt, Zuschnitt und Rahmen. Dabei produzieren sie einen Schein von Unmittelbarkeit, der trügt – nicht einmal anfassen kann man diese Gegenstände der Erfahrung.

Die Mediatisierung der kindlichen Lebenswelt hat zur Folge, dass sich zwischen Musik und Hörer die Kassette schiebt, zwischen Puppenspiel und Zuschauer das Fernsehgerät und zwischen Landschaft und Raumerleben die laufenden Bilder. Das führt gewiss nicht zu einem Verlust an Information, die eher sintflutartig anschwillt, wohl aber zu einer Verdünnung des Bereichs unmittelbarer Erfahrungen. Während in den Jahren direkt nach 1945 noch viele Kinder ihre Welt aus eigener Anschauung kannten, gewinnen sie jetzt immer mehr Erfahrungen aus zweiter Hand.

Die Mediatisierung verdeckt mehr und mehr die Fähigkeit der Phantasie, eigene Erfahrungen zu organisieren.

Die Bewusstseins- und Programmindustrie, so heißt es bei Negt/Kluge (1972), hat Techniken entwickelt, um den Rohstoff Phantasie in eine domestizierte Form zu verwandeln. Wir haben den Wandlungsprozess am Beispiel des Fernsehens verdeutlicht.

Die Kinder sind zweifellos von vielen Programmen gefesselt und sitzen aufmerksam vor dem Gerät. Aber es ist nicht ihre eigene Lebenswirklichkeit, die sie auf dem Bildschirm verfolgen. Die Kinderserie »Pippi Langstrumpf« ist ein gutes Beispiel:

> »Welcher Wirklichkeitsbegriff wird z. B. in der Kinderserie der Pippi-Langstrumpf-Filme vermittelt? Es geht nicht um einen menschlichen Umgang mit den Dingen, sondern es wird über die Wirklichkeit verfügt: willkürlicher, rascher Schauplatzwechsel; willkürlicher Handlungswechsel, wie er angeblich den rasch wechselnden Interessen und Aufmerksamkeitsgraden der Kinder entspricht. Es entstehen völlig irreale Abenteuerhäufungen, Erlebniskonzentrate, die die Kinder in ihrer Eigentätigkeit nicht nachmachen könnten« (Negt/Kluge 1972, S. 467/568).

Auch was die Kinder in anderen Kinderserien einschließlich »Sesame Street« per Bildschirm miterleben, sind Erfahrungen, die kaum aus einer aktiv erfassten, eigenen Wirklichkeit gewonnen werden könnten. Welches Kind hat schon Gelegenheit, als Helfer der Kriminalpolizei oder als Spionjäger aufzutreten.

Kinder wissen sehr wohl, dass eine solche Wirklichkeit eine gedachte und inszenierte ist. Bedenklich wird es aber bei Vielsehern, die die vorgeführten Bilder zur Interpretation ihrer selbst erlebten Welt benutzen.

»Die aufgenommenen und ›gespeicherten‹ Fernsehbilder sind dann die Grundfolie, auf die die Bilder der nicht medialen Wirklichkeit treffen. Der Apparat tritt also nicht mehr wie beim Beispiel der Eisenbahnreise nur zwischen das wahrnehmende Subjekt und die Wirklichkeit, sondern er schafft eine eigene Wirklichkeit. Dass diese Wirklichkeit aus ›zweiter Hand‹ ist, bleibt den Kindern zunächst verborgen.«[3]

Es bleibt den Kindern wie den Erwachsenen auch deshalb verborgen, weil über den Bildschirm keine Vorstellung vom Entstehen der Sendung vermittelt wird.

»Kein anderes Medium vermittelt ähnlich klar mit dem Schein der Unmittelbarkeit gleichzeitig den Schein der Vollständigkeit und vermag an die Stelle eines Bewusstseins des Zuschauers vom eigentlichen Produktionsvorgang das bloße Resultat am Bildschirm zu setzen« (Negt/Kluge 1972, S. 181).

Fehlt die Vorstellung vom *Entstehen* wird das *Verstehen* schwieriger, wenn nicht sogar unmöglich. Der Wunsch, etwas durch den geistigen oder praktischen Nachvollzug verstehen zu wollen – also auch eigene Erfahrungen zu organisieren – erhält durch die Mediatisierung keine Impulse. Es erscheint auch gar nicht mehr nötig, sich solcherart Anstrengungen zu unterwerfen. Die Deutungsmuster für das Verstehen von Welt sind immer schon da. Die Verarbeitung von Umwelt, was »Erfahrung« im eigentlichen Sinne vorstellt, ist somit durch Mediatisierungserscheinungen vorstrukturiert und gleichsam konsumierbar.

Der eingeschränkte Zugang für eigene, man kann sagen »primäre Erfahrungen« hat noch in einem zweiten Aspekt große Bedeutung für veränderte Sozialisationsprozesse.

Anders als bei Tieren, deren Erfahrungen erblich fixiert sind, ist der Mensch darauf angewiesen, sich seine Erfahrungen in der Ontogenese zu erwerben (vgl. Keiler 1983). Durch die Aneignung von Erfahrungen und Fähigkeiten, die wir als materielle und symbolische Kultur beschrieben, ist der Mensch prinzipiell in der Lage, neue Erfahrungen und neue Fähigkeiten zu entwickeln.

»Dabei ist es notwendig, dass der Mensch, um sein Schöpfertum zu entwickeln, mit der Welt der materiellen und geistigen Produkte praktisch in Wechselwirkung treten können muss und dass sich in dieser Wechselwirkung eine adäquate Beziehung zu den Objekten ausdrückt« (Keiler 1983, S. 101/102).

Eine Wechselwirkung, eine adäquate Beziehung, ist zwischen Mensch und mediatisierten Erfahrungen nun gerade nicht vorhanden. Bei Vielsehern können wir sogar von einer extrem einseitigen Situation sprechen. Die vorproduzierte, medial vermittelte Erfahrung wird als eigene genommen. Etwas überspitzt formuliert: Der Mensch wird zur Matrize einer TV-Sendung, er wird Abnehmer, Konsument vorfabrizierter Erfahrungen.

Diese einseitige Beziehung von Mensch und Medienwelt beschränkt zunehmend die schöpferische Aneignung von Erfahrungen, weil wir uns mehr und mehr in Lauscher und Voyeure verwandeln.

»So kann etwa ein Individuum nur schöpferisch tätig sein, wenn es sich die von der Menschheit im Laufe ihrer Geschichte geschaffenen materiellen und geistigen Reichtümer aneignet, sodass also seine schöpferischen Fähigkeiten jene Fähigkeiten reproduzieren, die von der Menschheit entwickelt worden sind« (Keiler 1983, S. 101).

Das Medium Fernsehen beispielsweise ermöglicht kaum eine schöpferische, eigentätige Reproduktion all der Erfahrungen, die in ihm stecken, es sei denn, dass eine adäquate Beziehung erkämpft bzw. bewusst gesucht wird.

Diesen Gedanken werden wir in Kapitel 7 »Widersprüchlichkeiten und Gegenbewegungen« noch einmal aufgreifen.

Worauf wir in der Erörterung des Zusammenhangs von Mediatisierungsphänomenen und Erfahrungen hinweisen wollen, ist die Beschränkung des Grads der Aneignung, eben durch diese Mediatisierung, was mit dem Beispiel Fernsehen wohl am deutlichsten geworden ist und in Zukunft über Multimedia-Entwicklungen eher verstärkt denn abgeschwächt wird.

1.3 Expertisierung der Erziehung

Die Nachkriegskinder wuchsen bemerkenswert frei von elterlicher Kontrolle auf, zumindest ein Teil von ihnen, nämlich die, deren Väter im Krieg bzw. in Gefangenschaft waren und die in zerstörten Städten wohnten, deren Wiederaufbau die ganze Aufmerksamkeit der Eltern erforderte. Sie gingen ein paar Stunden am Tag in die Schule, aber um Schularbeiten kümmerten sie sich wenig. So entstand eine Art »Kontrollloch«, in dem die Jahrgänge aufwuchsen, die 1957/58 die so genannten Halbstarkenkrawalle inszenierten. Halbstarke waren Arbeiterjugendliche, die ihr diffus empfundenes Unbehagen in Randale und Krawall umsetzten.

Zehn Jahre später meldeten sich aus denselben Jahrgängen die Mittelschichtkinder. Ein Teil von ihnen entfachte die Studentenprotestbewegung der 68er-Jahre. Diese Jahrgänge wuchsen im gleichen Kontrollloch auf.

Doch dieses Kontrollloch war eine Ausnahmeerscheinung, die bald durch ein zunehmend enger werdendes Netz der Kontrolle wieder zugezogen wurde. Dabei änderte sich die Form der Kontrolle allerdings wesentlich: Gegenüber dem patriarchalischen Stil der Nazizeit und relativ repressiver Erziehung in den 50er-Jahren entstand in den 60er-Jahren eine Form von Kontrolle, die sich zunehmend zur Betreuung oder zum fürsorglichen Verwaltungshandeln wandelte. Dieses ist vornehmlich am Kinderspiel zu belegen, das in den unmittelbaren Nachkriegsjahren frei, ja wildwüchsig war und seitdem zusehends auf freilich sanfte, weiche Art kontrolliert wird durch professionelle Einrichtungen: durch Kinderkrippen und Kindergärten, pädagogisch behütete Spielplätze und Kindertagesstätten, also alles Einrichtungen, die auf irgendeine Weise »betreuen«. In diesen Einrichtungen arbeiten Spezialisten und Experten. Die Entwicklung der Erziehung von 1945 bis heute ist also als Weg vom »Kontrollloch« zur Kontrolle durch Autorität bis zur Kontrolle durch Erziehungsexperten beschreibbar.

Der Erziehungsexperte erwirbt seine Kompetenz auf einer Fach- oder Hochschule. Dort wird er nach wissenschaftlichen Maßstäben für den Erziehungsberuf ausgebildet. Hinter dem professionellen Erzieher steht somit Wissenschaftsorientierung.

Wissenschaftsorientierung hat fraglos positive Seiten. Sie vermag das Wissen über Erziehungsprozesse über Ziele und Methoden, ihre Folgen und Wertungen zu vervollständigen und Erziehungsideologien entgegenzuwirken.

Professionalisierung hat aber auch eine andere Seite, die seit den 60er-Jahren ihren Verlauf nahm. Die Erziehertätigkeit wurde zunehmend spezialisiert. Es gibt nun einen Erzieher für Abenteuer auf dem Abenteuerspielplatz. Es gibt Spezialisten für Rollenspiele oder Kreativitätsförderung, um nur einige Spielarten der neuen Erziehungsexperten zu nennen.

Neben dem Lehrer, bei dem die Spezialisierung in der ausschließlichen Verantwortlichkeit für den Unterricht begann, gibt es nun mehr und mehr Erzieher, die vor, neben und nach dem Unterricht die Kinder betreuen und verwalten.

Diese expertistische Spezialisierung ist eher als ein Fallstrick denn als Fortschritt einzuschätzen, was wir am Beispiel des Lehrers noch deutlicher machen wollen.

Mit der Professionalisierung rückte ein Typus von Fachwissen in die Lehrerausbildung, der Teil der technologischen Kultur des Rationalismus ist und der die »volkstümliche Bildung« verdrängte, ohne an deren Stelle etwas Neues zu setzen. Der professionelle Wissenstypus ist Expertenwissen. Er *spaltet die Welt mehr und mehr auf in Experten und Laien,* ein Prozess, der auch Erzieher und Lehrer betrifft und sie nicht nur zu Experten werden lässt, sondern paradoxerweise gleichzeitig auch dequalifiziert. Denn curriculares Wissen als Wissen über Unterrichtsplanung wurde im Zuge der Professionalisierung immer mehr in zentralen Einrichtungen der Curriculumentwicklung zusammengefasst, in der Kultusbürokratie wie in Instituten. Damit passierte eine tendenzielle Trennung von curricularer Vorplanung und unterrichtlicher Ausführung, wobei die Lehrer zunehmend von der Vorplanung ausgeschlossen wurden. Das Planungswissen wurde von der Praxis abgezogen und zentralisiert und in zu Expertenwissen verwandelter Form an die Lehrer zurückgegeben. Im Gang durch die Bürokratie unterlag es selbst der Bürokratisierung. Da auf diese Weise außerdem neue Möglichkeiten »sachlicher« und zentraler Kontrolle durch gelenkte Weitergabe zentralisierten Wissens entstanden, trifft jetzt auch den Lehrer, was Illich »entmündigende Expertenherrschaft«[4] genannt hat.

Die Expertisierung des Erzieherischen kann eine Entpersönlichung der zwischenmenschlichen Beziehungen zur Folge haben. Denn die ethische Verpflichtung auf das Wohl der Klienten äußert sich nicht notwendig in mehr Einfühlungsvermögen oder gar Opferbereitschaft. Professioneller Dienst am Menschen ist häufig nur Dienst am Kunden, dem man ja nur vormacht, dass er König ist. Er führt zudem in neue Abhängigkeiten, weil Wissen nicht selbst angeeignet, sondern von anderen »bezogen« werden muss. Als Klient wurde im alten Rom nicht umsonst ein Höriger oder Halbfreier bezeichnet, der seinem Patronus Gefolgschaft schuldete – wofür dieser ihn in Not und vor Gericht schützen musste. Die Formen professioneller Kontrolle sind besonders subtil, werden sie doch von Experten ausgeübt, denen es um »affektive Absicherung kognitiver Lernprozesse« – oder ähnlich schwer verständliche oder offenbar notwendige Dinge – geht. Charakteristisch ist, dass sich die Personen dabei gern hinter Regeln und Verfahrensweisen verstecken, wobei die moderne Selbstverpflichtung auf Klientenorientierung nicht selten benutzt wird, um das eigene Engagement begrenzt zu halten. Der Kommunikationsstil wird entsprechend unverbindlicher. In Büros, Sprechzimmern und eben auch in Schulen hört man immer mehr Sätze wie »Ich schlage vor, dass wir jetzt«, »Möchtest du vorlesen ...« oder das bekannte »Ich würde sagen ...«. Alles Anzeichen dafür, wie das persönliche Engagement zurückgenommen wird und sich hinter Verfahren und Redewendungen verflüchtigt.

Zu den Lehrern gesellen sich die neu entstandenen professionellen oder halbprofessionellen Kinderbetreuer, wie Spiel- oder Sozialpädagogen und die Fachlehrer in der Grundschule. Experten, Spezialisten für Pädagogik greifen mit Erziehungstechnologien in naturwüchsige und eigentlich selbstverständliche Sozialisationsprozesse ein.

Eltern werden dadurch ihrer Erziehungsfähigkeit tendenziell enteignet. Verunsichert suchen sie Rat bei Experten. Wie nie zuvor machen sie sich über Schule, Erziehung und Lernen Gedanken, lesen populärwissenschaftliche pädagogische Untersuchungen. Sie lesen dort, dass viele Fehlentwicklungen in der frühen Kindheit angelegt sind und fürchten nun ständig, etwas falsch zu machen. Davon profitieren die Professionellen, die Experten. Kindertherapeuten sind gefragt wie nie zuvor und haben lange Wartelisten. Der Beratungsmarkt blüht, bereits 1976 gab es auf dem Buchsektor ca. 10000 Elternratgeber allein für den Bereich der Kindermedien.[5] Heute macht sich niemand mehr die Mühe, Ratgeber zu zählen, denn der Markt ist unüberschaubar geworden.

Kaum eine Tätigkeit oder Äußerung von Kindern bleibt dem spezialisierten Psychologen oder Pädagogen verborgen. Schnell sind dazu didaktische Einheiten, Erziehungsstrategien oder kompensatorische oder emanzipatorische Programme entwickelt. Programme und Verfahren, das sind wohl die wesentlichen negativen Resultate der Professionalisierung.

Fassen wir die Ergebnisse zusammen, so ergibt sich, dass neue Bedingungen für die Herausbildung von Sozialcharaktern entstanden sind:

– die Reduktion von Eigentätigkeit,
– die Mediatisierung der Erfahrungen,
– die Expertisierung der Erziehung.

2. Verändertes Zeit- und Raumerleben

Das aufwachsende Kind findet das Material für seine Kulturarbeit, die Aneignung der symbolischen und materiellen Kultur, vor allem in den Bereichen, die wir in Teil II vorgestellt haben. Die beschriebenen Gegenstände und Symbolisierungen sind für sich bedeutungsvoll und stellen den Bedingungsrahmen für die Sozialisation dar. Doch dies ist nur eine Seite. Ganz wesentlich, so ergab die Analyse, bestimmt die Art und Weise, wie sich das Kind das Material aneignet, die Persönlichkeitsentwicklung. Das Kind wird nicht nur sozialisiert, sondern sozialisiert sich so gesehen zum Teil auch selbst.

Die allgemeinsten Organisationsprinzipien der Persönlichkeitsentwicklung sind Zeit und Raum:

– In der Zeit organisiert sich die »Aufschichtung« der Erfahrungen in einem Nacheinander, d. h. in einer Reihenfolge.
– Im Raum organisiert sich die Lebenswelt, das Nebeneinander.

Das Verständnis von Zeit und Raum hat sich insbesondere seit 1960 stark verändert. Es handelt sich allerdings um säkulare Trends, die in dem hier zu behandelnden Zeitraum nicht entstanden sind, wohl aber sich dramatisch beschleunigen. Beide Organisationsprinzipien von Sozialisation, deren Veränderung und deren Bedeutung für veränderte Sozialisationsprozesse werden wir im Folgenden darstellen.

2.1 Zeiterleben

»Zeit ist das Leben, und das Leben wohnt im Herzen«, so heißt es im Klappentext des Bestsellers »Momo« von Michael Ende. In »Momo« geht es um das Rätsel »Zeit«, »... das nachdenkliche Kinder und Erwachsene, die noch nicht verlernt haben, sich über das scheinbar Selbstverständliche zu wundern, gleichermaßen beschäftigen kann.«[6]

Auch wir wollen die Zeit nicht als etwas Selbstverständliches nehmen, sondern Zeit, genauer Zeiterleben und Zeitordnung, als etwas Soziales untersuchen. Wir wollen zeigen, wie sich das Zeiterleben gewandelt hat, welche Triebkräfte dabei wirksam waren und was der Wandel des Zeiterlebens für Sozialisation bedeutet.

Unser Bewusstsein von Zeit richtet sich nach Kalender und Uhr. Der im Wesentlichen auch heute noch gültige Kalender ist der julianische, der von Julius Cäsar eingeführt wurde. Er hatte sich hierfür den ägyptischen Astronomen und Mathematiker Sosigenes kommen lassen, der eine Zeitgliederung aufgrund von Sonnen- und Sternbeobachtungen entwickelt hatte. Die folgende Beschreibung zeigt, wie bei der Zeiteinteilung des julianischen Kalenders auch Willkür und Machtfragen eine Rolle spielten:

»Cäsar führte nun im Jahre 46 v. Chr. diesen Kalender mit einigen wesentlichen Änderungen ein. Während die Ägypter 12 Monate mit 30 Tagen hatten und dann 5 Tage feierten, um das Jahr voll zu machen, hielt Cäsar diese 5-Tage-Feier für unpraktisch. So nahm er vom Februar als dem damals letzten Monat des Jahres einen Tag weg und hatte nun im Jahr insgesamt 6 Tage, die er den 6 ungeraden Monaten von Januar bis November hinzufügte. Der Februar als Ausnahme hatte damit 29 und in den Schaltjahren 30 Tage. Außerdem verlegte er den Anfang des Jahres vom 1. März auf den 1. Januar. Um den Übergang zum neuen Kalender zu realisieren, musste das Jahr 46 aus 445 Tagen bestehen, was durch 23 Zusatztage im Februar und 67 Zusatztage zwischen November und Dezember verwirklicht wurde. Nach diesem ›Jahr der Verwirrung‹ war dann kalendarisch alles in Ordnung.

Zwei ergänzende Merkwürdigkeiten müssen aber erwähnt werden, weil sie zeigen, in welchem Maße das Kalenderzeit-Machen eine Macht- und Prestigefrage war und von welcher Cäsarlaune unser heutiger, für das 20. oder 21. Jahrhundert eigentlich nicht mehr als funktionell zweckmäßig anzusehender Kalender mit geformt wurde.

Bald nach Cäsars Tod veranlasste Mark Antonius, dass der Name des nach alter Zählung fünften Monats, in dem Cäsar geboren war, nämlich Quintilis (= 5), zu Ehren Julius Cäsars in Juli umbenannt wurde. Als aber Augustus Kaiser wurde, sah er mit Eifersucht auf alles, was Cäsar getan hatte, auch auf dessen Ehrung im Kalender. Seinem Stolz entsprach es, im Jahr 8 n. Chr. einen anderen Monat nach sich selbst zu benennen, und so wurde aus dem alten 6. Monat Sexitilis der August. Nur konnte es Augustus nicht ertragen, dass dieser Monat im Sinne der regelmäßigen Abfolge von 31- und 30-Tage-Monaten einen Tag weniger hatte als der Monat Cäsars. Konsequenterweise bekam nun der August ebenfalls 31 Tage, und jeder Schüler muss nun den hübschen Merkvers lernen (wie im Englischen) oder die Knöchel der nebeneinander liegenden Hände abzählen, um sich die unregelmäßige Folge der Monatslängen einzuprägen. Der ergänzende Augusttag wurde dem Februar weggenommen, der nunmehr noch weiter auf 28 (29) Tage schrumpfte.« (Wendorf, R., 1980, S. 74, 75)

Die Überwachung des Kalenders oblag dem Pontifex maximus, dem Vorsteher des altrömischen Priesterkollegiums, und wurde als politisch bedeutsame Angelegenheit angesehen. Die Einhaltung des Kalenders, d. h. die einheitliche Zeitmessung, war einfach notwendig, um die Verwaltung des riesigen Römischen Reiches zu ermöglichen. Die Vereinheitlichung der Zeit erfolgte somit als Antwort auf Zentralmachtprobleme.

Neben dem Kalender bestimmten Sonnen- und Wasseruhren den römischen Alltag.

»Man gebrauchte Uhren bei Gericht, im Heerwesen, bei der Post, später auch zur Realisierung und Kontrolle von Wasserordnungen, nach denen es z. B. nur zu bestimmten Zeiten erlaubt war, Trinkwasser zu entnehmen. Sklavenarbeiten wurden mithilfe der Wasseruhren kontrolliert, und Herodicus Atticus ließ mithilfe der Wasseruhr die Arbeitsnorm für Schreibarbeiten feststellen: Wie viel Minuten durften im Normalfall und für die genaue Bezahlung aufgewendet werden, um 100 Zeilen zu schreiben?« (ebenda S. 76).

Die Uhr wurde zum wichtigsten Instrument der Zeitgliederung. In der Form, in der wir sie täglich mit uns tragen, nämlich als Taschen- oder Armbanduhr, gibt es sie erst Ende des 18. Jahrhunderts. Vorher wurde die Zeit mit Turm- oder Standuhren angezeigt, davor durch die gerade erwähnten Wasseruhren. Und noch früher gab es Epochen, in denen kamen die Menschen ganz ohne Uhren aus.

Historische und kulturanthropologische Untersuchungen beschreiben, wie das Zeitgefühl mit den vertrauten Vorgängen des Arbeitszyklus oder der Hausarbeit verbunden ist. Der Tag in der vorindustriellen Zeit begann mit dem Sonnenaufgang. Die weitere Tageszeit bestimmte den Arbeitsrhythmus, wie z. B. das Melken oder den Viehtrieb. Das Tagesende kündigte sich mit der anbrechenden Dunkelheit an.

Die Jahreszeiten waren allen durch die Wachstums- und Arbeitszyklen und die Wetterlage bekannt.

Das Zeitverständnis in dieser agrarisch-vorindustriellen Lebenswelt richtete sich nach Tag und Nacht, Sommer und Winter, kurz: Das Zeiterleben lag im Rhythmus der Natur. Das Frühjahr begann also z. B. nicht mit einem bestimmten Datum, sondern mit bestimmten Arbeiten, z. B. Aussäen. Das Zeiterleben war deshalb ein zyklisches. Eine Zeiteinteilung, die sich von den natürlichen Phasen unabhängig machte, gab es lange Zeit nur im sakralen Bereich[7], ermöglicht durch die mechanische Uhr mit Rädern, Gewicht und Hemmung.

In den Klöstern verwirklichte sich zuerst das pünktlich geordnete Leben. Voraussetzung war das technische Prinzip, die Zeit präzise in kleinen Einheiten zu erfassen. Die mittelalterliche Räderuhr realisierte dieses Prinzip. Mit einem Gewicht wurde der Antrieb betätigt, dessen Kraftabfluss durch »Hemmung« einmal gebremst, dann wieder freigegeben wurde.

Mit dieser Technik wird die Zeit sozusagen zerhackt, was auch das wesentliche Neue der mittelalterlichen Räderuhr ist. Mit ihr wird die Zeit in messbare Einzelteile zerlegt.

Sehr schnell, noch in der ersten Hälfte des 14. Jahrhunderts, wurde das Uhrwerk mit einem Schlag gekoppelt. Jedermann konnte nun ein neutrales Stundensignal hören, ob in der Werkstatt oder auf dem Acker in der Nähe von Dorf und Kirchturm.

Die Untergliederung des Tages ist nun nicht auf ein technisches, mathematisches Problem reduzierbar, sondern im Wechselspiel von Traditionen, Gewohnheiten, sozialen Bedürfnissen und naturwissenschaftlichem Denken begreifbar. Die Durchsetzung einer linearen Zeitvorstellung hat in unseren Breiten immerhin so viel Schwierigkeiten bereitet, dass sie mehr als ein Jahrhundert gedauert hat (vgl. ebenda, S. 147).

Mit einem veränderten Zeitdenken musste schließlich ein grundlegendes Organisationsprinzip von der Lebenswelt verändert werden. Mit dem Anwachsen der gesellschaftlichen Arbeitsteilung, durch die Verflechtung der Märkte, durch bürokratische Regulierungen und Ausweitungen des Verkehrs wurde eine allgemein gültige Zeiteinteilung immer notwendiger. Die in Agrargesellschaften charakteristische aufgabenorientierte Zeitmessung blieb lediglich für Bauern und in kleinen Werkstätten ohne weitgehende Arbeitsteilung bestehen.

»Im Oktober 1782 war er neben dem Weben noch immer mit dem Einbringen der Ernte und dem Dreschen beschäftigt. An einem regnerischen Tag wob er etwa 8 $^1/_2$–9 Ellen; am 14. Oktober lieferte er sein fertiges Stück ab und webte daher nur 4 $^3/_4$ Ellen; am 23. arbeitete er bis 3 Uhr auf dem Feld, webte 2 Ellen bis Sonnenuntergang und – flickte abends meinen Rock.

Am 24. Dezember: – webte 2 Ellen vor 11 Uhr. Ich schichtete die Kohlen auf, reinigte die Decke und die Wände der Küche und legte den Misthaufen an bis 10 Uhr nachts –. Außer über Erntearbeit, Dreschen, Buttern, Grabenziehen und Gärtnern finden wir folgende Einträge: 18. Januar 1783: Ich richtete einen Verschlag für das Kalb her und schaffte die Kronen von drei Platanen nach Hause, die am Wege wuchsen und an diesem Tag geschlagen und an John Blagbrough verkauft wurden. 21. Januar: brauchte sie viel Pflege. (Am nächsten Tag ging er zu Fuß nach Halifax, um eine Medizin für die Kuh zu kaufen). Am 25. Februar webte er 2 Ellen, ging zum nahen Dorf und verrichtete verschiedene Arbeiten an der Drehbank und auf dem Hof und schrieb am Abend einen Brief. Andere Beschäftigungen umfassten Gelegenheitsarbeiten mit Pferd und Wagen, Kirschenpflücken, Arbeit an einem Mühlendamm, Teilnahme an einer Baptistenveranstaltung und einer öffentlichen Hinrichtung durch den Strang« (Thompson 1973, S. 89).

Zu dem unregelmäßigen Arbeitsrhythmus gesellte sich, fast als Selbstverständlichkeit, der »blaue Montag«, vor allem durch die ausgiebige Zeche am Wochenende.

Der unregelmäßige Arbeitsrhythmus führte zu Disziplinierungsmaßnahmen durch die aufstrebenden Fabrikbesitzer. Kontrollkarten, Aufseher, Denunzianten und Fabrikstrafen wurden wirksame Mittel, die Arbeiter an ein lineares Zeitgefühl zu gewöhnen. Neben Fabriken gewöhnten sich vor allem Schulen an den sparsamen Umgang mit der Zeit. Erst seit Ende des 18. Jahrhunderts stehen Ermahnungen zur Pünktlichkeit und Regelmäßigkeit in allen Schulordnungen.

Die Durchsetzung der neuen Zeitdisziplin ging nicht ohne Widerstand vor sich. Nicht mehr gegen, sondern um die Zeit wurde gekämpft.

»Der ersten Generation Fabrikarbeiter wurde die Bedeutung der Zeit von ihren Vorgesetzten eingebläut, die zweite Generation kämpfte in den Komitees der Zehn-Stunden-Bewegung für eine kürzere Arbeitszeit, die dritte schließlich für einen Überstundenzuschlag. Sie hatten die Kategorien ihrer Arbeitgeber akzeptiert und gelernt, innerhalb dieser Kategorien zurückzuschlagen. Sie hatten ihre Lektion – Zeit ist Geld – nur zu gut begriffen« (ebenda, S. 97).

Mit der Ausdehnung der Mechanisierung wurde die Zeitgliederung für die einzelnen Arbeitsgänge den Arbeitern letztendlich aus den Händen genommen, die Maschine bestimmt sie jetzt. Besonders deutlich wird dieser Vorgang bei der Fließbandarbeit. Der Arbeiter ist nur noch ein Anhängsel des Maschinentaktes.

Die Zeiterfahrung wird dadurch von der Arbeit und vom Produkt getrennt, sie wird zu einer abstrakten Erfahrung, einer physikalischen Größe, ähnlich dem metrischen Längemesssystem.

Mit der kapitalistischen Industrialisierung setzt sich noch eine weitere folgenreiche Veränderung im Zeiterleben durch: Die Zeit wird knapp. Auch als sich der allgemeine Gebrauch von Uhren schon durchgesetzt hatte, war immer noch Zeit für Feste und Müßiggang vorhanden.

»Knapp war die Zeit erst in dem Augenblick, wo sie mit dem Geld in Berührung kommt. Denn erst wenn die Zeit Geld geworden ist, kann man von ihr nicht genug kriegen. Dann erst wird mit der Zeit gewirtschaftet. Zeit zu sparen wird dann ebenso wichtig wie Geld zu sparen, weil beides unmittelbar füreinander einstehen kann.«[8]

Die Erfahrung, dass Zeit knapp ist, bleibt nicht nur in der Produktionssphäre bedeutsam. Der Termindruck setzt sich im gesamten Lebenslauf durch. Man zerstückelt sich den Tag und füllt ihn mit Terminen aus. Eine Uhr ist für uns hierbei unentbehrlich geworden. Kinder unterliegen heute mehr als vor einigen Jahrzehnten der Zeitökonomie und den Zeitdifferenzierungen.

Schon im Vorschulalter erhalten heute die meisten Kinder eine Uhr. In den unmittelbaren Nachkriegsjahren war dies noch anders. Damals besaßen Kinder keine Uhren; sie wurden ihnen vielmehr am Ende der Kindheit, z. B. zur Konfirmation geschenkt – sicherlich ähnlich den Ritualen, mit Symbolen den endgültigen Abschluss der Kindheit zu markieren.

Kinder haben heute weniger Zeit, zumindest weniger frei verfügbare Zeit. Sie benötigen jetzt eine Uhr, um die vielfältigen Anforderungen ihres Terminplanes koordinieren zu können: Die betreute Freizeit, Kinderfeste und Musikunterricht, die festen Sendezeiten der beliebtesten Fernsehsendungen, Freiluftsport und Schwimmunterricht, Freundes- und Verwandtenbesuche müssen miteinander und auch noch mit dem Autofahrplan ihrer Eltern abgestimmt werden. Die von der Werbung genährte Haltung, alle Angebote wahrnehmen zu müssen, macht die Zeit ebenfalls knapper. Die Schule mit ihrem komplizierter gewordenen Stundenplan (transportgerecht variabler Schulanfang, Fachunterricht in der Grundschule und parallele Fördergruppen) tut ein Übriges, um den Kindern ein Gefühl von Zeitknappheit zu geben und sie auf die kommerzialisierte Zeitstruktur vorzubereiten, die in der spätbürgerlichen Gesellschaft vorherrscht. Durch die Zeitsozialisation in der Schule geben Kinder schon frühzeitig ihre »aufgabenbezogene« Zeitorientierung zugunsten einer vorgegebenen »uhrzeitbezogenen« Zeiteinteilung auf. Die Uhrzeit bestimmt, wann, wie lange, wie schnell und in welcher Reihenfolge Aufgaben und Pflichten zu erledigen sind. Dabei lernen Kinder auch, Zeit im Sinne von »Zeit ist Geld« zu behandeln.[9]

Linder hat nachgewiesen, dass die zunehmende Zeitverknappung nicht nur darauf zurückzuführen ist, dass aufgrund gesteigerter Produktivität die Arbeitszeit teurer geworden ist. Er legt überzeugend dar, dass nicht nur das Produzieren, sondern auch das Konsumieren Zeit in Anspruch nimmt. Zumindest für Verbrauchsgüter gilt, dass deren »Konsum Zeit konsumiert«.[10]

> »Je mehr Konsumgüter angeboten werden und desto häufiger auch noch solche Dienste hinzukommen, die ebenfalls für den Konsum bestimmt sind, desto rarer wird die Zeit. Zeit wandelt sich in der Konsumgesellschaft zu einer Ressource, mit der man haushalten muss. Sie stellt im wirtschaftlichen Sinne ein knappes Gut dar (…). In diesem Fall ist sie aber den Gesetzen unterworfen, die in der Welt der Wirtschaft gelten«.[11]

Diese kommerzialisierte Zeitökonomie regelt inzwischen auch den Rhythmus, in dem Kinder leben und aufwachsen. Noch in der Nachkriegszeit haben Kinder die Zeit wesentlich als »natürliche«, in jedem Fall als nicht standardisierte erlebt, als Zeiträume, die für einzelne Handlungsabläufe oder Tätigkeiten benötigt werden und die sich von anderen Zeiten qualitativ unterscheiden, die für andere Handlungsabläufe oder Tätigkeiten erforderlich sind.

Zeit ist schematisierte, befristete und budgetierte Zeit – und wird als solche auch erfahren. Gegen solcherart terminierte Zeit grenzt sich für Kinder im gleichen Atemzug so etwas wie Exklusivzeit ab, d. h. frei verfügbare Zeit. Diese konzentriert sich in der Regel auf das freie Wochenende und den Urlaub. Exklusiv ist diese Zeit für viele Kinder auch deshalb, weil sie die einzige Zeit ist, zu der sich Eltern voll auf die Kinder verlassen und sie nicht ihrer eigenen terminierten Zeit unterordnen. Kinder bemerken dies sehr deutlich: »In unserem Sommerurlaub ist es schön, die Zeit zu vergessen. Manchmal wünsche ich mir, dass es keine Uhren gäbe, um nicht auf die Zeit achten zu müssen« (Mädchen, 10 Jahre).[12]

Mit der Terminierung der Zeit geht eine Zukunftsorientierung einher, die zunehmend abstrakter wird. Sie zeigt sich vor allem in der Schule, deren Alltag die Kinder oft weniger anzieht als die Verheißung eines künftigen Abschlusses. Die Zukunftsorientierung nimmt so immer mehr die Form des Wartens an: Warten auch im

Auto oder in der Straßenbahn, nicht nur auf das Auto oder die Straßenbahn, denn die Fahrt ist ja in aller Regel Beförderung, d. h. Überbrückung von Wartezeit. Gewartet wird auch auf die beliebte Fernsehsendung und auf das verlängerte Wochenende ebenfalls. »Die Hälfte seines Lebens wartet der Mensch vergebens« – ein Soldatenspruch, der heute auch für die Kindheit gilt.

Diese Wartezeit steht in Spannung zum sich verstärkenden Wunsch nach Unmittelbarkeit, nach dem Auskosten des Hier und Jetzt. Dieser Wunsch nach Unmittelbarkeit wird gespeist durch Warenwerbung, die gegen Sparen und Aufschub aufruft, und durch die neuen Massenmedien, vor allem durch das Fernsehen.

Die Erfahrung, dass Zeit knapp ist und produktiv und intensiv genutzt werden muss, vermitteln vor allem ehrgeizige Eltern. Diese haben im Zuge der Erziehung Angst bekommen, dass sich die Entwicklung ihrer Kinder verzögern könnte. Also beginnen sie frühzeitig mit Fördermaßnahmen, im schlimmsten Fall schon im Säuglingsalter von Kindern. Kindheit wird so schon in der frühesten Phase mit Zeitdruck begleitet; Kinder werden gleichsam durch ihre Kindheit gehetzt (Elkind 1991).

2.2 Raumerleben

Ähnlich dramatisch wie das Zeiterleben hat sich das Raumerleben gewandelt.

Vor allem das aktive Aneignen des alltäglich genutzten Raumes, von Muchow[13] Streifraum genannt, ist für die Persönlichkeitsentwicklung von grundlegender Bedeutsamkeit. Bahrdt[14] hält es deshalb unverzichtbar dass ein Kind

> »selbstständig die räumliche Distanz in eigener Regie überwindet und damit aus eigener Kraft die Brücke zwischen den heterogenen, ihm zugemuteten Rollen schlägt, indem es den Schulweg nicht an der Hand der Mutter oder im Auto neben der Mutter sitzend zurücklegt, sondern allein. Bei dieser autonom vollzogenen Vermittlung zwischen zwei Rollen hat es gleichzeitig die Chancen, sich ein drittes Feld sozialer und

räumlicher Umwelt zu erschließen, die Quartiersöffentlichkeit, wie sie sich auf den Straßen und Plätzen repräsentiert. Wir wissen, dass unsere Wohnviertel diese Chance des selbstständigen Überschreitens jener Schwelle, die die räumliche Binnenwelt der Familie von der Außenwelt trennt, in immer geringerem Maße bieten. Die Schulwege sind zu gefährlich. Oft sind sie zu weit oder zu langweilig. D. h., sie haben nicht die Funktion, die sie im Sozialisationsprozess haben könnten. Sie bieten dem Kind nicht die Chance, in eigener Regie Außenwelt als ein Stück eigenständiger, qualitativ von der Familiensphäre unterschiedener städtischer Umwelt zu erschließen ... So wie sich im Augenblick unsere Städte entwickeln, bedeutet die Quartiersstruktur eine wachsende Freiheitsberaubung für Kinder«.[15]

Dass der Raum heute anders als in der unmittelbaren Nachkriegszeit erlebt wird, liegt vor allem daran, dass er seitdem bis zur Unkenntlichkeit umgeformt wurde, was jeder heute etwa Vierzig- oder Fünfzigjährige eindrucksvoll erfahren kann, wenn er das Quartier und die Streifräume seiner Kindheit nach längerer Abwesenheit wieder einmal aufsucht.

Die Straßen sind glatter und gerader, kurz, autogerechter geworden – und damit unbespielbarer. Viele kleine Läden und Handwerksbetriebe haben zugemacht. Der Lebensraum wurde urbanisiert – 1950 wohnten noch 25,5% der Bevölkerung in Orten mit weniger als 2 000 Einwohnern, heute sind es nur noch 5% (in den neuen Ländern sind es noch 18%); dafür lebten 1950 ca. 46% der Bevölkerung in Städten mit mehr als 20 000 Einwohnern, heute sind es immerhin rd. 60%.[16] Wenngleich in diese Statistiken kleine Ungenauigkeiten eingehen, zeigen sie doch einen deutlichen Trend vom Dorf zur Stadt.

Die Urbanisierung bedeutete nicht notwendig Industrialisierung des dörflichen Raumes. Vieles ist auf dem Lande auch heute noch anzutreffen, was in den Städten durch Industrialisierung verändert wurde oder sogar verschwand.[17]

Funk kann belegen, dass periphere ländliche Regionen nicht einfach industrialisiert, sondern selektiv für einzelne Funktionen umgenutzt wurden. Solche Umnutzungen gehen aus:

- »von der Industrie zur Auslagerung arbeitsintensiver Teilfertigungen in die peripheren Regionen mit niedrigem Lohnniveau;
- von der Energieversorgung als günstigen Standort für Atomkraftwerke ...
- von den Ökologen der Städte als Freizeit- und Erholungsmöglichkeit ...
- von den Ökologen als Wasser und Luftreservoir oder
- von den Rentnern, Pensionären und Altenheimplanern als Rückzugsmöglichkeit aus den teuren städtischen Wohnorten«.[18]

Dort, wo Urbanisierung und Industrialisierung des Raumes stattfanden, haben sich die Streifräume der Kinder erheblich verändert.

Wie Muchow für die 30er-Jahre beschreibt und wie es auch noch für die 50er-Jahre gilt, eigneten sich die Kinder ihre Streifräume in konzentrischen Kreisen an. Von der eigenen Wohnung ausgehend, erkundeten sie nach und nach die weitere Umgebung.

Die heutigen Streifräume sind – jedenfalls in der Großstadt – nun nicht unbedingt kleiner geworden, wie man auf den ersten Blick meinen könnte, also auf Wohnung und Kinderzimmer geschrumpft. Sie wurden gleichzeitig erheblich erweitert, haben allerdings eine vollkommen neue Form angenommen, die am ehesten noch als Leben auf mehreren Inseln zu beschreiben ist.

Die »Wohninsel« ist der Ausgangspunkt für zahlreiche Ausflüge zur »Kindergarteninsel«, später zur »Schulinsel«, zu den Inseln, wo die Spielkameraden wohnen oder die Verwandten, die Inseln, wo eingekauft wird, usw. Die Entfernungen zwischen den Inseln werden mit dem Auto oder einem öffentlichen Verkehrsmittel zurückgelegt. Der Raum zwischen den Inseln verschwindet, verdünnt sich zum erlebnisarmen »Zwischenraum«.[19] Dieser wird nicht mehr zum Spazieren, Schlendern oder Spielen genutzt, sondern nur noch überbrückt. Im Extrem versinkt der »Zwischenraum« sogar, nämlich in Großstädten mit U-Bahnen, wo er zur Röhre wird, durch die man befördert wird, um anschließend auf einer anderen Insel wieder aufzutauchen.

Von Urlaubsreisenden in den USA wird eine Geschichte erzählt, die noch eine andere Seite dieses Aspekts des neuen Raumerlebens illustriert: In den USA sind die Motels weitgehend standardisiert:

Betritt man ein Zimmer, befindet sich in der Regel auf der einen Seite das Fernsehgerät und auf der anderen das Kingsizedoppelbett und in einer Ecke das Bad und die Kaffeemaschine. Und es soll Kinder geben, die wochenlang mit ihren Eltern durch die USA gereist sind, von den Rocky Mountains bis zu der weiten Deltamündung des Mississippis, und die glaubten, sie wären die ganze Zeit im selben Hotel gewesen, auf einer Wohninsel, und hätten nur unterschiedliche Tagesausflüge gemacht.

Schivelbusch[20] hat die Entstehung eines anderen Aspekts des neuen Raumerlebens an der Geschichte der Eisenbahnreise untersucht. Mit der Eisenbahnreise, deren Geschwindigkeit ein Mehrfaches der Pferdekutsche beträgt, geschah es wohl zum ersten Mal, dass Räume und Landschaften an einem vorbeirauschten. Schivelbusch nennt dies panoramatisches Raumerleben. Bezeichnend dafür sind Flüchtigkeit und die Unmöglichkeit, Details zu erkennen, innezuhalten oder zurückzublicken, aber auch das erhebende Gefühl, das Ganze zu erfassen, Überblick zu haben, ein Gefühl, das allerdings im Großen und Ganzen trügt.

Schivelbusch verweist ferner auf die Tendenz dieses panoramatischen Raumerlebens, die Unterschiede unterschiedslos werden zu lassen, und er betont die Verflüchtigung der nahe gelegenen Objekte durch die Geschwindigkeit; Letzteres bedeute das »Ende des Vordergrundes, jener Raumdimension, die wesentliche Erfahrung vorindustriellen Reisens ausmacht ..., so trennt die Geschwindigkeit ... den Reisenden vom Raum, dessen Teil er bis dahin gewesen war«.[21]

Diese Art panoramatischen Sehens ist ein Massenphänomen geworden für Kinder, die mit dem Pkw ihrer Eltern, mit Straßen- oder U-Bahn von »Streifinsel« zu »Streifinsel« gefahren werden.

In den Gruppeninterviews kam der Wandel des Raumerlebens anschaulich zur Sprache:

Frau A.: Also, ich kann das wirklich nicht nachvollziehen, welche Empfindungen jetzt beispielsweise mein Sohn haben muss. Er wird mit Sicherheit ein anderes Landschaftserleben haben als ich. Mein Landschaftserleben ist noch geprägt von einem Feld, weil ich auf dem

Feld arbeiten durfte mit all dem, was darin ist – und dem Duft und dem Geruch und eine Wiese und ein Baum oder zwei Bäume ... Das waren ziemlich begrenzte Räume, die ich aber ganz genau kannte, bis auf jeden Maulwurfshügel oder so. Und später – als ich in den Trümmern spielte – kannte ich auch jeden Sims, über den man klettern konnte, jede Möglichkeit, irgendwo hinzukommen, jeden Busch, jeden Strauch. Eckhard z. B. hat das ja gar nicht mehr, er hat weder Busch noch Strauch, er lebt ja nun mitten in der Stadt und da ist Straße und er benutzt sein Fahrrad, um seine Freunde zu besuchen. Er legt dann eine Strecke über mehrere Straßen zurück, aber von Landschaftserleben kann keine Rede sein. Ich z. B. verbringe meinen Urlaub so, dass ich mir einen Rucksack nehme und in eine Gegend fahre, die ich gerne erkunden möchte und da mit den öffentlichen Verkehrsmitteln oder zu Fuß herumreise und mich überall da niederlasse, wo es mir gefällt, und sei es im Schlafsack irgendwo. Ich kann mir das bei meinem Sohn schon gar nicht mehr vorstellen, dass ihm das überhaupt gefällt, weil so die Landschaft, die ich dann sehe oder über die ich mich freue, oder Architektur, oder was auch immer, oder Menschen, eine Kneipe oder so, fürchte ich, wird ihn gar nicht mehr interessieren. Er würde wahrscheinlich in die Disko gehen wollen.

Interviewer: Die sehen ja überall fast gleich aus, egal in welcher Landschaft sie stehen.

Frau K.: Ja, ja, die sehen überall ziemlich gleich aus, und die spielen überall die gleiche Musik.

Herr D.: Und das hängt genau mit der Erfahrung und Zerstörung von Streifräumen und Umwelt zusammen, die wir so intensiv gemacht haben, weil wir genau diese Phasen miterlebt haben. Unsere Kinder haben das in dem Maße gar nicht. Das heißt, wir sehen das auch völlig anders. Wir sehen also so ein Stück, wo wir

	drin rumwandern als Rucksacktouristen, so ganz anders ...
Frau B.:	Ich halte das hohe Tempo gar nicht mehr aus.
Interviewer:	Was meinst du damit?
Frau B.:	... Das Überbrücken von Landschaften, die ich erleben möchte, das, was du so eben schildertest, das könnte ich nicht mehr. Ich könnte nicht mehr fliegen ...

Für heutige Kinder ist es selbstverständlich, große Entfernungen zu überwinden. Überhaupt wird die Ferne manchmal wichtiger als die Nähe. Fast alles ist weiter geworden: der Gang zu den Freunden, zu den Spielstätten, das Einkaufen in den Einkaufszentren, der Weg in die Mittelpunktschule.

Zeit sparend werden die Strecken zwischen den Stätten überwunden. Die Beschleunigung der Kinder wird zunehmend größer. Die Länge der zu überwindenden Strecken ist gar nicht mehr so wichtig – wichtig wird die Zeit, in der das Ziel erreicht wird. Zeit und Raum werden voneinander abhängiger. Und doch sind ihre Entwicklungstendenzen sehr entgegengesetzt: Unterschiede im Raum verlieren, Unterschiede in der Zeit gewinnen an Bedeutung.

Zusammenfassend kann davon ausgegangen werden, dass tatsächlich ein neuer Sozialcharakter entstanden ist. Er konstituiert sich unter den Rahmenbedingungen von Reduktion von Eigentätigkeit, Mediatisierung der Erfahrung, Expertisierung der Erziehung und angesichts von Zeitknappheit und Beschleunigung über inselhaftem und panoramatischen Raumerleben.

Die Frage, die noch offen geblieben ist, lautet: Wie ist der Wandel des Sozialcharakters zu erklären?

3. Veränderung der gesellschaftlichen Arbeit – Kommodifizierung der Lebenswelt

Wenn die Ursachen für den Wandel des Sozialcharakters gründlich geklärt werden sollen, muss er auf den Wandel gesellschaftlicher Arbeit zurückgeführt werden. Auch hier wollen wir kontrastierend in die Nachkriegszeit zurückgehen. In der Nachkriegszeit herrschte Mangel an Arbeitsplätzen. Die Produktion in den Großbetrieben, vor allem in der Rüstungsindustrie, war gestoppt, viele andere Betriebe waren kaum funktionsfähig.

Es herrschte aber auch Mangel an Arbeitern. Zahlreiche Männer waren noch in Gefangenschaft oder arbeitsunfähig oder gar tot. Viele Aufgaben übernahmen die Frauen. Die »Trümmerfrauen« von Berlin, die mit Hämmern und Meißeln die Steine sauber klopften, sind hierbei in die Geschichte eingegangen.

Auch in anderen Bereichen, z. B. in der eigenen, oftmals zerstörten Wohnung, in Kleinbetrieben und Werkstätten, soweit erhalten, und in der Landwirtschaft sowieso, war die manuelle Arbeit Bestandteil und Mittelpunkt des Alltags. Auch für Kinder, denn die Schule begann auch erst sehr schleppend und für Schularbeiten war keine Zeit vorhanden.

Die Herstellung von wichtigen Gütern begann in handwerklichen bis manufakturmäßigen Dimensionen. Arbeit hatte teilweise wieder vorindustriellen Charakter, nämlich handwerklich mit unmittelbarem Bezug zum Gegenstand.

Damit ist auch die Frage beantwortet, warum auch dieser Teil der Analyse mit der Nachkriegszeit beginnt. Zu dieser Zeit lässt sich nämlich ein Teil der gesellschaftlichen Arbeit recht deutlich als Rückfall in vorindustrielle Verhältnisse beschreiben. Damit kann die Wirkung der folgenden rasanten Industrialisierung mit ihren Entwicklungsschüben verständlicher dargestellt werden.

Ein weiterer Aspekt kommt hinzu. Dadurch, dass die einzig funktionierenden Betriebe Handwerksbetriebe wie Bäckereien, Schustereien usw. (in welchen häufig die Meisterfrau die Position ihres Mannes einnahm) waren, herrschte kurzfristig eine Form von

Arbeitsteilung, die gesellschaftliche Arbeitsteilung genannt wird. Es ist dies eine naturwüchsig entstandene und sinnvolle Arbeitsteilung: denn niemand kann alles selbst herstellen oder reparieren. Insofern ist eine solche gesellschaftliche Arbeitsteilung nicht nur lebenssichernd, also gesellschaftlich notwendig, sondern das Leben erleichternd und angenehm.

Gesellschaftliche Arbeitsteilung bezeichnet ein Resultat der spezifischen Natur der menschlichen Arbeit, nämlich gesellschaftliche Arbeit zu sein. Ein Mensch kann nicht gleichzeitig Fischer, Bäcker, Maurer und Schneider sein. Gesellschaftliche Arbeitsteilung ist im Charakter der menschlichen Arbeit enthalten, sobald diese zu gesellschaftlicher Arbeit wird, d. h., sobald sie in einer und durch eine Gesellschaft geleistet wird. Die gesellschaftliche Arbeitsteilung unterteilt die Gesellschaft und bereichert das Individuum und die Gattung.

Doch diese Phase dauerte nicht lange an. Schon bald nach Kriegsende begann die Produktion in größeren Maßstäben. Die ersten Fabriken produzierten wieder, neue kamen hinzu, auch wenn zunächst aus Gasmaskenbüchsen Blumengießkannen und aus Stahlhelmen Kochtöpfe geformt wurden. Die ehemaligen Führungsleute der Großindustrie trauten sich wieder in ihre Büros. Dann kam der 20. Juni 1948: die Währungsreform. Mit ihr wurde die DM eine harte Währung und mit ihr begannen sich mehr Fabrikhallen mit Arbeitern zu füllen. Es gab auch qualifizierte Arbeitskräfte: Männer, die aus dem Krieg oder aus der Gefangenschaft heimkehrten, und jede Menge Flüchtlinge. Nicht zu vergessen sind der Marshall-Plan 1948 und die Herabsetzung der Einkommensteuer. Die Restauration des kapitalistischen Systems nahm ihren Weg, der unter dem Etikett Rekonstruktionsperiode oder einfach Wiederaufbau bekannt ist.

Damit verschob sich auch die Organisation der gesellschaftlichen Arbeit wieder hin zu einer Form der Arbeitsteilung, wie sie von Marx als ein besonderes Produkt der kapitalistischen Industrialisierung analysiert wurde. Die Industrialisierung zerlegt die Arbeit in Stücke und gibt sie dem Arbeiter stückchenweise zurück.

Ein Höhepunkt dieser Entwicklung ist die Fließbandproduktion: Jeder Arbeiter führt hierbei lediglich eine bestimmte Operation durch, repetitive Detailarbeit. Der Einzelne ist gar nicht mehr in der Lage, seine Arbeit zu kontrollieren, das Fließband kontrolliert. Mit dieser zum Kriegsende unterbrochenen und auf höherer Stufenleiter wieder auferstandenen Industrialisierung ist ein für Sozialisationsprozesse besonders wichtiges Moment der Arbeitsteilung zu beschreiben: die Trennung von planender und ausführender Arbeit. Das System moderner kapitalistischer Betriebsführung, eingeleitet von Ford und Taylor, nimmt den Arbeitern jede Planung des konkreten Arbeitsvollzugs ab. Die Planung ist die Sache von Experten, was Taylor, ein Erfinder der wissenschaftlichen Betriebsführung, wie folgt beschreibt:

»Die Entwicklung einer wissenschaftlichen Methode bringt die Aufstellung einer Menge von Regeln, Gesetzen und Formen mit sich, welche an Stelle des Gutdünkens des einzelnen Arbeiters treten. Sie können mit Erfolg erst angewendet werden, wenn sie systematisch aufgezeichnet und zusammengestellt sind. Die praktische Anwendung von wissenschaftlichen Aufzeichnungen erfordert auch einen Raum, in dem die Bücher, Statistiken etc. aufbewahrt werden, und einen Tisch, an dem der disponierende Kopfarbeiter arbeiten kann. So muss alle Kopfarbeit, die unter dem alten System von dem Arbeiter geleistet wurde und ein Resultat seiner persönlichen Erfahrung war, unter dem neuen System notwendigerweise von der Leitung getan werden in Übereinstimmung mit wissenschaftlich entwickelten Gesetzen. Denn selbst wenn der Arbeiter geeignet wäre, solche wissenschaftlichen Gesetze zu entwickeln und zu verwerten, so würde es doch physisch für ihn unmöglich sein, gleichzeitig an seiner Maschine und am Pult zu arbeiten. Es ist also ohne weiteres ersichtlich, dass in den meisten Fällen eine besondere Art von Mann zur Kopfarbeit und ein völlig verschiedener Typ von Arbeiter zur Handarbeit nötig ist« (Bravermann 1977, S. 95).

Die Trennung der Konzeption oder Vorstellung von der Ausführung führt dazu, von vielen Arbeitsplätzen zunehmend Wissen abzuziehen und in Planungsbüros zu zentralisieren.

Da sich eine solche Organisation der gesellschaftlichen Arbeit ja nicht von selbst entwickelt, ist die Frage berechtigt: Welche Triebkräfte geben den Anstoß für die Veränderung?

In der frühen Nachkriegszeit war der Anlass zur Arbeit teilweise, wenn auch kurzfristig, die Lebenssicherung und der Versuch der Umweltkontrolle, also auch ganz spezifische Merkmale natürlicher menschlicher Existenz. Ein kapitalistischer Unternehmer, ob er will oder nicht, muss ständig versuchen, so profitgünstig wie möglich produzieren zu lassen. Das verlief in den 50er-Jahren noch recht reibungslos. Die Löhne waren niedrig, die Arbeiterbewegung vom Faschismus zerschlagen und der Markt expandierte, die Auftragsbücher quollen über.

Ohne jetzt ausführlich auf die ökonomischen und wirtschaftspolitischen Hintergründe einzugehen, ergab sich für die 60er-Jahre eine neue Situation.[22]

Bei konstantem Arbeitsvolumen mussten ja dennoch die Profite erhalten bleiben, denn sonst entfällt der Anreiz für private Investitionen. Das geschah dadurch, dass mit weniger Arbeitskräften mehr produziert wurde. Die Steigerung der Produktivität der Arbeit war ein bestimmendes Moment (ein weiteres wird noch beschrieben) der wirtschaftlichen Prosperität in den 60er-Jahren.

Steigerung der Produktivität der Arbeit wird zunehmend durch Rationalisierung und Intensivierung betrieben, was zu einer Bedeutungszunahme des wissenschaftlichen Managements führt. Für die Arbeit hat dies dramatische Folgen. Nicht nur, dass vom Arbeiter repetitive Detailarbeit gefordert wird, auch wird jede seiner Bewegungen ausgerechnet und vorgezeichnet, z. B. mit der so genannten »Zeit-Bewegungs-Ablaufbeschreibung«. Hierzu gehört eine Fotografie des Arbeitsplatzes mit darüber projizierten Bewegungslinien; eine stroboskopische Aufnahme, um veränderte Stellungen zu sichten und ein Film des gesamten Arbeitsganges. Jede Bewegung hat einen Namen, ein Symbol, einen Farbcode und einen Zeitwert in Zehntausendstelminuten.

Das belebende Prinzip solcher Arbeitsstunden ist die Darstellung von Menschen als Maschinenelemente. Arbeit ist nicht mehr eine spezifisch menschliche Tätigkeit, sondern nur noch ein Bewegungstypus, von allen konkreten Eigenschaften abstrahiert.

Eine Verschärfung der Trennung des Arbeitsprozesses in einen Apparat der Planung einerseits und einen der Durchführung andererseits setzte ein, was insbesondere dadurch gekennzeichnet ist, dass das Wissen zur Produktion jetzt vornehmlich in den Händen von Experten liegt. Mehr und mehr ist eine klare Unterscheidung der Produktion in einen Bereich der Verwaltung und Planung als bürokratische Regie und in einen Bereich der materiellen Produktion festgesetzt.

Die Folge ist ein Zerfall der Sinnqualität von Arbeit. Anstelle von ganzheitlicher Kompetenz tritt die Forderung nach Detailgeschick. Ein Schuh wird nicht mehr von einem einzigen Schuster hergestellt, sondern von Verkaufsstrategen konzipiert, von Designern entworfen, von Fertigungsingenieuren geplant, von Zuschneidern zugeschnitten, von Nähern genäht, von Leimern geleimt, von Verpackern verpackt und von Prüfern geprüft.

Aber auch in der Arbeit der Angestellten und der Dienstleistungen sind Umwandlungen im Zuge der Industrialisierung der Arbeit wirksam.

Schon am Ende des 19. Jahrhunderts wuchsen die Büros aus einer bloßen Nebenerscheinung der Betriebsleitung zu einem selbstständigen Arbeitsprozess heraus. Gleichzeitig machte sich die Notwendigkeit bemerkbar, diesen Arbeitsprozess zu systematisieren und zu kontrollieren. Für jene Zeit bedeutete dies, die Methoden der wissenschaftlichen Betriebsführung, wie sie von Taylor entwickelt wurde, auch auf die Büroarbeit anzuwenden. Alle Formen der Büroarbeit versuchte man nun zu standardisieren und zu rationalisieren. Sämtliche Arbeitsgänge und sämtliche Nebentätigkeiten sollten so wenig Wege wie möglich erfordern. Rohrpostanlagen entstanden, und auch das Wassertrinken, was ja wegen der trockenen Luft notwendig und arbeitskrafterhaltend war, sollte direkt am Arbeitsplatz erfolgen, um jeglichen Zeitverlust zu vermeiden.

»Leffingwell errechnete, dass das Aufstellen von Wasserbecken in der Weise, dass jeder Angestellte, wenn er trinken wollte, im Durchschnitt nur 100 Fuß zu gehen hatte, dazu führen würde, dass die Angestellten eines Büros, nur um eine angemessene Menge Wasser zu trinken, jedes Jahr insgesamt 50 000 Meilen gehen würden, mit dem entsprechenden Zeitverlust für den Arbeitgeber. Die Sorgfalt, mit der Vorkehrungen getroffen werden, um diese ›Vergeudung‹ zu verhindern, ruft die Tradition der sitzenden Arbeitsweise ins Leben, die den Angestellten ebenso ankettet, wie der Fabrikarbeiter angekettet ist – indem alles gut innerhalb seiner Reichweite angebracht wird, sodass der Angestellte sich nicht nur nicht zu lange von seinem Schreibtisch zu entfernen braucht, sondern dies auch nicht mehr zu tun wagt« (Bravermann 1977, S. 238).

Solche Berechnungen sind aus dem Bereich der Fließbandarbeit bekannt. Ein erster Hinweis also, dass sich die Arbeit von Angestellten und von Produktionsarbeitern angleicht.

Die Entwicklung nahm in den 60er-Jahren einen nahezu dramatischen Verlauf. In diesem Jahrzehnt – in welchem wir auch die Entstehung des neuen Sozialcharakters registrieren – wurde die Mechanisierung der Büros im großen Maßstab ausgeweitet. Schnelldrucker und automatische Datenverarbeitung führten zu einer Umwandlung der Büroarbeit nach dem Schema der Industrialisierung.

Die Bildschirmtechnik verstärkte ab den 70er-Jahren diesen Trend. Büroangestellte, ob in der Verwaltung von Industrieunternehmen oder am Bankschalter, werden mehr und mehr zu Anwendern bestimmter Automaten ohne Kenntnisse des umfassenden Prozesses. Ein Großteil der Büroarbeit wird zur reinen Routine und kann deshalb auch häufig an billige Arbeitskräfte delegiert werden. So ist die moderne Form der Angestelltenarbeit von der repetitiven Detailarbeit an computergesteuerten Fertigungsstraßen kaum zu unterscheiden.

Nicht viel besser ergeht es den Beschäftigten im Dienstleistungsbereich. Man betrachte nur die Arbeit in Großküchen, in denen der Koch rein repetitive vorgeschriebene Tätigkeiten an einem Mikrowellengerät oder an einem Konventionsdruckofen ausübt. Oftmals taut er vorgefertigte Gerichte lediglich auf. Oder man betrachte die Industrialisierungstrends im Verkauf und Handel. Die Kassiererin am computergesteuerten halbautomatischen Kassensystem führt lediglich zwei Tätigkeiten aus: Eindrücken, Geldabzählen (was beim Kleingeld häufig auch Automaten übernehmen). Die Kenntnis dessen, was verkauft wird, ist überhaupt nicht mehr notwendig.

Gewiss hat die Industrialisierung als Entfaltung der »großen Industrie« vielen Menschen große Erleichterungen und eine verbesserte Lebenssicherung gebracht. Es ist zweifellos richtig, wenn behauptet wird, dass in hoch industrialisierten Ländern die Warenangebote, die Bildungsmöglichkeiten, die Freizeitangebote, die Möglichkeiten zur Muße und die Kulturangebote so groß sind wie nie zuvor. Der Preis liegt aber offenbar in der Zerstückelung der Lebenswelt und damit auch des Umfeldes von Sozialisation.

Die Industrialisierung der gesellschaftlichen Arbeit hat Auswirkungen auf fast sämtliche Lebensbereiche. Einige der Auswirkungen wollen wir im Folgenden verdeutlichen:

Das Gesundheitswesen ist ein eindrucksvolles Beispiel für die Ausbreitung von Industrialisierung. Die Mittel und Möglichkeiten der Medizin sind zwar gewachsen, aber die Kenntnisse der Gesundheitspflege nehmen in der Bevölkerung ebenso ab wie die Volksgesundheit selbst. Krankheiten, deren Heilung früher jede Mutter verstand, werden von Experten, d. h. von wissenschaftlich geschulten Medizinern, behandelt. Krankenanstalten wirken von außen wie von innen schon oft wie große Fabrikanlagen.

Was Industrialisierung des Gesundheitswesens heißt, wird in dem in Teil II schon zitierten Kinofilm »E.T.«, der mittlerweile auch häufiger im Fernsehen zu sehen ist, anschaulich demonstriert: Als der Außerirdische »E.T.« im Hause seines kleinen Freundes von den Behörden letztendlich doch aufgespürt wurde, war er schon krank geworden. Ein gigantischer Apparat setzte sich in Bewegung, denn »E.T.« war ein interessantes Objekt und sollte gerettet werden.

Das Haus wurde keimfrei eingewickelt und nur noch über Außentunnel betretbar. Ein Heer von Spezialisten besetzte das Haus und man versuchte mit supertechnischem Großaufwand, das Leben des »E.T.« zu retten.

Als die Elektronik es aber nicht schaffte, gab man auf; der »E.T.« war ab sofort uninteressant. Das Haus, das mittlerweile mehr einer Raumstation glich, wurde wieder geräumt.

So wie dem »E.T.« – der, wie man weiß, doch noch überlebte – wird es vielen Kranken gehen. Sie sind Objekt in einer hoch technisierten und spezialisierten Krankenheilfabrik. Eine Krankenmaschine mit riesigem Sachenanteil wird zur Durchschleuse des »Krankengutes«.

Mehr und mehr werden die Krankenhäuser, aber auch Schulen und Altersheime an die Stadtränder verlagert. Diese Verlagerung ist möglich, weil die Gebäude durch viele Straßen mit dem Umland verbunden sind. Auch dies ist ein sichtbarer Ausdruck der Industrialisierung unserer Lebenswelt: Die Vernetzung der Gesellschaft durch Transportwege. Straßen zerschneiden die Räume. Durch einen dichter und schneller werdenden Autoverkehr geprägt, werden die Straßen laufend begradigt und verbreitert. Dadurch wird die Fahrzeit verringert.

»Zeit ist Geld«, diese Devise zieht sich durch sämtliche Bereiche der industrialisierten Welt. Die Zeithetze, wie im vorangehenden Kapitel schon gezeigt, ist ein paradoxes Phänomen. Mit den großen technischen Errungenschaften lassen sich viele Verrichtungen sehr viel schneller erledigen als früher. Aber dennoch leiden wir an chronischem Zeitmangel.

Die Industrialisierung der Zeit erfordert von den Kindern schon von früh an, ihre Bedürfnisse, ihre individuellen Rhythmen und ihre spontane Lust in externe Zeitvorgaben einzufügen. Dies geschieht am augenfälligsten in Institutionen wie Kindergarten und Schule. Der Pädagogikprofessor Horst Rumpf spricht hierzu von einem Curriculum in Zeitdisziplin.[23]

Dies greift aber auch auf den Freizeitbereich über. Die Bedürfnisse nach Abenteuer und außergewöhnlichen Erlebnissen sind standardisiert, genormt und in Zeitabschnitte zerstückelt. Der Soziologe Gerhard Schulze betont hierbei den Widerspruch zwischen Industrialisierung und der vermeintlichen Freiheit einer Wahl unterschiedlicher Erlebnisangebote. Da diese marktmäßig angeboten werden, ist die Wahl eine Scheinfreiheit (Schulze 1992).

Die Vergrößerung und Verinselung des Raums zwingen Kinder, Wegzeiten oder Öffnungszeiten von Erlebniszentren wie Eislaufbahnen, Skater Courts oder Erlebnisbäder, Termine sowie im Falle des Transports durch die Mutter, deren Zeitplan zu berücksichtigen. Kinder leben mit Zeitplanung, Terminkalender und Zeitmangel – ein Effekt der Industrialisierung der Zeit.

Was Industrialisierung für die Landwirtschaft bedeutet, zeigt die folgende Beschreibung:

»Das Vieh wird von der Weide genommen und in Fütterungssilos kaserniert. Der Kot und die Abfälle, die hier anfallen, wandern nicht als Dünger auf den Boden zurück, sondern werden zu ›Müll‹, der beseitigt werden muss: Die stickstoffhaltigen Abfälle werden in lösbare Verbindungen wie Ammoniak und Nitrat verwandelt, die dann in den Flüssen und im Grundwasser ernste Umweltschäden verursachen. Der so beseitigte Dünger muss nun auf dem Feld durch Kunstdünger ersetzt werden. Das Düngerproblem verschärft sich, weil das Vieh in den Silos nicht mit Gras oder Heu gefüttert wird, sondern mit Getreide. Eine Getreidebewirtschaftung des ehemaligen Weidelandes belastet den Boden stärker. Er braucht noch mehr Kunstdünger« (Ulrich 1979, S. 91 f.).

Industrialisierung der Landwirtschaft heißt in diesem Zusammenhang Abhängigkeit von der Chemie und dem Maschinenbau und Zerstörung natürlicher Ressourcen.

In Anbetracht dieser Entwicklung wird niemand erstaunt sein, dass wir auch von einer Industrialisierung des Essens sprechen. Die heutigen Küchen in modernen Wohnungen z. B. sind hoch technisierte Einrichtungen – die Großküchen in der Fabrikkantine oder Universitätsmensa allemal.

Um Zeit zu sparen, gibt es »Fastfood«, ein schnelles Essen in Schnellrestaurants. Bei Kindern und Jugendlichen sind besonders die McDonalds-Restaurants beliebt. In diesen Schnellrestaurants nehmen die Kinder und Jugendlichen Hamburger und Pommes frites zu sich und trinken Cola oder Vanilleshakes aus Plastikbechern. Sie erleben hier eine neue Art des Essens. Gerade das Essen mit den Fingern gefällt den Kindern außerordentlich – frei von den Tischmaßregeln der Eltern. McDonalds ist eine »soziale Einrichtung«, in der jeder – ob Kleinkind oder Erwachsener, Arm oder Reich, in Jeans oder im Abendanzug – ohne jeden Umstand essen kann, wie er will. Jugendliche und Kinder besetzen diese Schnellrestaurants regelrecht: Man trifft sich und albert herum: ein bisschen Straßenheimat unter einer Neonsonne. McDonalds ist ein Raum, wo es den Veranstaltern nur um den Verdienst geht; gleichzeitig ist hier ein Stück moderner Kontrollfreiheit gewährleistet. Die heutigen Kinder und Jugendlichen sind in dieser Stätte des industrialisierten Essens laufend dabei, sich in die Käufer- und Konsumentenrolle einzuüben.

So ist auch die Suche nach kontrollfreien, zeitgemäßen Räumen, die wenig mit den »Kontrolllöchern« der frühen Nachkriegszeit gemein haben, der Industrialisierung der Lebenswelt unterworfen.

4. Sozialisation durch Massenkultur

Wir wollen in diesem Kapitel erklären, warum sich die Aneignungsweisen von materieller und symbolischer Kultur geändert haben. Jedem Kind steht es ja frei, einen Drachen nicht zu kaufen, sondern selbst zu bauen, oder die ohnehin wenig geschätzte »Glotze« auszuschalten. Zu erklären ist, warum ein Großteil heutiger Kinder tatsächlich auch andere Aneignungsweisen wählt als die Mehrzahl der Nachkriegskinder.

Eine nahe liegende Erklärung ist zwar zutreffend, reicht aber nicht aus: der Hinweis, dass sowohl die Gelegenheiten als auch Notwendigkeiten, eigentätig zu werden, häufig verschwunden sind, weil einerseits Straßen und Höfe unbespielbar werden und andererseits materieller Mangel so gut wie behoben ist. Diese »ökologische« Erklärung reicht allein deshalb nicht aus, weil die weiter oben beschriebenen Phänomene auch dort zu beobachten sind, wo die Straßen noch bespielbar sind und Mangel nach wie vor besteht, in Obdachlosensiedlungen beispielsweise.

Wir halten eine kultursoziologische Interpretation des Wandels der Lebenswelt für angemessen, die den Mangel an Aneignung aus der Durchsetzung von Massenkultur erklärt, die industriell vorfabrizierte Aneignungsmuster verbreitet und den Kindern in subtiler Weise aufherrscht. Massenkultur in diesem Sinne begreifen wir als modernstes Instrument kultureller Kontrolle, das nicht nur äußerst wirksam ist, sondern gleichzeitig seinen wahren Charakter als Herrschaftsinstrument vertuscht.

Bezeichnend für Massenkultur ist, dass sie »Botschaften«, also Bedeutungen und Sinngebungen, verbreitet, die vorfabriziert sind und deshalb nicht in mehr oder weniger aufwendiger und mühseliger Weise entschlüsselt zu werden brauchen. Sie sprechen für sich selbst, ohne dass man sie groß bedenken oder dechiffrieren müsste. Die »Botschaften« der Massenkultur sind darüber hinaus auch in einem materiellen Sinne vorfabriziert, in den Redaktionen, Studios und Labors der Kulturindustrie. Die Kulturindustrie bedient sich dabei der unterschiedlichsten Quellen, der Volks- und Regionalkultur, der Klassenkultur und der Gegenkultur. Sie schöpft sie gewissermaßen von diesen Quellen ab und kanalisiert sie in einer Weise, die sie für ein maximal ausgeweitetes Verteilersystem geeignet macht. Denn Massenkultur zielt nicht so sehr auf Bedürfnisbefriedigung ab, sondern auf Marktgängigkeit. Sie wird zum Zwecke des Tausches produziert, und tauschen lassen sich nur Waren.

Somit ist die Kulturindustrie den allgemeinen Gesetzen der Warenproduktion unterworfen wie möglichst hoher Ausstoß und Standardisierung. Die Kulturindustrie verarbeitet und verpackt aber nicht nur vorgefundene Kultur, sie erfindet zunehmend ganz neue Kulturwaren in synthetischer Weise. E.T. ist im Bereich der Kinderkultur ein gutes Beispiel: Ein außerirdisches Wesen, von Designern entworfen, durch Marktforschung angeregt und in der Formgebung beeinflusst, durch Mikroprozessoren oder Puppenspieler bewegt, für einen weltweiten Markt produziert, wird als Film und Spielzeug angeboten. Kulturwaren werden zentral hergestellt, gleichgültig, ob sie aus der Lebenswelt »abgezogen« oder künstlich konstruiert sind. Sie werden von dieser Zeit ab vermarktet und in diesem Sinne von oben nach unten verteilt. Dabei darf das Moment der Zentralisierung nicht zu eng aufgefasst werden. Es gibt in spätbürgerlichen Gesellschaften immer mehrere Zentralen, die miteinander konkurrieren, Redaktionen unter sich und mit Fernsehanstalten, Verlage und Filmstudios, Werbeagenturen, Modeateliers, aber auch Spielzeugfabriken – mit der Tendenz sich auszuweiten: Massenkultur mag ihren Ursprung bei der Unterhaltungsindustrie haben, sie hat längst weitere Lebensbereiche infiziert, fast die gesamte Warenproduktion, zumindest deren Werbeabteilungen – und das Strickmuster von Massenkultur ist selbst in Religion und Wissenschaft eingedrungen. Billy-Graham-Shows, Wissenschaftsshows oder die Psychologie der Alltagskurse sind nur allzu offensichtliche Beispiele dafür.

Massenkultur präsentiert sich genau wie Massenkonsum und Massenmedien als freiwilliges Angebot, das verschweigt, dass es strukturell unverzichtbar geworden ist. Massenkultur ist vor allem deshalb unvermeidlich geworden, weil vieles von den Traditionen der Lebenswelt zerstört oder aufgebraucht ist und sowohl bürgerliche als auch andere Klassenkultur in ihrer sozialen Basis auch ihre

Selbstverständlichkeit verloren haben (vgl. auch Beck/Beck-Gernsheim 1994). Produktion und Aneignung fallen mit der auf die Spitze getriebenen Arbeitsteilung auseinander. Es entsteht so eine Nachfrage nach Erklärungen und Sinngebungen. Kaum etwas kann problemlos der Tradition entnommen werden, nicht einmal die Art, in der man sich kleidet oder gesellig miteinander verkehrt. Das ist ein Grund für das viel beklagte Defizit an Sinn und Orientierung. Massenkultur stößt in diese Lücke. Massenkultur, wie sie die Warenwelt und das Fernsehen verkörpern, zwingt sich also dem einzelnen Kinde nicht direkt auf, sondern wird aufgrund des strukturierten Sinndefizits nachgefragt. Hinzu kommt die zunehmende Durchorganisierung der heutigen Kindheit, die unter anderem zu Überlagerung und permanenter Zeitnot führt. Es liegt auf der Hand, dass unter diesen Bedingungen schnelle, verständliche und leicht verdauliche Deutungsmuster Konjunktur haben. Wenn ein Kind nicht fernsieht, und fast alle anderen Kinder reden über Fernsehsendungen, dann geht nicht zuletzt davon eine Verführung zum Fernsehen aus. Oder wenn die meisten Spielkameraden den Drachen aus dem Warenhaus höher schätzen als den eigenen selbst gebauten, dann erreicht auch den Drachenbauer der Sog von Massenkultur. Gleichzeitig tarnten die betonte Vielfalt, Freiwilligkeit und Neutralität des Angebots, dass die Produktion und Verbreitung von Massenkultur ein der Konsumkultur angemessenes Mittel kultureller Herrschaft sind.

Wenn Kultur zur Massenkultur wird und Sozialisation die individuelle Aneignung von materieller und symbolischer Kultur ist, dann wird Massenkultur zur zentralen Sozialisationsinstanz. Kultur und Massenkultur werden so die elementaren Kategorien der Sozialisationstheorie. Sie bedürfen schon allein deshalb einer begrifflichen Erläuterung.

Kultur ist nach dem Verständnis des Birminghamer »Centre for Contemporary Cultural Studies« Ausdruck der gelebten Praxis.

Plausibler ist Kultur wohl zu bestimmen als die artikulierte Deutung der gelebten Praxis, also als Deutung, die sich an einem mehr oder weniger gegliederten und schlüssigen Zusammenhang orientiert und misst. Dieser Kulturbegriff berücksichtigt, dass Praxis der objektive Gegenstandsbereich von Kultur ist und dass dennoch keine Praxis für sich selber spricht, dass Bedeutung nicht nur aus ihr herausgelesen wird, was die gleichsam objektive Seite wäre, sondern ihr auch gegeben werden muss – aufgrund von Vorerfahrungen, Gehörtem und Gelesenem, letztlich des ganzen gattungsgeschichtlich aufgehäuften Wissens. Er nimmt also die Dialektik von objektiver Bedeutung und subjektivem Sinn ernst, von relativer Autonomie der Kultur bei gleichzeitiger materieller Determiniertheit durch die sozialökonomische Basis. Ein so verstandener Kulturbegriff trennt selbstverständlich nicht zwischen elitärer Hochkultur und »niedriger« Volkskultur – beides ist Kultur, solange nur eigentätige Rückbindung an die Lebenspraxis beibehalten wird.

Das aufwachsende Kind findet das Material für seine Kulturarbeit, die Deutung seiner Lebenspraxis, zu Hause, im Fernsehen, in der Schule, in der Nachbarschaft. Es eignet sich seine Sprache beispielsweise von den Eltern an, am Anfang zumal; dann aber auch in Abgrenzung von den Eltern anhand der Sprache der Schlager, Comics, Filme, TV-Serien. Es drückt sein Selbstverständnis in Momenten der Kleidung, der Frisur oder der bevorzugten Musik aus. Die Bedeutung der Praxis kann nicht allein an den Gegenständen oder Symbolisierungen selbst abgelesen werden, sondern an der Weise, wie sie sich das Kind aneignet. Insoweit kann man sagen, dass ein Kind nicht nur sozialisiert wird, sondern sich z. T. auch selbst sozialisiert.

Sozialisation wird hier kultursoziologisch nach dem Paradigma des Architekten verstanden. Der Architekt erfindet das Haus weder gänzlich neu, noch erfindet er Fertighäuser – im letzten Fall wäre er überflüssig. Der Architekt arbeitet mit vorfindlichen Materialien. Er eignet sie sich in unterschiedlicher Weise an, definiert einige auch um, wenn er z. B. Glas zum tragenden Moment macht, und kombiniert sie zu einem einheitlichen Bauplan. Das Paradigma des Architekten scheint auch geeignet, die Besonderheit von Massenkultur anschaulich zu machen.

Massenkultur wird ja kulturindustriell und nicht in der Lebenspraxis erzeugt und ist daher lebenspraktisch kaum nachvollziehbar. Massenkulturelle Botschaften sind warenästhetisch verpackt, tauschwertorientiert und deshalb eher glatt, standardisiert als von

Widersprüchen zeugend. Wenn sie Widersprüche thematisieren, dann als Spannungsmoment, das in einem Nacheinander statt Gegeneinander gelöst wird (Fluck 1979, S. 56). Die Form ist die von marktgängigen Waren (sie ist häufig wichtiger als der Inhalt) und die Ästhetik folgt den Gesetzen von Werbung, Verpackung und Vergnügen – sie ist wohl sinnlich, aber ohne Sinn. Massenkultur wird für einen Markt produziert, Leitmotiv sind dabei nicht in erster Linie Bedürfnisse von Kindern, sondern die Verwertungschancen von Kapital; Leitmotiv ist also das Profitmotiv. Massenkulturelle Botschaften und Bedeutungen sind vorfabriziert, genauer: Das Muster der Aneignung ist festgelegt durch die Konsumorientierung und Mediatisierung der Kulturgüter, die als Kulturwaren gehandelt werden. Das vorfabrizierte Aneignungsmuster intendiert eine Vordeutung der Bedeutungen.

Massenkultur wird universell angeboten, wie stoffliche Waren auch. Je größer die Verbreitung, desto weniger fallen die Produktionskosten ins Gewicht. Standardisierung und Gleichmacherei sind die unvermeidliche Folge. Wie ein Zahnrad ins andere fasst, so greift auch das Fernsehen in den Prozess der Standardisierung ein. Eine Fernsehserie, ob sie nun Dallas heißt oder Sesamstraße, wird für ein Massenpublikum verständlich sein, für den Puerto-Ricaner wie für den Sauerländer, den Städter wie den Hinterwäldler, den Asiaten wie den Südamerikaner, den Aristokraten wie den Arbeiter, das Kind wie den Greis. Das ist nur auf dem kleinsten gemeinsamen Nenner erreichbar. So simplifiziert das Fernsehen das Bild der Wirklichkeit. Es liefert eine globale Weltversion, die regionale und ethnische Besonderheiten abwertet und das Bewusstsein für Geschichte vernichtet.

Wilensky hat schon Anfang der 60er-Jahre anhand empirischer Untersuchungen klargelegt, dass diese Gleichmacherei nur auf der Oberflächenebene stattfindet:

»Die alten strukturellen Wurzeln sozialer Differenzierung sind bestehen geblieben, verschärfen sich zum Teil noch wie Teilung der Arbeit, Abstammung, Altersgruppenzugehörigkeit, aber die neuen Wurzeln kultureller Uniformität wie ... Massenmedien und Massenentertainment wachsen vielleicht stärker.«[24]

Diese Feststellung dürfte am Ende der letzten Wirtschaftswachstumsperiode erst recht zutreffen, zu der soziale Unterschiede wieder zunehmen.

Massenkultur, deren gleichmacherische Wirkung ja kein Geheimnis ist, verkauft sich nicht von selbst. Sie muss ihre Nachfrage erst hervorlocken, genau wie viele stoffliche Güter auch, die für einen Markt des Überflusses produziert werden. Locken kann Massenkultur aber nur, wenn sie attraktiv ist, wenn sie ein Gebrauchswertversprechen enthält. Das heißt zum einen, dass Massenkultur ein Moment von Appell und Werbung enthalten muss, andererseits aber auch Spuren eines Gebrauchswerts haben muss, auch wenn es nur »Protzen« ist. Fluck ist zuzustimmen, wenn er resümiert: Massenkultur »spricht Widersprüche und unterdrückte Wünsche aus und löst sie gleichzeitig im Sinn der herrschenden Wertvorstellung auf« (Fluck 1979, S. 61).

Auf dem Markt der Kinderkultur berät inzwischen ein ganzes Heer von Psychologen, Pädagogen und Meinungsforschern die Kulturindustrie. Sie versuchen, den Stoff, aus dem kindliche Wünsche, Träume und Phantasien gewebt sind, vorzufabrizieren, um die Kinder als Kunden darin zu fangen.

Wenn Kinder nun als Architekten ihrer eigenen Sozialisation begriffen werden, dann bedeutet das Aufkommen von Massenkultur, dass sie immer weniger auf Rohstoffe der Primärerfahrungen zurückgreifen können und dafür immer mehr mit Fertigteilen arbeiten müssen. Hinzu kommt noch das engmaschige Netz von baupolizeilichen und sonstigen Sicherheitsvorschriften, das die Entwurfphantasie zusätzlich einengt. Massenkulturell dominierte Lebenspraxis ist auf die kommerziellen Angebote der industriellen und massenmediatischen Konfektion angewiesen, die nicht mehr eigentätig angeeignet werden, sondern nach vorgefertigten Mustern: Stilen, Moden, Trends, »Wellen« oder auch pädagogischen Systemen.

Sie fungieren als »Drehbücher des Alltags« (Cohen/Taylor), »Scripts« (Steiner) oder »Landkarten der Bedeutung« (Clarke).[25] Das heißt nicht, dass Kinder diese Drehbücher zwangsläufig abspulen müssen. Aber sie sind in der Kinderwelt so allgegenwärtig geworden, dass sie nicht unbeachtet bleiben können:

»Die Mittel, die wir einsetzen, um uns vom Overscript zu distanzieren – Witze, Ironie und Übertreibung – sind nur ein weiterer Beweis für seine hervorragende Bedeutung. Ähnlich wie die Gewohnheit und Routine uns sogar in Bereiche verfolgen, wo wir ›frei‹ und ›undeterminiert‹ zu sein meinen, dringen auch die Scripts in die wichtigsten und innersten Schächte unserer Erfahrung ein, Gefühle und Bedeutungen, Beziehungen und Erfahrungen, Belehrungen und Bekehrungen sind nicht willkürliche Zutaten, die jeder Einzelne bei seiner Suche nach Neuheit aufs Neue mischen könnte, vielmehr sind sie in begrenzte Systeme symbolischer Bedeutungen eingebettet ... Tag für Tag wohnen wir unzähligen Dramen bei – alle mit sorgfältig gezeichneten Charakteren, Plots und Höhepunkten. Manche dieser Modelle sind explizit. Der Comicstrip in der Morgenzeitung, der aktuelle Bericht im Wochenmagazin, der Roman, den wir in der Mittagspause lesen, die Kurzgeschichte in der Abendzeitung, die Thriller und Komödien, die abends im Fernsehen laufen – sie alle sind strukturierte Abläufe von Ereignissen, die einen Bezug zu Heim, Sexualität, Arbeit und Freizeit haben.«[26]

Um sie alle sind vorgefertigte Muster der Aneignung von Welt.

5. Gegentrends: Individualisierung der Kindheit

Die Enttraditionalisierung der Lebenswelt, wie wir sie gerade im Zusammenhang mit der Durchsetzung von Massenkultur erörtert haben, wird immer häufiger auch vor dem Hintergrund des Individualisierungskonzepts diskutiert. Dieses Konzept, das den Gegentrend zur Sozialisation über Massenkultur zu erklären versucht, ist in den letzten Jahren geradezu prominent geworden und bietet u. E. auch eine weitere brauchbare theoretische Grundlage für die Interpretation des Wandels von Kindheit. Aus diesem Grund werden wir ergänzend zu dem bisher Dargestellten im Folgenden das Individualisierungstheorem vorstellen.

Beck interpretiert den gesellschaftlichen Wandel als Durchsetzung eines neuen Modus von Vergesellschaftung. Was ist damit gemeint? In der vorindustriellen oder vormodernen Zeit waren die Menschen in eine Vielzahl traditioneller Lebensformen eingebunden, sei es die Familie, die Dorfgemeinschaft oder über religiöse und ständische Zusammenhänge usw. Mit der Ausbreitung der freien Lohnarbeit, mit allgemeiner Anhebung des Bildungsniveaus und des verfügbaren Einkommens, mit der Verrechtlichung der Arbeitsverhältnisse u. v. m. ging einher die Freisetzung der Individuen aus den traditionell gewachsenen Bindungen. Die Biographie der Menschen wurde

»... aus traditionellen Vorgaben und Sicherheiten, aus fremden Kontrollen und überregionalen Sittengesetzen herausgelöst, offen, entscheidungsabhängig und als Aufgabe in das Handeln jedes Einzelnen gelegt« (Beck/Beck-Gernsheim 1990, S. 12).

Es gibt also keine sozial vorgegebenen Biographien mehr, sondern jeder wird sein eigenes »Planungsbüro« in Bezug auf seinen eigenen Lebenslauf, seine Fähigkeiten und Orientierungen. Beck beschreibt dies als »Wahl- oder Bastelbiographie«. Jeder muss lernen, Entscheidungen für sein Leben selbst zu treffen, und jeder muss demnach auch die Konsequenzen für nicht getroffene Entscheidungen selbst »ausbaden« (Beck 1986, S. 217). Individualisierung in diesem Sinne wird auch noch dadurch begünstigt, dass der Charakter von Ereignissen, die ein Leben ausrichten können, sich sehr verändert hat. Waren es ehemals Schicksalsschläge wie Naturkatastrophen oder Krieg, Geschehnisse, die qua Gott oder Natur versendet wurden, so sind es heute Ereignisse, die aufgrund der eigenen Verantwortung passieren, sei es das Durchfallen bei Prüfungen, die Geburt von Kindern, Trennungen oder Ehescheidungen. Solche Ereignisse werden individuell, häufig genug auch sehr überraschend, an unterschiedlichen biographischen Stationen erlebt und entsprechend nicht mehr als Kollektivschicksal interpretiert.

Erste Individualisierungsschübe blieben ganz auf Männer beschränkt. Mit der Auflösung der häuslichen Produktionsstätten wurden sie mit dem freien Arbeitsmarkt konfrontiert und mussten sich mit den Gesetzen des freien Marktes – Ehrgeiz, Risikobereitschaft, Mobilität usw. – auseinander setzen. Für Frauen galt dies verstärkt erst ab den 60er-Jahren. Mit zunehmender Frauenerwerbstätigkeit hat der gesellschaftliche Individualisierungsprozess jetzt auch den weiblichen Lebenslauf überformt, was wiederum Veränderungen für Familie und Kindheit bedeutete. Elemente wie Planung von Schwangerschaft, Neuordnung des Scheidungsrechts, Frauenbewegung und Angleichung der Bildungschancen führten zum Wandel familialer Lebensformen.

Individualisierung ist jedoch kein einheitlicher Prozess, der gleichsam alle gesellschaftlichen Formen umfasst. Beispielsweise ist im Bereich der Erwerbstätigkeit eher von Homogenisierungstendenzen auszugehen. Die Entfaltung und Pluralisierung von Lebensformen sind im Außererwerbsbereich zu beobachten, d. h. im Bereich des privaten Zusammenlebens.

Nach Beck resultieren gesellschaftliche Individualisierungstendenzen aus einer sukzessiven Auflösung der hierarchischen Gliederung in Klassen und Schichten, ohne damit jedoch soziale Ungleichheit, ungleiche Lebensbedingungen und Lebenschancen aufzuheben. Auch Ungleichheit bzw. deren Reproduktion individualisieren sich.

Kinderleben, Kinderalltag, kindliche Orientierungsmuster, Lebensstile, Handlungskompetenzen gestalten sich damit ganz unterschiedlich, nur eben nicht mehr allein entlang den Grenzen von Klassen und Schichten. Dies gilt ebenfalls für solche Aspekte wie Versorgung und Unterstützung, Autonomie und Anregung.

Finden sich bei Beck nur spärliche Aussagen zu Individualisierung von Kindheit und Kinderleben, so lassen sich doch entsprechende Annahmen zwanglos aus seinem Konzept ableiten. Es gibt keinen Grund, nicht anzunehmen, dass auch Kinder genötigt sind, sich zunehmend eigenständig mit ihrer (inneren und äußeren) Umwelt auseinander zu setzen, um das eigene Leben, d. h. die eigene Biographie, zu verorten. Eine Reihe von Thesen aus der Kindheitsforschung können in diesen Interpretationsrahmen eingeordnet werden.

Kinder planen zunehmend ihre Freizeit und halten sich zu festen Terminen in verschiedenen Institutionen auf. Kinderalltag wird mehr und mehr zur »Verinselung«. Freundschaften sind deshalb auch schwieriger aufzunehmen, weil sie nicht mehr Gratiserscheinungen der Nachbarschaft sind. Sie werden auch planvoll aufgrund eigener Wahl und nach persönlichen Präferenzen eingegangen.

Individualisierung von Kindheit bedeutet aber auch eine frühzeitige Selbstständigkeit. Manchmal müssen Kinder schon viel zu früh über ihre Lebensgestaltung selbst entscheiden. Individualisierung ruft deshalb auch die Gefahr der Überforderung hervor. Viel zu oft werden Kinder von ihren Eltern in diesem Zusammenhang als »kleine Erwachsene« behandelt. Individualisierung von Kindheit lässt sich auch am Umgang mit der Zeit festmachen. Über die Zeitplanung ihrer Eltern und den Zeitrhythmus der institutionellen Umwelt erfahren Kinder Zeit als ökonomisierte und vorstrukturierte Zeit.

Dies sind nur einige Aspekte von veränderter Kindheit, die deutlich machen sollen, wie Individualisierungsprozesse auch das Heranwachsen von Kindern berühren. Im Folgenden bieten wir eine Liste differenzierter Kennzeichnung individualisierter Kindheit. Die verschiedenen Aspekte sind entweder aus dem Individualisierungstheorem selbst abgeleitet oder entstammen den darauf – implizit und explizit – bezogenen Diskussionen zum Thema Kindheit.

Individualisierte Kindheit ließe sich danach kennzeichnen durch:

- »destandardisierte« kindliche Lebensläufe, durch verschiedene, eben individuelle biographische Muster im Gegensatz zu Standardlebensläufen mit klassischen Mustern;
- Kinderaktivitäten, die zeitlich und räumlich stark segmentiert sind, entsprechend der These von der »Verinselung« kindlicher Lebensräume;
- einen hohen Anteil von den Kindern selbst gewünschter und initiierter Aktivitäten;
- überwiegenden Aufenthalt an eigens für Kinder ausgestalteten und ausgegrenzten Orten bzw. zu Hause (»verhäuslichte Kindheit«), aber eben nicht mehr: »draußen«, auf der Straße, in der Nachbarschaft;
- organisierte, von erwachsenen Experten angeleitete und überwachte Aktivitäten mit bestimmten, relativ verbindlichen Zielsetzungen und Programmen;
- Aktivitäten, die wegen ihrer Zielbezogenheit, Verbindlichkeit und Ernsthaftigkeit eher den Charakter von Lernen und Arbeit als von Spiel haben;
- vielfältige, selbstständige und selbstverständliche Mediennutzung;
- lockere, nach Aktivitäten und Orten wechselnde Kinderkontakte anstelle kontinuierlicher Beziehungen in stabilen nachbarschaftlichen Peergroups (»Wegwerfbeziehungen«);
- überwiegend Freundschaftsbeziehungen und Freizeitkontakte nach eigener Wahl und eigenen Präferenzen statt »kollektiver Eingebundenheit«;
- Planungs- und Organisationskompetenzen, um im Freizeitalltag widersprüchliche Anforderungen und Erwartungen wie auch eigene Interessen und Bedürfnisse vorausschauend miteinander zu vereinbaren;
- Beziehungen zu Eltern, die durch wechselseitiges Respektieren und durch Aushandeln unterschiedlicher Interessen und Erwartungen bestimmt sind;
- differenzierte und reflektierte Wahrnehmungen, Meinungen,

Deutungen, auch Geschmacksvorstellungen mit starkem Bezug auf die eigene Person anstelle kollektiver normorientierter Vorstellungen;
- Nivellierung geschlechtsspezifischer Orientierungs- und Verhaltensmuster, in der Folge gegengeschlechtliche Kinderkontakte, die eher an der individuellen Person als an deren konventioneller Geschlechtsrolle orientiert sind.

Über diese miteinander zusammenhängenden, wenngleich nicht in jeder Hinsicht konsistenten Annahmen werden Kinderalltage umrissen, die es in dieser »reinen« Form vermutlich nicht gibt, die aber überpointiert den einen – neuen – Pol eines Spektrums markieren, in dem sich Kindheiten in gesellschaftlichen Individualisierungsprozessen bewegen.

6. Subjektive Verarbeitung der kommodifizierten Lebenswelt

Ergänzend zu den bisher soziologisch und sozialisationstheoretisch geführten Erörterungen wollen wir uns im Folgenden subjektiven Verarbeitungsweisen der veränderten Lebenswelt nähern, d. h. auch, dass wir individualpsychologische Aspekte heranziehen müssen.

Wenn die bisherige Analyse so weit stimmig ist, dann kann tatsächlich angenommen werden, dass sich das Leben der Kinder seit der Nachkriegszeit grundlegend gewandelt hat und über gesellschaftliche Veränderungen, z. B. über Individualisierungstendenzen und über die Durchsetzung von Massenkultur, ein neuer Sozialcharakter entstanden ist, wobei bisher nicht erforscht wurde, wie häufig und in welchen Varianten er vorkommt.

Die problematische Seite des Wandels der Sozialisation wird deutlicher, wenn wir uns der Bedeutsamkeit der Aneignungsweise für die Persönlichkeitsentwicklung vergewissern. Gehen wir zuerst von dem Gegenstand der Aneignung aus, von uns als materielle und symbolische Kultur beschrieben. Allgemein ausgedrückt repräsentiert sie die Erfahrungen der Menschen, sie ist Verkörperung oder Vergegenständlichung geistiger Kräfte und Fähigkeiten. Im einfachsten Gegenstand haben wir Objektivierungen von »Wesenskräften des Menschen« (Leontjew) vor uns.

> »In jedem von Menschen geschaffenen Gegenstand, sei es ein einfaches Werkzeug oder eine moderne elektronische Rechenmaschine, ist die historische Erfahrung der Menschheit enthalten. Zugleich sind in ihm die im Laufe dieser Erfahrungen erworbenen geistigen Fähigkeiten verkörpert. Das Gleiche gilt, vielleicht noch offensichtlicher, für die Sprache, für die Wissenschaft und für die Kunst« (Leontjew 1973, S. 451).

Jedes Kind, ob es will oder nicht, wächst in ein vorgefundenes kulturelles System hinein und tritt notwendig in Beziehung zu Dingen und Erscheinungen, die von früheren Generationen geschaffen wurden. Dies geschieht nun nicht von selbst, sondern offenbart sich als Aufgabe, die aktiv und immer aufs Neue bewältigt werden muss.

> »Selbst die einfachsten Werkzeuge und Gegenstände des täglichen Bedarfs, denen das Kind begegnet, müssen von ihm in ihrer spezifischen Qualität erschlossen werden. Mit anderen Worten: Das Kind muss an diesen Dingen eine praktische oder kognitive Tätigkeit vollziehen, die der in ihnen verkörperten menschlichen Tätigkeit adäquat (obwohl natürlich nicht mit ihr identisch) ist. In welchem Maße das gelingt und wie weit sich dem Kinde dabei die Bedeutung des gegebenen Gegenstandes oder der gegebenen Erscheinung erschließt, ist ein anderes Problem; *es muss jedoch stets diese Tätigkeit vollziehen*« (Leontjew 1973, S. 281).

Leontjew folgend, verstehen auch wir diese tätige Erschließung der »spezifischen Qualität« (von materieller und symbolischer Kultur) als wesentliches Moment von Aneignung.

Aneignung ist mithin eine Tätigkeit; sie ist immer aktiv in dem Sinne, als sie aus der Auseinandersetzung des Subjekts mit der materiellen und symbolischen Kultur entsteht. Die Umwelt wird vom Kinde nicht passiv rezipiert, sondern verarbeitet. Aus der Aneignungstätigkeit entsteht Bewusstsein und erhalten Gegenstände und Symbolisierungen ihren Sinn und ihre Bedeutung.

Die Bedeutungen existieren einerseits objektiv, d. h. unabhängig von der individuellen Beziehung des einzelnen Menschen zu der ihn umgebenden Wirklichkeit (vgl. Keiler 1983, S. 97). Andererseits – und das betrifft die subjektive Verarbeitung des Vorgefundenen – wird diese Wirklichkeit individuell interpretiert. Ein Kinderfahrrad z. B. hat die objektive Bedeutung einer durch Körperkraft angetriebenen Fortbewegungsmaschine; es kann für das einzelne Kind aber noch einen ganz persönlichen Sinn erhalten, als Mittel des Obsiegens im Wettbewerb mit anderen etwa oder als Quelle des Schmerzes durch Stürze. Röhr, der allerdings den Gegenstandsbezug des Aneignungskonzepts übertreibt, betont zu Recht:

> »Von Aneignung im vollen Sinne kann erst dann gesprochen werden, wenn das Individuum seine voll entwickelte Subjektivität betätigen

kann. Als unentbehrliche Subjektfunktion werden dabei die Zwecksetzung der eigenen Betätigung, die ideelle Antizipation des Resultates im Ziel und des Prozesses im Programm und die wesentliche Übereinstimmung des tatsächlichen Resultats mit Zweck und Ziel angesehen. Das schließt die Beziehung jedes dieser Momente zur Äußerung, Befriedigung und Veränderung der Bedürfnisse des Individuums ein. Es schließt weiterhin die Bewertung aller Gegenstände und Momente dieses Prozesses der zweckmäßigen Tätigkeit in allen seinen Phasen und des Individuums selbst ein. Erst mit der tatsächlichen Eignung des Gegenstandes, den angestrebten Zweck zu erfüllen, werden mit der Befriedigung bestimmter Bedürfnisse des Menschen durch diesen Gegenstand sowohl seine Erwartungen bestätigt als auch seine Fähigkeiten und sein individueller Reichtum produziert« (Röhr 1979, S. 26).

»Aneignung im vollen Sinne« verlangt also nach Tätigkeiten, bei denen Planung und Ausführung noch nicht auseinander fallen, kurz: Eigentätigkeit. Eigentätigkeit ist die intensivste Form der Aneignung von Erfahrungen und dessen, was sie bedeuten (vgl. Kapitel 1).

»Es genügt nicht, Worte zu vermitteln, es genügt nicht, Worte zu verstehen, es genügt sogar nicht einmal, die in ihnen enthaltenen Gedanken und Gefühle zu erfassen, diese Gedanken und Gefühle müssen die Persönlichkeit in ihrem Interesse bestimmen« (Leontjew 1979, S. 224).

Inwieweit Aneignung als Eigentätigkeit stattfindet – das heißt auch: Inwieweit Kultur als inneres Eigentum zum organischen Bestandteil des Lebens eines Menschen wird –, hängt wesentlich von den Bedingungen und Möglichkeiten der Aneignungstätigkeit ab – und diese wiederum von den soziokulturellen Verhältnissen.

Zumindest zwei Dimensionen des Aneignungsprozesses können wir unterscheiden: die Dimension der Vollständigkeit und die Dimension des Lebensweltbezugs. Die Dimension der Vollständigkeit hat als einen Pol die konsumistische Weise der Aneignung, was eine unvollständige Aneignung ist, und als anderen Pol Eigentätigkeit. Die Dimension des Lebensweltbezugs reicht vom Pol der Unmittelbarkeit, der Primärerfahrung, zum Pol Mediatisierung oder Sekundärerfahrung.

Ein neuer Sozialcharakter lässt sich demnach genauer beschreiben als reduziert in der Vollständigkeit und der Unmittelbarkeit des Lebensweltbezugs. Hinsichtlich des Umfanges einer dritten Dimension der Aneignung weist er indes Erweiterungen auf. Kinder von heute können sich im Unterschied zu den Nachkriegskindern eines enorm großen Warenangebots bedienen und empfangen über den Bildschirm Botschaften aus aller Welt, die ebenfalls vorfabriziert sind. Es geschieht also eine Kommodifizierung der Lebenswelt. Der neue Sozialcharakter erweist sich auch an dieser Stelle als widersprüchlich.

Der Sozialcharakter ist selbstverständlich nicht mit dem Individualcharakter identisch: Er bezeichnet vielmehr dessen »Generalnenner« oder dessen Bedingungsgefüge: die vorherrschenden Möglichkeiten und Grenzen der Herausbildung von Individualität und Subjektivität. Ein privilegiertes Individuum, welches das volle Repertoire von Aneignungsweisen im Elternhaus lernt, wird die neuen Angebote der Medien und des Konsums für sich reichhaltig nutzen können; in anderen Fällen werden vermutlich die Restriktionen überwiegen und dürfte angesichts des Reichtums an neuen Gelegenheiten dennoch eine Armut der Persönlichkeitsentwicklung die Folge sein.

Die Verarbeitung der neuen kommodifizierten Lebenswelt wird, und das haben wir im vorigen Kapitel gezeigt, zunehmend von massenkulturell vorproduzierten Mustern beeinflusst; sie hat aber auch eine davon unabhängige Komponente, die subjektive, von der Biographie ausgehende. Wäre diese subjektive Komponente verschwunden, wäre in der Tat das »Ende des Individuums« gekommen und die Psychoanalyse in dem Sinne veraltet, dass sie überflüssig würde. Solange das nicht der Fall ist, behält die psychoanalytische Sozialisationstheorie ihr Recht, auch im Rahmen eines materialistischen Theorieansatzes.[27]

Zwar ist das Subjekt real in typische Bedingungsgefüge und Situationsfolgen des Sozialcharakters eingegrenzt, doch sind die individuellen Definitionen und Deutungen so unterschiedlich, mannigfaltig und unverwechselbar, dass wir keinesfalls von einer »Auflösung des Subjekts« oder einem »Ende des Individuums« sprechen wollen.

Eine individualpsychologische Ergänzung der Analyse von Sozialisationsprozessen erscheint uns deshalb unerlässlich zu sein, wobei wir die von der Psychoanalyse erörterten Mechanismen der Internalisierung und der Verdrängung für besonders wichtig halten, ohne die wir uns keine Konstitution von Subjektivität denken können.

Subjektivität in einer kommodifizierten Lebenswelt ist keine reine Anpassung an die Übermacht der Verhältnisse, die zu einem Individuum führt, das nur noch ein »Anhängsel der Systeme« vorstellt. Ein solch düsteres Bild zeichnet vor allem Adorno:

»Die Undurchsichtigkeit der entfremdeten Objektivität wirft die Subjekte auf ihr beschränktes Selbst zurück und spiegelt dessen abgespaltenes Für-sich-Sein ... als das Wesentliche vor.«[28]

An anderer Stelle heißt es:

»Was dem Subjekt als sein eigenes Wesen erscheint und worin es gegenüber den entfremdeten gesellschaftlichen Notwendigkeiten sich selbst zu besitzen meint, ist gemessen an jenen Notwendigkeiten bloße Illusion.«[29]

Daniel, dem wir einen für Studienzwecke sehr geeigneten Sammelband über »Theorien der Subjektivität« verdanken, fasst die Überlegungen von Adorno folgendermaßen zusammen:

»1) Unter dem Druck der verdinglichten spätkapitalistischen Verhältnisse wird das Selbst immer mehr zum Pseudo-Selbst, zum Fassaden-Ich herabgesetzt;
2) die gesellschaftlichen Umstände geben der Regression eine charakteristische Richtung auf Verstärkung des sekundären Narzissmus;
3) insgesamt gesehen, wird das Übergewicht der Apparate, Einrichtungen, Prozesse in der verwalteten Welt so groß, dass die Individuen zunehmend zu bloßen ›Verkehrsknotenpunkten der Tendenzen des Allgemeinen‹ (Horkheimer/Adorno ...) herabsinken. Eine Tendenz zur ›Entsubjektivierung der Subjektivität‹ (...) zeichnet sich ab.«[30]

Was hier beschrieben wird, ist eine Krise des Subjekts, dem höchstens eine Pseudoindividualität gestattet wird.

Obwohl in Adornos Thesen die negative Zuspitzung von Subjektivität als Charaktermaske überwiegt, bleibt für ihn das Ich dennoch Bezugspunkt für widerständige Gedanken und Absichten. Auch wir setzen in der Konstitution von Subjektivität auf die Möglichkeit, sich widerständig und aktiv auf die Formen der industrialisierten Lebenswelt richten zu können – auch wenn dies angesichts der Dominanz vorfabrizierter Aneignungsmuster oftmals zum Scheitern verurteilt ist.

Das Bedürfnis nach Identität und eines kohärenten Selbstgefühls, nach einem »Mehr an Subjektivität« (Ziehe) besteht allemal und führt zu den verschiedensten Verarbeitungswegen.

Schülein macht die Identitätsproblematik anhand der subjektiven Vorstellung von »Sinn« deutlich. Zur Konkretion dient ihm das Beispiel der Jugendsekten.[31] Wir wollen an dieser Stelle nicht die Organisation, Entstehung und Verbreitung von Sekten diskutieren, sondern was daran die subjektive Verarbeitung von industrialisierter Lebenswelt erklärt.

Schülein geht davon aus »..., dass in spätkapitalistischen Industriegesellschaften so etwas wie ein chronisches Sinndefizit besteht ...« und »..., dass entsprechende Stützen gesucht und gefunden werden«.[32] Eine Sekte kann eine solche Stütze bilden, aber auch – um zu ergänzen – Phänomene wie Peergroups, Subkulturen, Fanclubs usw.

Eine Stütze ist notwendig, weil die Menschen überfordert sind, einen Sinnzusammenhang ihres Lebens zu organisieren. Das liegt insbesondere an dem fehlenden Rückgriff auf Traditionen – auch biographischer Art. Auch Thomas Ziehe sieht in der – wie er es nennt – Aufstörung tradierter Kultur eine folgenreiche Entwicklung für die subjektive Seite der Sinnproblematik:

»Die tradierte Lebensform der sozialen Klassen war immer schon eine Vorinterpretation des Sinnes gewesen, den die Menschen ihrer Biographie geben konnten. Noch schärfer gesagt: Der eigene biographische Entwurf (...) war die subjektive Nachkonstruktion dessen, was objektiv schon immer abgesteckt war, auch hinsichtlich möglicher Phantasien und biographischer Erwartungen. Traditionsaufstörung ist so gesehen auch eine Ent-Bindung von Möglichkeiten, die wir für unsere Selbstdeutung neu hinzugewinnen!

Wir brauchen nur die Biographie eines durchschnittlichen Mädchens oder Jungen der Arbeiterklasse oder auch des Bürgertums aus der Vorkriegszeit anzuschauen. In jedem Falle war das, was der Einzelne von seinem Leben erwarten konnte, in so hohem Maße gesellschaftlich vorgedacht – bis in die innere Bildwelt hinein! –, dass der Spielraum, hiervon abzuweichen, nur gering war.«[33]

In der kommodifizierten Lebenswelt wechseln die Wertsysteme pausenlos, und der Mensch ist in einer permanenten Neuanpassung an sich ändernde Verhältnisse.

»Unter disparaten und dynamischen Bedingungen bilden sich kaum fixe Grenzen und Strukturen, sondern eine eher durchlässige Psyche.«[34]

Auch die Lösungsmodi von Heranwachsendenkrisen, die in der psychoanalytischen Sozialisationstheorie beispielsweise mit der Verarbeitung des Ödipuskonflikts beschrieben werden, sind kaum mehr identitätsstiftend, weil

»… auch hier durch die Auflösung von Traditionen die Bildung besonderer Heranwachsenden-Identitäten, die selbstverständlich übernommen werden könnten, erschwert wird«.[35]

Heranwachsende sind heute ständig auf der Suche nach »etwas ganz anderem«, das einen persönlichen Sinn bilden könnte, ohne »… dass sie immer zwischen Sein und Schein unterscheiden könnten«.[36] Schülein begründet damit eine Affinität von Jugendlichen zu Alternativ-Weltbildern und Lebensweisen, also auch zu Sekten.

Damit ließe sich aber auch eine Affinität zu der technisch perfekten, glänzenden und immer in neuen Formen sich präsentierenden Massenkultur begründen.

Es ist nahe liegend zu fragen: Ist dies in der Entwicklungsgeschichte des Kapitalismus nicht schon immer so gewesen? Gab es nicht schon früher rastlose Umwälzungen und bei Heranwachsenden Orientierungskrisen?

Es ist richtig, dass es mit Entstehen des Kapitalismus schnelle Folgen von Umwälzungen gegeben hat – es ist sozusagen das Charakteristikum des Kapitalismus. Neu ist aber, dass sich die kapitalistische Industrialisierung vor allem mittels Massenkultur, eines Produktes der Kulturindustrie, in alle Lebensbereiche hineingefressen hat. Die dadurch veränderte Vergesellschaftung ließ einen neuen Sozialcharakter entstehen.

Zur Erklärung veränderter Subjektivität haben wir versucht, einige – in unserem Verständnis individualpsychologische – Aspekte zu erörtern. Wir halten dieses Kapitel nicht für eine angemessene Behandlung des Problems individueller Subjektivität, sondern lediglich für einen Hinweis, der unsere Grundauffassung zum Thema Subjektgeschichte verdeutlichen soll. Eine Konkretisierung und Spezifizierung könnte nur in empirisch-biographischen Analysen gelingen. Ein Schritt, der im Nachvollzug und ausführlicher Interpretation wirklicher Lebensläufe vollzogen werden müsste.

7. Widersprüchlichkeiten und Gegenbewegungen

Die Entstehung eines neuen Sozialcharakters folgt keinem Naturgesetz und ist schon gar nicht als gradlinige Entwicklung einzuschätzen, sondern als eine sehr widersprüchliche. Wir sprechen von Verarmungstendenzen für die heutige Kindheit und Jugend, sehen aber auch, dass die Heranwachsenden sich nicht bewusstlos dem herrschenden gesellschaftlichen und politischen System unterwerfen. Sie fühlen sich von den etablierten Parteien schon lange – aber auch von den Eltern und Älteren verraten.

Die große Studie »Jugend '92« des Jugendwerks der Deutschen Shell gibt ein Porträt der heutigen Jugend:[37]

- Soziale Bewegungen und unkonventionelle politische Aktionsformen wie Bürgerinitiativen oder Unterschriftenaktionen stehen in hohem Ansehen.
- Politiker und Parteien genießen dagegen nur geringes Ansehen.
- Macht und Reichtum schätzen heutige Jugendliche wenig, sie bevorzugen Freiheit, Freundschaft, Schönheit, also eher postmaterialistische Werte.
- Vor allem die Jüngsten unter den Jugendlichen entdecken ihre eigene politische Meinung – und ihren eigenen Geschmack.
- Jugendliche lehnen konventionelle Lebensentwürfe ab und suchen eine individuelle Art des Erwachsenwerdens.

Der von uns beschriebene und analysierte neue Sozialcharakter zeigt also ein sehr gebrochenes, widersprüchliches Bild. Sein Entstehen ist das Ergebnis der Dynamik von Vergesellschaftungsprozessen, die sich in erster Linie an Verwertungsinteressen orientieren. Diese setzen sich ungestüm durch, und sie stülpen auch die Gesellschaftsformation um. So ist es auch kein Zufall, dass der Umbruch der Kindheit in der Bundesrepublik mit dem Ende des Wiederaufbaus zusammenfällt, der gleichzeitig Ende des Wirtschaftswunders war (vgl. Altvater u. a. 1977). Vieles spricht dafür, dass eine neue Phase der gesellschaftlichen Entwicklung – davon gehen auch Vertreter des Individualisierungskonzepts aus – um das

Jahr 1960 begonnen hat. Um 1960 setzen wir auch die Zeit an, ab welcher von einer neuen Generation gesprochen werden kann.[38] Eine Generation bestimmt sich nicht nur vom Alter her, sondern auch durch historisch einmalige Kindheitserfahrungen. Einmalige historischer Konstellationen sind z. B. Kriegserfahrung, Nachkriegszeit, die Studentenbewegung, die ökologische Krise usw. (vgl. Preuss-Lausitz u. a. 1983). Aufgrund unserer bisherigen Analysen können wir zwei Generationen nach 1945 umreißen: erstens die Generation der um 1940 Geborenen, die von der Nachkriegszeit geprägt wurden, und zweitens die Generation der um 1960 Geborenen, deren Kindheit von Wachstum, Wohlstand und Überfluss geprägt wurde.

Die 40er-Generation wird durch die Phase des »Kontrolllochs« in der frühen Nachkriegszeit konstituiert, die 60er-Generation durch die Wachstumszeit.

Die beiden Generationen werden durch völlig unterschiedliche Kindheitserfahrungen gebildet. Dennoch finden wir auch etwas Gemeinsames: Beide Generationen protestierten. Bei der einen waren es die Halbstarken und später die Studenten, bei der anderen sind es die Beteiligten von Jugendrevolten und Subkulturen.

Die um 1940 Geborenen wuchsen recht freiwüchsig und selbstständig auf. Die Erwachsenen hatten unmittelbar nach dem Krieg wenig Zeit, und so besaßen die Kinder relativ große Freiheit von sozialen Kontrollen. Als Jugendliche erhielten sie aber einen kräftigen Dämpfer in der »großen« Adenauer-Zeit. Das bürgerlich-kleinbürgerliche Leben mit seinen tradierten Erziehungsnormen und Erziehungsstilen setzte sich mit Macht und Autorität wieder durch. Randale und Krawall waren die Antwort der Jugendlichen in den 50er-Jahren. Es waren zumeist Arbeiterkinder, Halbstarke genannt. Die Mittelschichtskinder meldeten sich etwa zehn Jahre später und entfachten die Studentenrevolte.

Aber auch die um 1960 Geborenen erhielten als Jugendliche einen Dämpfer. Sie wuchsen in den 60er-Jahren recht erwartungsvoll auf. Befreiung, Liberalisierung, Chancengleichheit – das waren Schlagworte dieser Epoche. Der Dämpfer kam mit den 70ern, den Krisenjahren. Jugendarbeitslosigkeit, Perspektivlosigkeit und Atomraketen führen bis heute immer wieder zu Protesten.

Die vor 1960 Geborenen haben noch ähnliche Erinnerungen an die Ausstattung ihrer Kindheit wie die Nachkriegskinder; die danach Geborenen nicht mehr. Bis 1960 musste vor allem für die Deckung eines Bedarfs produziert werden, der Mangelbedarf war. Danach begann eine neue Epoche, die, wie immer man sie nennt, von Überflussproduktion und deshalb von Konsumdruck dominiert war, was zusammen mit dem Durchbruch der Massenmedien neue Voraussetzungen für das Aufwachsen von Kindern schuf und selbst produzierte Erfahrungen durch Eigentätigkeit als hoffnungslos veraltet erscheinen lässt. Diese Schlussfolgerung aus den vorstehenden Analysen darf allerdings nicht kulturpessimistisch missverstanden werden, etwa als Ende einer freiwüchsigen Kindheit oder als Zerfall von Kultur überhaupt. Das wird schon am Paradigma der Sozialisation nach dem Architektenmodell deutlich: Wenn ein Architekt alle Listen und Launen nutzt, vermag er auch aus Schund und Abfall ein ansehnliches Haus werden zu lassen; das gilt dann zu Recht als besonders respektable Leistung. Zudem besteht das kulturelle Angebot nicht nur aus Massenkultur, vielleicht nicht einmal zuvörderst, sondern genauso aus den überlieferten Gehalten der bürgerlichen wie der proletarischen Kultur, Resten einer höfisch-aristokratischen Orientierung und aus zahlreicher werdenden Sub- und Gegenkulturen.[39] Das Architektenkind findet also reichhaltig Material für den Aufriss von Selbstentwürfen, Lebensplänen und Weltbildern. Massenkultur verfügt also beileibe nicht über ein Monopol an Deutungen – aber sie strebt danach, wie jeder Warenproduzent dies aus der immanenten Logik kapitalistischer Produktion tun muss.

Für die Einschätzung des Stellenwertes von Massenkonsum, Massenmedien und Massenkultur in der aktuellen Lebenswelt von Kindern ist vermutlich die Einsicht unverzichtbar, dass sie selber in sich widersprüchlich ist. Auch Massenkultur enthält wie immer auch geglättete oder verschüttete Momente, die über die bloß affirmative Seite hinausweisen. Doch wo liegen die Widersprüchlichkeiten und damit die Ansatzpunkte? Sie müssen im Gegenstand der Massenkultur selbst, also im Massenkonsum und den Massenmedien, gesucht werden.

So hat Massenkonsum nicht nur problematische Seiten. Ihm

wohnt auch ein Moment von Demokratisierung der Versorgung inne, d. h. auch ein Moment von Gleichheit. Die viel beneidete elektrische Eisenbahn der Nachkriegszeit kann sich heute fast jeder leisten. Und dass Kinder Elektronikspielzeug beherrschen, sogar programmieren können, erweitert nicht nur ihre Fähigkeiten, sondern nimmt vielen anderen die falsche Ehrfurcht vor der Computer-Science.

Massenkonsum bereichert das Angebot und damit prinzipiell die Wahlmöglichkeiten. Auch wenn die Verwertungslogik zur Konzentration auf immer weniger Hersteller zwingt, so stellen diese doch eine reichhaltigere Produktpalette her, zumindest liefern sie umfangreichere Ausstattungsvarianten als zuvor, was man wiederum gut an der Entwicklung der Spielzeugeisenbahn ablesen kann. Ebenso ist Standardisierung nicht nur Simplifizierung oder Reduktion. So wie es für uns alle erleichternd wäre, alle Taxenrufe in allen Städten zu vereinheitlichen, so käme es der Kinderwelt zugute, wenn Baukästen, Eisenbahnspuren oder alle möglichen Bedienungsanleitungen standardisiert würden.

Ausgeführt von Flucks These, dass Massenkultur Widersprüche und unterdrückte Wünsche ausspricht, ist nicht nur, wie es Fluck selbst vorzieht, zu folgern, dass Massenkultur sie im Sinne der herrschenden Wertvorstellungen auflöst; vielmehr zwingt genau dieser Widerspruch die Konsumkulturhersteller, bei Strafe der Überproduktion eine Vision eines besseren, leichteren, freundlicheren, fröhlicheren und bedürfnisgerechteren Lebens aufrechtzuerhalten. Das etabliert nicht nur eine Gegenbewegung zur anderweitig ausführlich analysierten Zeitökonomie, weil es an spontanes Fühlen und Handeln apelliert, es verleiht der Massenkultur auch etwas Befreiendes gegenüber den häufig schalen und tristen Klassenkulturen: Entertainment beinhaltet eben auch Zwanglosigkeit, Vergnügen und Spaß. Dies macht nicht selten das Gespreizte, Unechte und Ideologische der überlieferten Kultur sichtbar.

Massenkultur ist verständlich, eingängig und scheinbar einfach. Es bedarf nicht der denkerischen Anstrengung bei der Entschlüsselung ihrer Botschaften, was, wie gezeigt, problematische Folgen für die Entwicklung von Denk- und Urteilsvermögen haben kann. Andererseits ist ein voraussetzungsloser Zugang zu Kulturgehalten geeignet, ungerechtfertigte soziale Privilegien zu unterlaufen, die darauf beruhen, den Erwerb abhängig zu machen.

Es geht nun sicherlich nicht darum, Kindern z. B. Comics oder Kassetten zu »vermiesen« oder auszureden, sondern einen wachen Blick für ihren immer wieder aufblitzende Kompetenz im Umgang mit den Medien zu behalten. Es geht auch nicht allein darum, Kinder durch eine Art kritisches Betrachten, durch Aufklärung zu bewussten Konsumenten zu erziehen.

Es geht vielmehr darum, die Eigentätigkeit zu fördern, um vor allem dadurch greifbare primäre Erfahrungen in den Mediengebrauch mit einzubringen.

Das geht z. B., wenn Tonkonserven selbst hergestellt werden. Radio Bremen veranstaltete vor einigen Jahren einen Hörspielwettbewerb mit mehreren Themen. Von Kindern verfasste Stücke zum Thema Familienärger zeigten, dass damit durchaus eigene Biographien und Identitätsfindungen aufgearbeitet wurden. Hingegen Stücke zum Thema Krimis verwiesen auf Klischees und bekannte Elemente der Fernsehkrimis.

Einmal mehr zeigt sich hier, dass mit Erfahrungen aus erster Hand, die eigentätig genutzt werden, die Dominanz vorgefertigter Bilder durchbrochen werden kann.

Ein solches Durchbrechen der Phantasiebesetzung durch die bildhafte Vermittlung, die, vom Fernsehen ausgehend, alle anderen Kindermedien durchfärbt, ist auch möglich, wenn man sich mit Bildern beschäftigt (also nicht durch die Ausschaltung der optischen Komponente). Z. B. mit Comics: Durch Verfremdung und Umbauten (z. B. Tarzan und Heidi zusammenführen) wird die Scheinwelt von Comics vorgeführt. Oder aber auch durch selbst hergestellte Comics ohne Vorlagen, in denen eigene Wünsche verarbeitet werden, die dann möglichen kommerziellen »Super«-Gestalten vergleichbar gemacht werden. »Superhelden« besitzen eine so genannte »secret identity«, einen ideologischen Schutzwall, der sie geistig und körperlich unantastbar macht. Comic-Superhelden werden von Kindern oft als Möglichkeit genommen, der ungerechten Erwachsenenwelt zu entfliehen.[40]

Ebenso hat die Verbreitung der neuen audivisuellen Massenmedien nicht nur die angewiesenen problematischen Aspekte. Die

Fernsehgeräte und Videorekorder sind, wie schon hervorgehoben, auch ein Fenster zur Welt. Sie sind nur ein Vehikel bloß konsumistischer Aneignung. In der gleichen Sonderschule, in der die Kinder stets bei Sendeschluss zu Bett gehen, mag es vorkommen, dass ein Lehrer die Videogerätschaft nutzt, um mit den Schülern einen Film über eine Klassenfahrt zu drehen und zusammenzuschneiden. Die Schüler lernen dabei, wie man unterschiedliche Ausschnitte der Wirklichkeit aufnehmen und zu einem Bereich montieren kann und wie je nach Montageart unterschiedliche Lesarten der Wirklichkeit entstehen. Sie gewinnen dabei Einblick in die Produktionsweise des Fernsehens und damit auch in die Herstellung von Aneignungsmustern.

Überhaupt darf aus der Analyse der Problematik massenhaft mediatisierter Erfahrung nicht geschlossen werden, dass wir das Fernsehen am liebsten wieder aus der Lebenswelt verbannen würden, in die es ja erst vor verhältnismäßig kurzer Zeit eingetreten ist. Natürlich sehen auch wir uns ein Fußballspiel lieber im Fernsehen an, als dass wir uns eine Radioreportage anhören oder in der Zeitung einen Bericht darüber lesen. Und am liebsten sehen wir das Spiel live. Die Faszination des Fernsehens liegt wohl auch darin, dass sie die bisher konkurrenzlos beste Ersatzerfahrung liefert, die nur durch das Original zu übertreffen ist – und selbst da vermissen wir manchmal die Rückblende oder die Zeitlupe. Aber gerade das macht dieses Medium so verführerisch; es verleitet dazu, es der genuinen Wirklichkeit vorzuziehen – und es verleitet vor allem Kinder dazu.

Auch die Tendenz der Massenkultur und Massenmedien, sich alle möglichen, die »klassischen« überlieferten wie die neuen, selbst die kritischen, an der Basis entstehenden Kulturen einzuverleiben und zu marktgängiger Ware zu verarbeiten, ist ambivalent, insofern sie nicht aufgehen kann. Die aufgesogenen und einverleibten Gehalte bleiben ein Stück sperrig und unverdaulich – sie signalisieren mit der massenkulturellen Botschaft gleichzeitig Reste eines anderen Bewusstseins. Eine hohle Geste eines Politikers im Parlament bleibt auch in einer noch so wohlfeil drapierten Fernsehsendung eine hohle Geste, und ein Stück von Brecht kann auch von den Massenmedien nicht gänzlich vereinnahmt werden. Solange es wider den Stachel löckende Kulturen gibt, verlieren sie auch bei massenkultureller Umarmung ihre Stacheligkeit nicht ganz; handelt es sich doch um eine Umarmung von Igeln.

Abgesehen von diesen internen Widersprüchlichkeiten massenkulturell infizierter Kindheit gibt es eine Gegenbewegung, die sich bewusst und direkt gegen die dargelegten Trends wendet und die sich in der Alternativbewegung manifestiert. Eigenarbeit statt Konsum ist ein Credo der Alternativbewegung, nicht nur der Bezeichnung, sondern auch der Sache nach der Eigentätigkeit gleichend. Eigenarbeit »setzt« Bedeutungen, die aus der planenden und ausführenden Tätigkeit selber entstehen und die vorgeprägte durchbrechen. Selbst gemachte Alltagskultur ist ein anderes Credo, also Lebenspraxis, die von massenkulturellen Prägungen, in diesem Kontext meist Plastikkultur genannt, frei bleiben soll. Auch das Internet hat ein fortschrittliches Potenzial, indem es das Selbermachen einer Lebenswelt ermöglicht, allerdings einer virtuellen.

Ob die heute geborenen Kinder gegenüber den Nachkriegskindern günstigere oder schlechtere Bedingungen des Aufwachsens haben, lässt sich also theoretisch nicht entscheiden. Im Grunde ist beides der Fall – was auch die nie da gewesene Vielfalt an Jugendkulturen erklärt. Die Lage ist ambivalent, die Entwicklungslinien sind widersprüchlich. Es kommt darauf an, was Erzieher, Erziehungspolitik und nicht zuletzt die Aufwachsenden selbst daraus machen.

Anmerkungen

Teil 1: Sozialisation zwischen allseitiger Entfaltung und einseitiger Reduzierung

1 Burckhard, J.: Die Kultur der Renaissance. Reutlingen 1958, S. 129.
2 Burckhard 1958, S. 130f.
3 Vgl. Bauer, R.: »... sich wechselseitig veredeln ...« – Zur sozialgeschichtlichen Durchsetzung des bürgerlichen Familienideals. In: Deutsches Jugendinstitut (Hrsg.): Wie geht's der Familie? München 1988
4 Beck-Gernsheim, E.: »Wir wollen niemals auseinandergehen ...« – Zur Geschichte von Partnerwahl und Ehe. In: Deutsches Jugendinstitut 1988, S. 24.
5 Bauer, R. 1988, S. 17ff.
6 Vgl. Rerrich, U. S.: Balanceakt Familie. Zwischen alten Leitbildern und neuen Lebensformen. Freiburg 1988, S. 34ff.
7 Nave-Herz, R.: Familiale Lebensformen in der Bundesrepublik Deutschland. In: Bundesministerium für Jugend, Familie, Frauen und Gesundheit: 40 Jahre BRD. Zur Zukunft von Familie und Kindheit. Bonn 1989, S. 54.
8 Statistisches Bundesamt (Hrsg.): Statistisches Jahrbuch 2000. Wiesbaden 2000, S. 64.
9 Huinink, G.: Das zweite Kind. Sind wir auf dem Weg zur Ein-Kind-Familie? In: Zeitschrift für Soziologie. Jg. 18. Heft 3. 1989, S. 196.
10 Tillmann, K. J.: Schulische Sozialisation im Wandel. In: Rösner (Hrsg.): Schulentwicklung und Schulqualität. Dortmund 1999.
11 BMBW 1989, S. 29.
12 Vgl. Klemm, K. u. a.: Bildungsgesamtplan '90. Ein Rahmen für Reformen. Weinheim/München 1990
13 Klemm u. a. 1990, S. 72f.
14 Bliersbach, G.: Halbschwestern, Stiefväter und wer sonst noch dazugehört: Leben in Patchwork-Familien. Düsseldorf/Zürich 2000.
15 Datenreport 1999. Statistisches Bundesamt.
16 Engstler, H.: Der Wandel der Lebens- und Familienformen im Spiegel

der amtlichen Statistik. In: Maywald/Schön/Gottwald (Hrsg.): Familien haben Zukunft. Reinbek, Hamburg 2000.
17 Lehr, U.: Die mütterliche Erwerbstätigkeit und mögliche Auswirkungen auf das Kind. In: Neidhardt, F.: Frühkindliche Sozialisation. Stuttgart 1975.
18 Laewen, H. J.: Zur außerfamilialen Tagesbetreuung von Kindern unter drei Jahren. In: Zeitschrift für Pädagogik. 35. Jahrgang 1989, Nr. 6, S. 871.
19 Fthenakis, W. E.: Mütterliche Berufstätigkeit, außerfamiliale Betreuung und Entwicklung des (Klein-)Kindes aus kinderpsychologischer Sicht. In: Zeitschrift für Familienforschung, 1. Jahrgang 1989. Heft 2, S. 16.
20 Gudat, U.: Kinder bei der Tagesmutter. Deutsches Jugendinstitut München 1982.
21 Gudat 1982, S. 194.
22 Fthenakis 1989.
23 Belsky, J.: Infant daycare: A cause for concern? In: Zero to Three. 6/1986, S. 1–7.
24 Kürthy, T. v.: Einzelkinder. Chancen und Gefahren im Vergleich mit Geschwisterkindern. München 1988, S. 44.
25 Ernst, C./Angst, J.: Birth order. Berlin/Heidelberg/New York 1983.
26 Kürthy 1988.
27 Blake, J.: Family Size and Achievement. Berkely/Ca. 1989.
28 Ziegenspeck, J.: Elternhaus und Schule. Braunschweig 1978, S. 33.
29 Havers, N.: Erziehungsschwierigkeiten in der Schule. Weinheim 1978, S. 41.
30 Napp-Peters, A.: Ein-Eltern-Familien. Weinheim 1985, S. 83ff.
31 Napp-Peters 1985, S. 77f.
32 Wagner-Winterhager, L.: Erziehung durch Alleinerziehende. In: Zeitschrift für Pädagogik, 34. Jg., Nr. 5 1988, S. 641–656.
33 Napp-Peters 1985.
34 Schattner, H./Schumann, M.: Meine Kinder, deine Kinder, unsere Kinder – Stieffamilien. In: Deutsches Jugendinstitut (Hrsg.): Wie geht's der Familie? München 1988, S. 84.
35 Furstenberg 1987.
36 Wallerstein, J./Blakeslee, S.: Gewinner und Verlierer. Frauen, Männer, Kinder nach der Scheidung. München 1989.
37 Wallerstein/Blakeslee 1989, S. 350.

38 Packard, V.: Verlust der Geborgenheit. Unsere kinderkranke Gesellschaft. Frankfurt/M./Berlin 1986, S. 153.
39 Beck-Gernsheim, E.: Zukunft der Lebensformen. In: Hesse, H. J./Rolff, H.-G./Zöpel, C. (Hrsg.): Zukunftswissen und Bildungsperspektiven. Baden-Baden 1988.
40 Hurrelmann, K./Engel, U.: Psychosoziale Belastung im Jugendalter. Berlin 1989.
41 Für einen weiteren Überblick empfehlen wir Zimmermann, P.: Grundwissen Sozialisation. Opladen 2000
42 Kritisch revidiert weist Carol Hagemann-White auf die Entwicklungsperspektive der Psychoanalyse zur Klärung der Geschlechtersozialisation hin. In: Horstkemper, M./Zimmermann, P. (Hrsg.): Zwischen Dramatisierung und Individualisierung. Geschlechtertypische Sozialisation im Kindesalter. Opladen 1998.
43 Geulen, D.: Das vergesellschaftete Subjekt. Frankfurt/M. 1977.
44 Winkler, M.: Stichworte zur Antipädagogik. Stuttgart 1982, S. 17.

Teil 2: Beschreibung und Analyse des Wandels

1 Siehe dazu Bronfenbrenner, U.: Ökologische Sozialisationsforschung. Stuttgart 1976. Sowie: Zeitschrift für Sozialisationsforschung und Erziehungssoziologie. 10. Jg., Heft 2, 1990
2 Recker, M. L.: Wohnen und Bombardierung im Zweiten Weltkrieg. In: Niethammer: Wohnen im Wandel. Wuppertal 1979, S. 411.
3 Rösner, E./Tillmann, K.-J.: Schule in der Trabantensiedlung. In: Rolff, H.-G./Klemm, K./Tillmann, K.-J. (Hrsg.): Jahrbuch der Schulentwicklung, Band II. Weinheim 1982.
4 Vgl. dazu Herlyn: Wohnen im Hochhaus. Stuttgart/Berlin 1970. Rauschenbach, B./Nehling, G.: Zeitraum Kindheit. Zum Erfahrungsraum von Kindern in unterschiedlichen Wohngebieten. Heidelberg 1989.
5 Mundt, J. W.: Vorschulkinder und ihre Umwelt. Weinheim 1989, S. 83f.
6 Herlyn/Herlyn: Wohnverhältnisse in der Bundesrepublik. Frankfurt/M., New York 1976, S. 62f.
7 Parson, D.: Was wissen wir über Großstadtkinder? In: Erdmann/Rückriem/Wolf (Hrsg.): Kindheit heute. Bad Heilbrunn 1996.
8 Mundt 1980, S.78.

9 Aus: Neumann, K. (Hrsg.): Kindsein. Göttingen 1981, S. 78.
10 Meyer-Ehlers: Wohnung und Familie. Stuttgart 1968, S. 77.
11 Ballerstedt/Glatzer: Soziologischer Almanach. Handbuch gesellschaftlicher Daten und Indikatoren. Frankfurt/New York 1979, S. 130.
12 Sachs, W.: Kindheit in der Auto-Gesellschaft. In: Psychologie heute 21/1982, S. 38–41.
13 Bronfenbrenner: Wie wirksam ist kompensatorische Erziehung? Stuttgart 1974, S. 138.
14 Holzer, H.: Theorie des Fernsehens. Hamburg 1975. Mediaperspektiven 8/1991. Mediaperspektiven 12/1999.
15 Maletzke, G.: Kinder und Fernsehen. In: Sturm, H./Brown, J. R. (Hrsg.): Wie Kinder mit dem Fernsehen umgehen. Stuttgart 1979, S. 28.
16 Media-Perspektiven 4/2000.
17 Böckelmann/Huber/Middelmann: Werbefernsehkinder. Berlin 1979, S. 14, Media-Perspektiven 2000.
18 Media-Perspektiven 12/1999.
19 Cramond, J.: Auswirkungen des Fernsehens auf das Alltagsleben der Kinder. In: Sturm, H./Brown, J. R. (Hrsg.): Wie Kinder mit dem Fernsehen umgehen. Stuttgart 1979, S. 291.
20 Ebenda, S. 301.
21 Krebs, Dagmar: Gewaltdarstellungen im Fernsehen und die Einstellungen zu aggressiven Handlungen bei 12- bis 15-jährigen Kindern – Bericht über eine Längsschnittstudie. In: Zeitschrift für Sozialpsychologie 12/1981, S. 281–307.
22 Krebs 1981, S. 301.
23 Vgl. dazu auch Sturm/Brown: Wie Kinder mit dem Fernsehen umgehen. Moser, H.: Einführung in die Medienpädagogik. Opladen 2000.
24 Bruner, J. S.: Der Prozeß der Erziehung. Düsseldorf 1970.
25 Mander, J.: Schafft das Fernsehen ab! In: Psychologie heute – Redaktion, Lebens-Wandel. Weinheim 1981, S. 113.
26 Spiegel 48, 29.11.1982, S. 226.
27 Media-Perspektiven 12/1999, S. 618ff.
28 Vgl. Merkel, J.: Unterhaltungsmedien und Phantasie. In: päd. extra 20/1974, päd. extra-Lexikon.
29 Weiss, P.: Abschied von den Eltern. 1964, S. 62f.
30 Diese Aussage muss hinsichtlich der Schichtenzugehörigkeit relativiert werden. Es kann angenommen werden, dass Mittelschichtkinder sehr

viel mehr lesen als Unterschichtkinder, was in einer empirischen Studie zum Leseverhalten bestätigt wird: »Der Initiativeeinfluss, d. h. die direkte Beeinflussung des Leseverhaltens der Kinder durch ihre Eltern, ist vorwiegend auf die mittleren Schichten und die Oberschicht beschränkt ... Die Auswirkungen der direkten Einflussnahme vonseiten der Eltern auf das Leseverhalten ihrer Kinder zeigen, dass in den mittleren Schichten und der oberen Schicht die zukünftigen bildungsbewussten Bücherleser geboren werden: Für die Heranwachsenden, deren Eltern sich um das Lesen kümmern, hat das Leben einen hohen Stellenwert, wird als bildend angesehen, zu einer beliebten Freizeitbeschäftigung erkoren und häufiger zum Gegenstand der Kommunikation genommen« (Gerlach, Dirk u. a.: Lesen und soziale Herkunft. Weinheim 1976, S. 136).
31 Media Perspektiven 12/1999, S. 619.
32 Knigge, A. C.: Comic Lexikon. Frankfurt/M., Berlin 1988.
33 Fuchs, W. (Hrsg.): Comics. Institut Jugend, Film und Fernsehen. Opladen 1977.
34 Bastian, H.: Birne und Supermann. In: Westermanns Pädagogische Beiträge.
35 Burkert, H.: Sozialmagazin 8/1979.
36 Media Perspektiven 12/1999, S. 611f.
37 Rogge, J. U./Rogge, R.: Die besten Hörkassetten für mein Kind. Reinbek 1995.
38 Vgl. ebenda.
39 Vgl. Köhler in: Hengst, H.: Kinder und Massenmedien.
40 Decius, M./Panzieri, R.: »Wir sind das Netz«. Chancen und Risiken des Internets für Kinder und Jugendliche – ein praktischer Leitfaden. Weinheim 2000.
41 Deutsches Jugendinstitut: Kinder im Internet: Angebote und Nutzung. http://www.dji.de/www-kinderseiten/angebot.htm Dezember 2000. Weiterhin: Media-Perspektiven 12/1999, S. 610–625.
42 ebenda.
43 ebenda.
44 ebenda.
45 vgl. Decius/Panzieri 2000, S. 81ff.
46 Opaschowski, H.W.: Generation@. Die Medienrevolution entlässt ihre Kinder: Leben im Informationszeitalter. Hamburg 1999.
47 Vgl. Flitner, A.: Das Kinderspiel. München 1973.

48 Siehe Flitner.
49 Piaget, E.: Das moralische Urteil beim Kinde. Zürich 1954.
50 Eine ausführliche Darstellung dieses Spielzeugs findet sich in: Steinlein, R.: Phantasie-Figuren. Ästhetik und Kommunikation, Heft 27/1977 und Tim Rohrmann: Junge, Junge – Mann O Mann. Reinbek 1994.
51 Rinn, S.: Eine Gliederpuppe für Einzelkinder. In: Ästhetik und Kommunikation 38/1979.
52 Köhler, M.: Unterhaltung als Botschaft und Kauf als Erfahrung: Die Equipierung der Kindheit. In: Hengst u.a.: Kindheit als Fiktion. Frankfurt/M. 1981, S. 112.
53 Vgl. Elschenbroich, D.: Spielen und Spielzeug. Kursbuch 34.
54 Vgl. auch Elschenbroich, D.: Spielen und Spielzeug. In: Kursbuch 34.
55 Zey, R.: Bildschirmspielereien. Weinheim 1994, S. 156.
56 Petzold, M.: Die Multimedia-Familie. Opladen 2000, S. 40. Media-Perspektiven 12/1999.
57 Moser, H.: Einführung in die Medienpädagogik. Opladen 2000, S. 113.
58 Geulen, D.: Die Generation der 1960 Geborenen. Manuskript. Berlin 1983.
59 Jugendwerk der Deutschen Shell (Hrsg.): Jugend '81. Hamburg 1981, S. 94, 95.
60 Geulen, D.: Die Generation der 1960 Geborenen. Manuskript. Berlin 1983.
61 Ballerstedt/Glatzer: Soziologischer Almanach. Frankfurt/M., New York 1979, S. 328.
62 Mundt: Vorschulkinder und ihre Umwelt. Weinheim 1980, S. 136.
63 Garbrecht, D.: Gehen. Plädoyer für das Leben in der Stadt. Weinheim 1981, S. 35.
64 De Mause, L.: Hört ihr die Kinder weinen? Eine psychogenetische Geschichte der Kindheit. Frankfurt/M. 1977, S. 12.
65 Zehnbauer, A./Wahler, P.: Sportliches Aufwachsen. In: Deutsches Jugendinstitut (Hrsg.): Was für Kinder. München 1993.
66 ebenda, S. 433.
67 Vgl. Büchner, P./Fuchs, B.: Kindersport. In: Markefka, Nauck (Hrsg.): Handbuch der Kindheitsforschung. Neuwied, Kriftel, Berlin 1993.

Teil 3: Konturen eines neuen Sozialcharakters – Fazit und Erklärungsversuche

1 Groß, Eberhard: Geld in Kinderhänden. Stuttgart 1966, S. 29ff.
2 Kids Verbraucher-Analyse 2000.
3 Bauer/Hengst: Wirklichkeit aus zweiter Hand. Reinbek 1980, S. 80.
4 Illich, I. (Hrsg.): Entmündigung durch Experten. Reinbek b. Hamburg 1979.
5 Vgl. Hengst u. a.: Kindheit als Fiktion. Frankfurt/M. 1981, S. 26.
6 Ende, Michael: Momo. Thienemann 1973, Klappentext.
7 Vgl. Hohn in Ästhetik und Kommunikation, 45/46, S. 91ff.
8 Laermann, K.: Alltagszeit. Kursbuch 41, S. 94.
9 Westlund, I.: Kinderzeiten. In: Adam/Geißler/Held (Hrsg.): Die Non-Stop-Gesellschaft und ihr Preis. Stuttgart, Leipzig 1998.
10 Linder, S. B.: Warum wir keine Zeit mehr haben. Gütersloh 1971, S. 21.
11 Ebenda, S. 13.
12 Schaub, H.: Die Vielheit der Zeiten im Leben des Kindes. In: Grundschule 11/1998.
13 Muchow, M./Muchow, H.: Der Lebensraum des Großstadtkindes. Hamburg 1935. päd.-extra Reprint. Bensheim 1978.
14 Bahrdt, H. P.: Sozialisation und gebaute Umwelt. In: Neue Sammlung 14 (1974) 3, S. 211–230.
15 Bahrdt, S. 230.
16 Statistisches Bundesamt (Hrsg.): Datenreport 1999.
17 Funk, A.: Die Urbanisierung der bäuerlichen Dörfer. In: Brockmann, A. A. (Hrsg.): Landleben. Reinbek b. Hamburg 1977.
18 Ebenda, S. 248.
19 Holzapfel, H./Sachs, W.: So verwandeln sich Lebensräume in bloße Verbindungswege. In: Frankfurter Rundschau vom 24. 9. 1981.
20 Schivelbusch, G.: Geschichte der Eisenbahnreise. Zu Industrialisierung von Raum und Zeit im 19. Jahrhundert. München/Wien 1977.
21 Ebenda, S. 61.
22 Altvater, u. a.: Vom Wirtschaftswunder zur Wirtschaftskrise, 2 Bände. Berlin 1980.
23 Vgl. päd. extra 12/82, S. 23.
24 Wilensky, Harold L.: »Mass Society and Mass Culture.« In: American Sociological Review 29 (1964) 2, S. 173.

25 Clarke, John, u. a.: Subkulturen, Kulturen und Klasse. In: Clarke, J. u. a.: Jugendkultur und Widerstand. Frankfurt/M. 1979.
26 Cohen, Stanley und Taylor, Laurie: Ausbruchsversuche – Identität und Widerstand in der modernen Lebenswelt. Frankfurt/M. 1980.
27 Steiner, Claude M.: Scripts People Live. New York 1974.
28 Cohen/Taylor, S. 55f.
29 Wir erinnern an die Kurseinheit I, in der die Psychoanalyse in ihrer Bedeutung zur Erklärung der »Innenseite« von Sozialisation hervorgehoben wird.
30 Adorno, Theodor W.: Aufsätze zur Gesellschaftstheorie und Methodologie. Frankfurt/M. 1970, S. 19f.
31 Ebenda, S. 36.
32 Daniel, Claus: Theorien der Subjektivität. Einführung in die Soziologie des Individuums. Frankfurt/M. 1981, S. 140.
33 Schülein, J. H.: Sinnprobleme in Industriegesellschaften am Beispiel der Jugendsekten. In: Schülein/Rammstedt/Horn/Leithäuser/Wacker/Bosse: Politische Psychologie. Entwürfe zu einer historisch-materialistischen Theorie des Subjekts. Frankfurt/M. 1981.
34 Ebenda, S. 23.
35 Ziehe/Stubenrauch: Plädoyer für ungewöhnliches Lernen. Reinbek 1982, S. 26.
36 Schülein: Sinnprobleme ..., S. 24.
37 Ebenda, S. 25.
38 Ebenda.
39 Jugendwerk der Deutschen Shell (Hrsg.): Jugend 92. Opladen 1992.
40 Vieles spricht dafür, dass die Kinder der 80er-Jahre ebenfalls eine neue Generation bilden werden.
41 Es gibt z. B. Eltern, die ihre Kinder anleiten, klassisches Theater aufzuführen. Es gibt auch Kinder, die Knickse einüben und einen Hauslehrer haben. Das Kasperletheater ist vor allem bei proletarischen Kindern immer noch sehr beliebt.
42 Autorenkollektiv. Wir machen unsere Comics selber. In: Basis-Unterricht 3. Berlin 1974. Grünewald, Dietrich: Wie Kinder Comics lesen. Frankfurt/M. 1984.

Literaturverzeichnis

Adam, B./Geißler, K. A./Held, M. (Hrsg.): Die Nonstop-Gesellschaft und ihr Preis. Vom Zeitmißbrauch zur Zeitkultur. Stuttgart, Leipzig 1998
Adorno, Th. W.: Studien zum autoritären Charakter. Frankfurt/M. 1976
Altvater, Elmar u. a.: Vom Wirtschaftswunder zum Wirtschaftswachstum. 2 Bände, Berlin 1977
Ariés, Ph.: Geschichte der Kindheit. München 1975
Bauer, K. W./Hengst, H.: Wirklichkeit aus zweiter Hand. Reinbek 1980
Beck, Ulrich/Beck-Gernsheim, Elisabeth (Hrsg.): Riskante Freiheiten. Frankfurt/M. 1994
Beck, Ulrich/Beck-Gernsheim, Elisabeth: Das ganz normale Chaos der Liebe. Frankfurt/M. 1990
Beck, Ulrich: Risikogesellschaft. Frankfurt/M. 1986
Berg, C. (Hrsg.): Kinderwelten. Frankfurt/M. 1991
Bilden, H.: Geschlechtsspezifische Sozialisation. In: Hurrelmann/Ulich 1991, S. 279–301
BMJFG /Bundesminister für Jugend, Familie und Schule (Hrsg.): Kinderspielplätze. Bd. 1. Stuttgart u. a. 1976
Bravermann, Harry: Die Arbeit im modernen Produktionsprozeß. Frankfurt/New York 1977
Clarke, J. u.a.: Jugendkultur als Widerstand. Frankfurt/M. 1981
De Mause, L. (Hrsg.): Hört ihr die Kinder weinen. Eine psychogenetische Geschichte der Kindheit. Frankfurt/M. 1977
Deutsches Jugendinstitut (Hrsg.): Was für Kinder. Aufwachsen in Deutschland. München 1993
Durkheim, E.: Erziehung, Moral und Gesellschaft. Neuwied 1973
Edwards, R.: Herrschaft im modernen Produktionsprozeß. Frankfurt/New York 1981
Elkind, David: Das gehetzte Kind. Werden unsere Kleinen zu schnell groß? Hamburg 1991
Ferenczi, S.: Schriften zur Psychoanalyse, Bd. 1. Frankfurt/M. 1970
Flitner, Andreas (Hrsg.): Das Kinderspiel. München 1973
Fluck, Winfried (Hrsg.): Comics. Opladen 1979
Freud, S.: Studienausgabe Bd. III, V, IX. Frankfurt/M. 1972

Friesen, A. von: Geld spielt keine Rolle. Erziehung und Konsumrausch. Reinbek 1991
Fromm, E.: Vom Haben zum Sein. Weinheim 1985
Goffman, E.: Interaktion und Geschlecht. Frankfurt/M./New York 1994
Haug, Wolfgang Fritz: Produktion, Warenkonsumtion und Lebensweise. Fernuniversität Hagen 1981
Haug, Wolfgang Fritz: Werbung und Konsum. Fernuniversität Hagen 1980
Heide 1981
Hengst, W. u.a.: Kindheit als Fiktion. Frankfurt/M. 1981
Hentig, H. von: Was ist eine humane Schule? München, Wien 1977
Herth, A./Engelbert, A./Mansel, J./Palentien, C. (Hrsg.): Spannungsfeld Familienkindheit. Neue Anforderungen, Risiken und Chancen. Opladen 2000
Honig, M. S.: Entwurf einer Theorie der Kindheit. Frankfurt/M. 1999
Hurrelmann, K./Ulich, D. (Hrsg.): Neues Handbuch der Sozialisationsforschung. Weinheim 1991
Hurrelmann, K.: Einführung in die Sozialisationstheorie. Über den Zusammenhang von Sozialstruktur und Persönlichkeit. Weinheim 1993
Keiler, Peter: Das Aneignungskonzept A. N. Leontjews. In: Forum Kritische Psychologie 12. Berlin 1983
Laplanche, J./Pontalis, J.-B.: Das Vokabular der Psychoanalyse. Frankfurt/M. 1972
Leiss, William: »Die Grenzen der Bedürfnisbefriedigung«. In: Technologie und Politik 2 (1979) 12, S. 128–151
Leontjew, A. N.: Probleme der Entwicklung des Psychischen. Frankfurt/M. 1973
Leontjew, A. N.: Psychologische Grundlagen des Spiels im Vorschulalter. In: Leontjew, Probleme der Entwicklung des Psychischen. Frankfurt/M. 1973
Leontjew, A. N.: Tätigkeit, Bewußtsein, Persönlichkeit. Berlin (DDR) 1979
MAGS (Minister für Arbeit, Gesundheit und Soziales des Landes NW) (Hrsg.): Bericht über die Situation des Kindes in NW (Landes-Kinderbericht). Köln 1980
Mahler, M. S.: Symbiose und Individuation, Bd. 1. Stuttgart 1972
Markefka, M./Nauck, B. (Hrsg.): Handbuch der Kindheitsforschung. Neuwied, Kriftel, Berlin 1993

MEW Bd. 23, Marx-Engels-Werke. Berlin 1962
Moser, H.: Einführung in die Medienpädagogik. Opladen 2000
Muchow, M./Muchow, H. H.: Der Lebensraum des Großstadtkindes. Bentheim 1980
Myrtek, Michael/Scharff, Christian: Fernsehen, Schule und Verhalten. Bern 2000
Nave-Herz, R.: Familie heute. Wandel der Familienstrukturen und Folgen für die Erziehung. Darmstadt 1994
Negt, Oskar/Kluge, Alexander: Öffentlichkeit und Erfahrung. Frankfurt/M. 1972
Petzold, M.: Die Multimedia-Familie. Mediennutzung, Computerspiele, Telearbeit, Persönlichkeitsprobleme und Kindermitwirkung in Medien. Opladen 2000
Peuckert, R.: Familienformen im sozialen Wandel. Opladen 1999
Piaget, J./Inhelder, B.: Psychologie des Kindes. Olten 1976
Postman, N.: Teaching as a conserving activity. New York 1979
Preuss-Lausitz, Ulf u. a.: Kriegskinder, Konsumkinder, Krisenkinder. Sozialisationsgeschichte seit 1945. Weinheim 1983
Riedmüller, B.: Hilfe, Schutz und Kontrolle. Zur Verrechtlichung der Kindheit. In: Hengst u. a.: Kindheit als Fiktion. Frankfurt/M. 1981
Riesman, D.: Die einsame Masse. Reinbek 1958
Röhr, Walter: Aneignung und Persönlichkeit. Akademie Verlag Berlin (DDR) 1979
Rolff, Hans-Günther: Sozialisation und Auslese durch die Schule. Weinheim 1998, 10. Auflage
Rolff, Hans-Günter (Hrsg.): Jahrbuch für Schulentwicklung 2. Weinheim 1982
Rosenbaum, H.: Formen der Familie. Frankfurt/M. 1982
Schulze, Gerhard: Die Erlebnisgesellschaft. Kultursoziologie der Gegenwart. Frankfurt/M. 1992
Shorter, E.: Die Geburt der modernen Familie. Reinbek 1977
Sieder, R.: Sozialgeschichte der Familie. Frankfurt/M. 1987
Thompson, Eduard P.: Zeit, Arbeitsdisziplin und Industriekapitalismus. In: Gesellschaft in der industriellen Revolution. Köln 1973, S. 81–112
Tillmann, K. J.: Sozialisationstheorien. Eine Einführung in den Zusammenhang von Gesellschaft, Institution und Subjektwerdung. Reinbek 2000

Turkle, S.: Leben im Netz. Identität im Zeichen des Internets. Reinbek 1998
Ulrich, Otto: Weltniveau. Berlin 1979
Weber-Kellermann, I.: Die Familie. Geschichte, Geschichten, Bilder. Frankfurt/M. 1976
Wendorf, Rudolf: Zeit und Kultur. Opladen 1980
Winn, M.: Die Droge im Wohnzimmer. Reinbek 1979
Ziehe, Th.: Pubertät und Narzißmus. Frankfurt/M. 1975
Ziehe, Th./Stubenrausch, H.: Plädoyer für ungewöhnliches Lernen. Reinbek 1982